Hilario Ascasubi

Santos Vega
o los mellizos de la flor

STOCKCERO

Ascasubi, Hilario.
   Santos Vega o los mellizos de la Flor : rasgos dramáticos de la vida del gaucho en las campañas y praderas de la República Argentina. - 1a ed. - Buenos Aires : Stockcero, 2004.
   272 p. ; 23x15 cm.
   ISBN 987-1136-22-6

   1. Narrativa Argentina 2. Literatura Gauchesca I. Título
   CDD A863

Copyright © Stockcero 2004

1º edición: 2004
Stockcero
ISBN Nº 987-1136-22-6
Libro de Edición Argentina.

Hecho el depósito que prevé la ley 11.723.
Printed in the United States of America.

Ninguna parte de esta publicación, incluido el diseño de la cubierta, puede ser reproducida, almacenada o transmitida en manera alguna ni por ningún medio, ya sea eléctrico, químico, mecánico, óptico, de grabación o de fotocopia, sin permiso previo del editor.

stockcero.com
Viamonte 1592 C1055ABD
Buenos Aires Argentina
54 11 4372 9322
stockcero@stockcero.com

Hilario Ascasubi

Santos Vega
o los mellizos de la flor

Rasgos dramáticos de la vida del gaucho en las campañas y praderas de la República Argentina

Indice

Prólogo del Autor .... *xi*
Al lector .... *xiii*

– I – 1
LA TAPERA. – SANTOS VEGA EL PAYADOR. – RUFO EL CURANDERO. – EL SOLAZO. – EL MIRAJE. – EL RABICANO.

– II – 5
EL DIÁLOGO. – LA MARCA FATAL. – LA AMISTAD. – EL CHIFLE. – LAS OFERTAS.

– III – 7
SAN BOROMBÓN. – JUANA PETRONA. – EL RANCHO. – CARNE CON CUERO. – EL FOGÓN.

– IV – 9
LA LAGUNA. – EL PAJONAL. – LOS MIRASOLES. – LAS CIGÜEÑAS. – LAS NUTRIAS.

– V – 11
EL NATALICIO. – LA ESTANCIA DE LA FLOR. – LOS FORASTEROS. – LOS APRESTOS. – EL VECINDARIO. – LOS PARABIENES.

– VI – 13
EL BAUTISMO. – CHASCOMÚS. – LOS PADRINOS. – LAS DAMAS DE COPETE. – LOS CABALLEROS GALANES. – EL PATRONCITO.

– VII – 15
EL BAILE. – LA COLA DE LA MADRINA. – EL PASPIÉ.

– VIII – 17
LA CENA. – LOS MANJARES. – LOS ALEGRONES. – LOS MOSQUETEROS.

– IX – 19
LA ESTANCIA DE LA FLOR. – EL OMBÚ. – EL PAMPERO. – EL RÍO SALADO.

– X – 23
LA MADRUGADA. – LA RAMADA. – EL SOL NACIENTE. – LOS GAUCHOS RECOGEDORES. – EL RODEO. – EL VENTEVEO. – EL CHIMANGO.

– XI – 27
EL SANTIAGUEÑO. – A TRAJINAR. – LAS CARRERAS. – LA ENANCADA.

– XII – 29
LOS MELLIZOS. – EL NIÑO PERVERSO. – EL MORDISCÓN. – EL DESCUADRILLADO. – LA FUGA.

– XIII – 31
La indiada. – El malón. – El adivino. – Los pichigotones. – Las reparticiones. – Las cautivas.

– XIV –..35
La tristona. – La gauchada. – El indio borracho. – La vieja cautiva. – El espantado. – La vizcachera.

– XV – 37
Rosa la Lunareja. – Los parecidos.

– XVI –..39
El tigrero Monsalbo. – El cadáver. – Los cuervos y caranchos. – Los mastines fieles. – Gauchos antiguallos. – El bautismo de las lagunas.

– XVII – 45
De gaucho a gaucho. – La borrachera. – ¡Adiós diablos! – Los dicharachos. – El contrapunto. – La malicia.

– XVIII – 51
Juana Petrona. – Su disgusto. – Sus comparaciones. – Los burros. – Genaro Berdún. – El forzudo. – Los blandengues.

– XIX –..57
La citación. – Los presagios de un malón. – La tristeza de Azucena. – La despedida. – El caballo doradillo.

– XX – 63
El estudiante. – El convento. – El seminario. – Los cursos. – La teología.

– XXI –..65
El almuerzo gaucho. – El comedido. – El atracón. – La cuajada. – El desengrase.

– XXII – 67
La comisión militar. – Los salteadores. – Las dudas. – La partida de Blandengues. – El pescador asesinado.

– XXIII – 71
El viaje de don Faustino. – La pascana en la Salada. – Don Fausto Barceló.

– XXIV – 73
El madrugón de las ánimas. – Los sacristanes. – La partida en marcha. – Los nutrieros.

– XXV – 75
La salada. – Los auxilios. – El churrasqueo. – Los padrinos. – El ahijado Berdún. – La despedida.

– XXVI – *77*
El rastreador. – El difunto. – La laguna tablilla. – La pista del asesino.

– XXVII – *81*
El salteador. – El pajonal. – El bramido de un tigre. –Las precauciones. – El encuentro con el bandido. – Las boleadoras. – La rendición.

– XXVIII –..*85*
La confesión del bandido. – El alcalde fingido. – Las astucias. – La comisión cumplida. – La entrega en Chascomús.

– XXIX – *89*
La Providencia de Dios. – La derrota de los indios. – El entrevero. – El chuzazo. – La rendición del cacique.

– XXX –..*97*
La angustia. – Los socorros.– El curandero. – El desvelado. – Las pulgas.

– XXXI – *99*
Jacinto el otro mellizo. – El novillo aspas rubias. – El enlazador. – La argolla rota. – La postema.

– XXXII – *101*
La yerra. – Santos Vega en el convento. – El fraile Salomón. – Los curiosos. – El apero. – El eclipse.

– XXXIII – *105*
El callejón de Ibáñez . – La cárcel de Buenos–Aires. – Los portales del cabildo. – Los alimañas. – ¡Qué gente aquella!

– XXXIV –...*109*
El reo. – El escribano Siete–pelos. – El juez del crimen. – La sentencia. – Los empeños.

– XXXV – *113*
La visita al presidio. – Doña Estrella. – Sus bondades. –La conmutación de la pena. – La hipocresía del preso. – La Semana Santa.

– XXXVI –..*117*
El cacique en Chascomús. – Indulto. – El comandante complacido. – Berdún capitán.

– XXXVII –...*121*
Azucena y su sobrino. – El abrazo. – ¡Que olor a potro!

– XXXVIII –...*123*
El centinela Masramón. – La seducción astuta. – Los abusos del soldao. – El vicio.

– XXXIX – *127*
El patroncito. – La visita al presidio. – La orden del tribunal. – La astucia del Presidario. – La codicia del alcaide.

– XL – *133*
La requisa a los presos. – El cartelero. – Los reniegos. – Los planes del presidario.

– XLI – *137*
La pulpería. – La seducción. – La borrachera de Cruz. – Las entrañas del mellizo.

– XLII – *143*
El hueco de cabecita. – La plaza nueva. – La agonía de las ollas. – La hambruna. – La chanchería. – Los asesinatos. – La fuga.

– XLIII – *149*
Los apuros. – El lego limosnero. – Las costillas de San Antón. – Los difuntos. – El susto. – Los socorros. – La justicia.

– XLIV – *153*
El Parana. – Sixto Berón el chaná. – El robo de la montura. – La china Melchora. – El Rastro del ladrón. – La isleta del talar.

– XLV – *157*
El maturrango. – El cazador. – La cerrazón. – Las ilusiones. – El jabalí. – El zorrillo. – El Paraná. – El desesperado.

– XLVI – *165*
El desaparecido. – El gran malón. – El terror. – Los incendios. – Los fugitivos. – Las apreturas.

– XLVII – *171*
La Vitel. – Los asilados. – El terror. – La pobreza de Berdún. – El Cupido. – El ramo fatal.

– XLVIII – *175*
Los celos. – La gaceta atrasada. – Don Pedro Corbata. – Don Domingo Paniqueso. – El ahogado. – Los recuerdos. – La entristecida.

– XLIX – *179*
El huracán. – El rancho sin puerta. – La olla pata quebrada. – La mazamorra. – La separación.

– L – *183*
El asesino. – La fantasma. – El hombre marcado. – La fuga.

– LI – 187
La loca ensangrentada. – El puñal. – El sargento asustado. – El malón. – El incendio.

– LII – 191
La villa de San Vicente. – La prisionera. – El calabozo. – El juzgado de campaña. – El alcalde tilingo. – El interrogatorio. – La reyerta.

– LIII – 197
La encarcelada. – El médico Gafaró. – Pica–pica. – La rasquiña.

– LIV – 201
Pacto con los indios. – El virrey Sobremonte. – Los misioneros. – Las cruces de palo. – Los cambalaches. – La paz.

– LV – 205
El truquiflor. – El obispo. – El oidor. – El patrón. – Los gritones. – El gato asustado. – El pelado. – El vale cuatro. – Los reproches.

– LVI – 209
Un acceso de locura. – Los ultrajes. – La mansedumbre del obispo. – Las visitas. – El bergantín volador. – Noticias de Bonaparte.

– LVII – 213
La arenga del patrón. – Los oidores roncadores. – La rabieta de don Faustino. – Cuatro verdades.

– LVIII – 217
La villa del Pergamino. – El veraneo. – El curato. – Los recuerdos de la Flor.

– LIX – 221
La estancia de los Milagros. – La fonda de los Mogollones. – Las buenas noticias. – La paz arreglada.

– LX – 225
La invocación gaucha. – El lindo nacimiento. – La estrella de los magos. – El lujo del pesebre. – La Maldición a la mula.

– LXI – 229
El oidor de llegada. – La misa cantada. – La sorpresa de los repiques. – El aparecido. – La Lunareja. – El volido de Azucena. – El grupo de los cinco.

– LXII – 235
La aneurisma. – El matasanos. – El gaucho forastero. – El muerto repentino. – La velada. – El viaje al cementerio.

– *LXIII* – 241
La justicia del cielo. – El amortajado. – El picador taciturno. – El resucitado. – El accidente. – El buey arisco. – El reventado.

– *LXIV* – 245
El agonizante. – El arrepentimiento. – La revelación. – El espanto. – La absolución. – La muerte del bandido.

Epílogo 251
Los dones generosos. – Premio a la virtud. – Los agradecidos. – La felicidad de todos.

Prólogo del Autor

Al Señor don Jorge Atucha,

A usted, mi compatriota, mi contemporáneo y amigo de los años juveniles, desde que siempre fue intachable patriota argentino, sin transigir nunca con los tiranos del país ni con los esbirros del sanguinario Rosas, exponiendo su vida y su fortuna por salvar a muchos de los que ellos ferozmente persiguieron;

A usted, que tanto ha contribuido a embellecer la ciudad de Buenos Aires alzando espléndidos edificios, y a poblar con vastos establecimientos de campaña nuestras dilatadas pampas, siendo el generoso protector de los paisanos que le labran sus tierras y apacientan sus numerosos rebaños;

A usted, mi consolador después de los sinsabores e infortunios que pasé, en el tremendo sitio de París, y durante los luctuosos días que siguieron en Buenos Aires a la mortífera epidemia, cuando me repose en su albergue y su compañía;

A usted, que sabrá apreciar cuánto, a mi regreso otra vez a París, me habrá distraído y aliviado en algo las horas de quebranto el ocuparme en dar término a mi poema de Los mellizos;

A usted, el sagaz conocedor de nuestra campaña como del carácter de los gauchos argentinos;

A usted pues, que sabe comprender y podrá disimular los defectos de una obra escrita con ánimo conturbado y tan lejos de nuestras praderas queridas y sus característicos habitantes, a usted lo dedico este libro, rogándole se sirva aceptarlo con mi ardiente deseo de que le sea agradable su lectura o lo distraiga al menos en los padeceres de su salud quebrantada, y le anime el recuerdo de este su antiguo y reconocido compatriota y amigo,

Hilario Ascasubi.
París, 2 de agosto de 1872.

Al lector

París no es para todos los hombres el paraíso de la tierra; no lo creáis así, aun cuando lo repitan sin cansarse aquellos que en París han vivido y saboreado los encantos de una vida activa, donde los placeres del espíritu disputan las horas, que aquí son cortas, a los placeres del sensualismo que trasmite y absorbe las impresiones del ser humano.

No: el paraíso de cada hombre está en la tierra natal; y si ella le falta, y si ella está lejos, ese paraíso lo encuentra en los recuerdos de esa tierra querida y tan sólo en aquellas horas de profunda reconcentración en que el espíritu viaja, atraviesa los mares, recuenta los tiempos, los hombres y las cosas, y por el sentimiento del amor más puro vive en una idealidad que no es dable describir, pero que se siente, que existe para cada hombre, y que sólo puede nacer del amor a la tierra patria. Yo he sentido esas horas.

Este libro que para muchos será sólo el eco de los cantos del Gaucho, y que para otros será una violación de las reglas literarias de su lenguaje, y que, para no pocos, lo espero, será el pasatiempo de horas monótonas, este libro ha crecido y se ha formado en esas horas de sublime reconcentración que el espíritu no halla en París; sí es que París es el sinónimo del paraíso; pero que las encuentra en el recuerdo de todo lo que significa esa bella palabra: la Patria.

Viejo ya, fatigado mi espíritu por golpes morales, llevado a pesar mío hacia una vida cuasi sedentaria, tal vez no hubiera resistido a la pesadumbre, si no hubiera sentido reanimarse mi vejez al deseo de completar en el último tercio de mi vida una obra comenzada hace 20 años, y que ha sido desde entonces como el lazo de unión de todos mis recuerdos.

¿Es que la vejez, al consagrarme a ella, sentía también como si el aire de mi juventud y de mis bellos días se infiltraran en mi ser para alimentarme?

Santos Vega o los mellizos de la Flor, que tal es el nombre que le he dado al libro que forma el primer volumen de mis obras, fue comenzado en el año de 1850, no habiendo en aquella época de vicisitudes tenido tiempo para hacer otra cosa que las dos entregas publicadas en 1851, las que constaban sólo de diez cuadros con mil ochenta versos, mientras que hoy el volumen o sea el poema entero consta de sesenta y cinco cuadros y más de trece mil versos.

Entonces, a pesar de los muy honorables y lisonjeros artículos con que fueron aplaudidas mis composiciones por jueces muy competentes, cuyos juicios críticos se hallan en el prólogo de este volumen, entonces, repito, no me envanecí ni pensé que mis pobres producciones merecieran todos esos elogios.

Mis versos nacen de mi espíritu, cuyo consorcio ha sido siempre con la naturaleza de esas pampas sin fin, la índole de sus habitantes, sus paisajes especiales que se han fotografiado en mi mente por la observación que me domina.

Mi ideal y mi tipo favorito es el *gaucho,* más o menos como fue antes de perder mucho de su faz primitiva por el contacto con las ciudades, y tal cual hoy se encuentra en algunos rincones de nuestro país argentino.

Ese tipo es más desconocido actualmente de lo que en generalidad pueda creerse, pues no considero que sean muchos los hombres que han podido establecer comparación sobre cuánto ha cambiado el carácter del habitante de nuestra campaña, por su incesante participación en las guerras civiles, y por la constante invasión en sus moradas de los hábitos y tendencias de la vida peculiar de las ciudades.

El *canevas* o red de los *Mellizos de la Flor,* es un tema favorito de los gauchos argentinos, es la historia de un *malevo* capaz de cometer todos los crímenes, y que dio mucho que hacer a la justicia. Al referir sus hechos y su vida criminal por medio del payador Santos Vega, especie de *mito* de los paisanos que también he querido consagrar, se une felizmente la oportunidad de bosquejar la vida íntima de la *Estancia* y de sus habitantes, describir también las costumbres más peculiares a la campaña con alguno que otro rasgo de la vida de la ciudad.

En esta mi historia, poema o cuento, como se le quiera llamar, los Indios tienen más de una vez una parte prominente, porque, a mi juicio, no retrataría al habitante legítimo de las campañas y praderas argentinas el que olvidara al primer enemigo y constante zozobra del gaucho.

Por último, como creo no equivocarme al pensar que es difícil hallar índole mejor que la de los paisanos de nuestra campaña, he buscado siempre el hacer resaltar, junto a las malas cualidades y tendencias del *malevo,* las buenas condiciones que adornan por lo general al carácter del gaucho.

No tengo pretensiones de ningún género al presentar este libro. Amo a mis versos como se ama a los hijos que consuelan en las horas de pesar; y si de joven, cuando los publiqué como arma de guerra contra los opresores de la Patria, pude tener la vanidad de creer que fueron de alguna utilidad a ese objeto, hoy que marcho al ocaso de mis días, los miro sólo como el conjunto de mis recuerdos juveniles y queridos; y, aunque me cuesta decirlo, al imprimirlos coleccionados busco también en ellos un solaz a mi espíritu contristado.

Hilario Ascasubi.

del prefacio a la edición de 1872
Imprenta de Paul Dupont - París

– I –

La Tapera[1]. – Santos Vega el Payador[2]. – Rufo el curandero. – El solazo. – El miraje. – El rabicano.

    Cuando era al sur cosa extraña,
por ahí junto a la laguna
que llaman de la Espadaña,
poder encontrar alguna
pulpería de campaña:

    Como caso sucedido,
y muy cierto *de una vez* [3],
cuenta un flaire [4] cordobés
en un proceso *imprimido*,
que, el día de san Andrés,

    Casualmente se toparon,
al llegar a una *tapera*,
dos paisanos que se *apiaron* [5]
juntos, y desensillaron
a la sombra de una higuera.

    Porque un sol abrasador
a esa hora se desplomaba;
tal que la *hacienda* [6] bramaba
y juyendo del calor
entre un *fachinal* [7] estaba.

    Ansí, la *Pampa* [8] y el monte
a la hora del medio día
un *disierto* parecía,
pues de uno al otro horizonte
ni un pajarito se vía.

    Pues tan quemante era el viento
que del naciente soplaba,
que al pasto verde tostaba;
y en aquel mesmo momento
la higuera se deshojaba.

    Y una ilusión singular
de los vapores nacía;
pues, talmente, parecía
la inmensa llanura un mar
que haciendo olas se mecía.

    Y en aquella inundación
ilusoria, se miraban
los árboles que boyaban,
allá medio en confusión
con las lomas que asomaban.

---

1   *Tapera*: ruina de una casa de campo. *(N. del A.)*
2   *Payador*: poeta improvisador campestre en la República Argentina. *(N. del A.)*
3   *De una vez*: del todo, completamente. *(N. del A.)*
4   *Flaire*: fraile. *(N. del A.)*
5   *Se apiaron*: se apearon, desmontaron. *(N. del A.)*
6   *La hacienda*: el conjunto del ganado vacuno. *(N. del A.)*
7   *Fachinal*: pajonal alto. *(N. del A.)*
8   *Pampa*. Aunque toda la campaña de la provincia de Buenos Aires es un extensísima llanura, propiamente hablando no es la *pampa* lo que el gaucho llama la pampa: es el territorio desierto que queda mas allá de las fronteras guarnecidas, donde no hay propiedad y donde las tribus indígenas vagan y viven según su estado salvaje. *(N. del A.)*

Allí, pues, los dos paisanos
por primera vez se vieron;
y ansí que se conocieron,
después de darse las manos,
uno al otro se ofrecieron.

El más viejo se llamaba
Santos Vega el *payador*,
gaucho [9] el más *concertador* [10],
que en ese tiempo privaba
de *escrebido* y de *letor* [11];

El cual iba *pelo a pelo* [12]
en un potrillo *bragao* [13],
flete [14] lindo como un dao [15]
que apenas pisaba el suelo
de livianito y *delgao*.

El otro era un Santiagueño
llamado Rufo Tolosa,
casado con una moza
de las caídas del *Taqueño* [16],
muy cantora y muy donosa.

Rufo ese día montaba
un redomón [17] *entre-riano*,
muy *coludo* el rabicano [18],
y del cabestro llevaba
otro rosillo [19] *orejano* [20].

Ello es que allí se juntaron
de pura casualidá,
pero, muy de voluntá,
lo que medio se trataron,
hicieron una amistá.

Conviniendo en que se *apiaban*
por la calor *apuraos*,
y en que *traiban* [21] fatigaos
los *pingos* [22], como que estaban
enteramente *sudaos*;

Ansí es que desensillaron,
y, a fin que no se *asoliasen* [23]
los *fletes* y se pasmasen,
a la sombra los ataron
para que se refrescasen.

Luego, al *rasparle* el sudor [24]
Santos Vega a su bragao,
reparó que a su costao
estaba en el *maniador* [25]
el *rabicano* enredao.

---

9 *Gaucho*. El gaucho es el habitante de los campos argentinos: es sumamente experto en el manejo del caballo y en todos los ejercicios del pastoreo. Por lo regular es pobre, pero libre e independiente a causa de su misma pobreza y de sus pocas necesidades; es hospitalario en su rancho, lleno de sutil inteligencia y astucia, ágil de cuerpo, corto de palabras, eufórico y prudente en sus acciones, muy cauto para comunicarse a los extraños, de un tinte muy poético y supersticioso en sus creencias y lenguaje, y extraordinariamente diestro para viajar solo por los inmensos desiertos del país, procurándose alimentos, caballos y demás con sólo su *lazo* y las *bolas*. (N. del A.)

10 *Concertador*: rimador

11 *Letor*: hombre lector y letrado. (N. del A.)

12 *Pelo a pelo*: andar en un solo caballo, ya sea en viaje, o de paseo. (N. del A.)

13 *Bragao*: equino con manchas en las bragas, o entrepiernas

14 *Flete*: caballo ligero e infatigable para galopar. (N. del A.)

15 *Dao*: dado de jugar, de hierro, marfil o metal. (N. del A.)

16 *Taqueño*: nombre de un arroyo. (N. del A.)

17 *Redomón*: caballo recién amansado. (N. del A.)

18 *Rabicano*: caballo que tiene cerdas blancas a la raíz de la cola. (N. del A.)

19 *Rosillo*: pelaje equino mezcla uniforme de pelos blancos y colorados

20 *Orejano*: caballo sin marca ni seña artificial. (N. del A.)

21 *Traiban*: traían. (N. del A.)

22 *Pingo*: caballo de linda forma y presencia. (N. del A.)

23 *Asoliasen*: insolasen

24 *Raspar*: limpiar el sudor del lomo y costillares. (N. del A.)

25 *Maniador*: tira de cuero crudo y larga hasta de 15 varas, que se soba hasta ablandarla, y sirve para atar los caballos al pasto. (N. del A.)

Y al *dir* a desenredarlo,
cuando la *marca* [26] le vio,
tan fiero se sosprendió,
que sin poder ocultarlo
ahi mesmo se santiguó.

Tolosa luego también
se asustó de Vega al verlo
triste, y por entretenerlo,
haciéndose como quien
suponía conocerlo:

—¿No es usté el amigo Ortega?
Tolosa le preguntó;
y el viejo, ansí que le oyó
—No, amigo; soy Santos Vega
su servidor, respondió.

A esta oferta el santiagueño
se quitó el sombrero atento,
y con todo acatamiento [27]
se le ofreció con empeño
a servirlo al pensamiento.

Tal merece un *payador*
mentao [28] como Santos Vega,
que, a cualquier *pago* [29] que llega,
el *parejero* [30] mejor
gaucho ninguno le niega.

De ahí Rufo picó tabaco
y dos cigarros armó;
que en apuros se encontró
para armarlos, porque el *naco* [31]
medio apenas le alcanzó.

Largole a Vega el primero,
y, a los avíos [32] lueguito
echando mano, ahí mesmito
sacó fuego en el yesquero
con un solo golpecito.

El viejo, inmediatamente
que su cigarro encendió,
a Tolosa le largó
un chifle [33] con aguardiente,
y Rufo se le afirmó.

Luego, los dos a pitar [34]
frente a frente se sentaron;
y, lo que se acomodaron
al ponerse a platicar,
de lo siguiente trataron.

---

26 *Marca*: cierto signo o letra con que los hacendados marcan sus ganados, quemándoles un jamón con un hierro a propósito. *(N. del A.)*
27 *Acatamiento*: deferencia
28 *Mentao*: renombrado, famoso. *(N. del A.)*
29 *Pago*: distrito, lugar, pueblecillo. *(N. del A.)*
30 *Parejero*: caballo de correr carreras. *(N. del A.)*
31 *Naco*: último resto de una cuerda de tabaco negro del Brasil. *(N. del A.)*. En realidad *Naco* es la cuerda, no un resto.
32 *Avíos*: útiles para sacar fuego en el yesquero. *(N. del A.)*
33 *Chifle*: botella hecha de un cuerno de buey. *(N. del A.)*
34 *Pitar*: fumar

– II –

El diálogo. – La marca fatal. – La amistad. – El chifle. – Las ofertas.

SANTOS VEGA
—Amigo, me ha contristao [35]
haber visto en su caballo
una memoria funesta
de ahora muchísimos años,
y que hoy me la representa
la marca del rabicano.
¿No me dirá de quién es?

RUFO TOLOSA
—Es marca nueva en el *pago*,
del uso de un tal Ludueña,
y hace poco há que la trajo.
Digo, si es esta, *velahí* [36]
una Y con flor en el cabo...
Y en el suelo rayó ansí:
con un *alfajor* [37] tamaño [38].

VEGA
—La mesma es sin diferencia,
y asimesmo ya no extraño
verla de nuevo en el mundo;
pero sépase, paisano,
que de esa marca fatal
hubo un *malevo* [39] cristiano.
Tan ladrón, tan asesino,
y en suma tan desalmado,
que en el tiempo en que vivió
era el terror de estos *pagos*,
donde hizo llorar a muchos
inocentes desgraciados,
y burlaba la justicia
de este mundo *matreriando* [40],
hasta que al fin lo alcanzó
la mano de Dios, y al cabo
diole un castigo terrible
del modo menos pensado.

Quisiera tener lugar
hoy para contarle el caso,
pero ya no tengo tiempo,
porque es argumento largo.
De manera que otra vez,
si por suerte nos topamos,
o la fortuna me *arronja* [41]
algún día por su *pago*,
lo que no será difícil
porque yo vivo *gauchando* [42]...
entonces sí le prometo
hacerle el cuento despacio.

TOLOSA
—Pues yo quisiera, aparcero,
que hoy mesmo, si es de su agrado,
se viniera en mi compaña
a saber en donde paro;

---

35 *Contristar*: afligir, entristecer
36 *Velahí*: vulg. exclamación de asombro, de «ver ahí», «helo ahí»
37 *Alfajor*: cuchillo. (N. del A.)
38 *Tamaño*: fam. por «enorme»
39 *Malevo*: malévolo, bandido. (N. del A.)
40 *Matreriando*: huyendo, escondiéndose. (N. del A.), De vivir a la intemperie (sobre su matra)
41 *Arronja*: vulg. arroja
42 *Gauchando*: andar sin paradero fijo. (N. del A.)

y alvierta que, sin lisonja,
yo sería *afurtunado* [43]
haciéndole conocer
a mi *chinita* [44] y mi *rancho* [45],
adonde entre la pobreza
sobresale el agasajo,
con el cual allí le ofrezco,
un *cimarrón* [46] y un *churrasco* [47],
y cuatro pesos también,
si usté gusta disfrutarlos.

VEGA

—Amigo, un cariño tal
no es posible despreciarlo;
ansí ya de agradecido
me resuelvo a acompañarlo,
por conocer su patrona
y ponerme a su mandado.
Con que, si gusta, ensillemos,
ya que el sol se va *ladiando* [48].

TOLOSA

—Al istante; deje estar,
le arrimaré su caballo,
y en el momento...

VEGA

—... No, amigo;
yo soy viejito fortacho [49].

Lárguemelo a mi potrillo;
vaya no más ensillando.

---

43   *Afurtunado*: vulg. afortunado
44   *Chinita, china*: mujer joven de la campaña. *(N. del A.)*
45   *Rancho*: casa rústica de tapial, adobe crudo, o varas embarradas, y con techo de paja. *(N. del A.)*
46   *Cimarrón*: La yerba-mate del Paraguay es un artículo demasiado conocido en el mundo para que nos detengamos a definirlo. Como es sabido también, con esta yerba tostada y molida se hace una infusión, que con el nombre *mate* constituye entre los gauchos una bebida diaria a manera del té y del café; se toma esta bebida por medio de bombillas o tubitos de metal colocados en una calabaza seca, que contiene la *yerba* y el agua caliente, aspirándola o chupando a sorbos. Como su gusto es amargo, las clases acomodadas la usan con azúcar; pero en la campaña este renglón ha sido antes muy caro, y por eso los gauchos se han acostumbrado a tomar *mate amargo*, es decir, sin azúcar. Esta falta del ingrediente usado por la gente de los pueblos, ha producido la clasificación de cimarrón (silvestre) con que se designa por antonomasia el mate amargo, que es de uso general en la campaña. *(N. del A.)*
47   *Churrasco*: pedazo de carne que se asa poniéndolo sobre las brasas, y así se revuelca en la ceniza. *(N. del A.)*
48   *Ladiando*: vulg. ladeando, recostándose a un lado
49   *Fortacho*: fortachón, vigoroso

– III –

San Borombón. – Juana Petrona. – El Rancho. – Carne con cuero. – El fogón.

    Luego, después de ensillar,
al *chifle*, lo que montaron,
otro beso le pegaron,
y salieron a la par;
y, después de caminar
cinco leguas de un tirón,
cruzaron un *cañadón* [50],
y por último llegaron
a un rancho, donde se apiaron,
cerca de San Borombón [51].

    Aunque de facha tristona
era el rancho, en la *ramada* [52]
con cuero [53] estaba colgada
media res de *vaquillona* [54];
porque la Juana Petrona
era algo regaloncita [55],
y desde esa mañanita
esperaba a su marido,
que con el recién venido
cayeron de tardecita.

    Desensilló el forastero,
y del *palenque* al *bragao*
Rufo lo echó *acollarao*
al campo con un *obero* [56];
de ahí le acomodó el *apero* [57]
del cantor en un rincón;
y luego para el fogón
a la caldera acudieron,
y, ansí que hirvió, se pusieron
a tomar un *cimarrón*.

    Un rato largo después,
Rufo, Juana y el cantor,
al frente del asador,
cimarroniaban los tres;
mientras el *chifle* otra vez
andaba de *lao* a *lao*,
dándole tiempo a un *asao*
de *entrepierna*[58] como un cielo,
que sin quemarle ni un pelo
salió del fuego *dorao*.

---

50 *Cañadón*: espacio de campo bajo situado entre dos terrenos más altos. *(N. del A.)*
51 *San Borombón*: nombre de un distrito de la campaña de Buenos Aires. *(N. del A.)*
52 *Ramada*: cobertizo que con ramas de árboles verdes se construye sobre cuatro palos, para tener sombra cerca del rancho. *(N. del A.)*
51 *Con cuero*: la carne de becerra o de vaca que se asa sin sacarle la piel, echándola sobre las brasas de grandes fogatas en el campo, hasta que se carboniza la superficie de la carne; entonces se descostra, y se come un rico asado jugoso, y mejor cuando se come fiambre. *(N. del A.)*
54 *Vaquillona*: becerra o vaca nueva. *(N. del A.)*
55 *Regaloncita*: de regalona, que es tratada con muchas dádivas
56 *Obero*: overo, equino de cualquier pelo remendado con blanco
57 *Apero*: la montura del gaucho para ensillar su caballo. *(N. del A.)*
58 *Entrepierna*: uno de los mejores trozos de carne del vacuno u ovino para asar

    Cuando la ocasión llegó,
cenaron a lo divino,
con dos *limetas* [59] de vino
que la patrona sacó;
y, en cuanto Rufo lo vio
a Vega medio alegrón,
le dijo: — Con su perdón,
paisano, le haré cantar,
si lo quiere *destapar,* [60]
mi *chinita* en la ocasión.

    Bajo del bien entendido
que usté también cantará,
y luego se acordará,
que es deuda lo prometido;
razón por la que le pido
que no se vaya a olvidar,
y acabando de cantar,
si no tiene inconveniente,
por mucho favor nos cuente
lo que me ofreció contar.

    —Amigo, a su *merecer*,
díjole Vega a Tolosa,
me pide muy poca cosa
con tan poco pretender.
¿Qué inconveniente ha de haber
que mi palabra quebrante?
Ninguno; ansí que me cante
su patrona, como es justo,
luego yo con mucho gusto
los complaceré al istante.

    —Yo de cantora no privo [61],
la moza a Vega le dijo;
mientras que de usté colijo
que es cantor facultativo [62].
Ansí mesmo no me esquivo,
antes lo voy a obligar.

    Y acabando de templar
la guitarra, por el tres [63]
cantó una *cifra* [64] después,
que a Vega lo hizo llorar.

    En seguida el *payador*,
con tierna voz amorosa,
cantó en tonada quejosa
unas décimas de amor;
y a los trinos del cantor,
que hasta el alma penetraban,
Rufo y su mujer estaban
tan de veras conmovidos,
que en silencio enternecidos
de hilo en hilo [65] lagrimiaban.

    Recién entonces la moza
al *payador* conoció,
y nunca se demostró
con *naides* más cariñosa;
ansí le rogó empeñosa
también que contara el cuento,
y Santos Vega al momento
se *vido* en la obligación
de pedirles atención
para entrar en argumento.

    A escucharle atentamente
Rufo se determinó,
para lo cual atizó
los tizones diligente.
Su mujercita igualmente
se aprontó, pues de carrera
llenó de agua la caldera;
sentose, la puso al fuego...
y Vega su cuento luego
empezó de esta manera.

---

59 *Limeta*: frasco
60 *Destapar*: iniciar el canto o payada para dar lugar a la respuesta
61 *Privar*: tener valimiento y familiaridad
62 *Facultativo*: profesor de ciencia o arte
63 *Templar por el tres*: según **Eleuterio F. Tiscornia** en *Poetas Gauchescos* - pág. 111, Ed. Losada, Bs. As. 1940, el paisano tenía diferentes maneras de templar la guitarra. Esta consistía en alterar las cuerdas tercera, cuarta y sexta para producir octavas al aire y facilitar el trabajo de la mano izquierda
64 *Cifra*: letra en verso que se canta y acompaña con guitarra
65 *De hilo en hilo*: sin interrupción

– IV –

La laguna. – El pajonal. – Los mirasoles. – Las cigüeñas. – Las nutrias.

—Como treinta años hará
que en la costa del *Salado* [66],
del *Paso* de la Postrera
un poco más río abajo,
en la banda que hace al norte,
no muy lejos de un *bañado* [67],
que rodea a una laguna,
con su pajonal dorado
de filosa *cortadera* [68]
coronada de penachos;
donde el agua cristalina
y raudalosa manando
cubre el junco y la *totora* [69],
y un cardumen de pescado
que los *zamaragullones* [70],
constantemente buceando,
bajan al fondo y se comen
el más tierno y delicado;
mientras, en varios islotes
de raíces que andan boyando,
flacones los *mirasoles* [71]
y tristes y corcovados,
se pasan de sol a sol
mirando al cielo embobados;
en tanto que altas cigüeñas
con el pescuezo estirado,
plantadas en la masiega [72],
allí se están atorando
con una víbora entera
de cinco cuartas de largo...
víboras que desde chicas
se tragan vivos los sapos;
y donde los *patos-riales*,
entre otros distintos patos,
se anidan y se confunden
con los cisnes y los gansos,
y las gallinetas negras
y los flamencos rosados...
aves todas que matizan
el centro limpio del lago
y desde que nace el día
nadan allí retozando
sobre las nutrias miedosas,
que asoman de cuando en cuando,
y zambullen, y se escuenden
de la luz, porque *aguaitando* [73]
esperan la nochecita
para salir hasta el pasto;

---

66 *Salado*: río caudaloso al sur de Buenos Aires. *(N. del A.)*
67 *Bañado*: terreno anegadizo en el campo, y que siempre es pantanoso. *(N. del A.)*
68 *Cortadera*: paja silvestre de hojas largas como espadas y muy cortadoras por el filo que tienen. *(N. del A.)*
69 *Totora*: ranquel. Yerba alta semejante a la espadaña
70 *Zamaragullones*: aves acuáticas del tamaño de los cuervos, pero que vuelan muy poco. *(N. del A.)* De la misma familia que el Biguá
71 *Mirasoles*: aves grandes como cuervos, pero jorobadas, tristes y raquíticas, que casi pasan el día entero mirando al sol. *(N. del A.) Leucophoyx thula thula*
72 *Masiega*: maciega, matas de yuyos o hierbas inútiles
73 *Aguaitar*: esperar, acechar

donde el altivo *chajá* [74],
en vez de tomar descanso
después que por las regiones
del aire se ha remontado,
baja allí a pasar la noche.
de centinela del campo,
y con sus gritos está
en la oscuridá *alertiando*,
cerca pues de esa laguna,
o manantial encantado,
hay una loma elevada
que domina todo el campo,
a la cual *trebo* de olor
sumamente delicado
y tierna y fresca gramilla
la cubren de un alfombrado,
que verdea reluciente
tres cuartas partes del año,
entre lindas margaritas
de brillante colorado,
y florida manzanilla
de que está el suelo estrellado...
fue allí donde sucedió
lo siguiente: oigan el caso.

---

[74] *Chajá* o Yajá. El *Yajá*, dice el Padre Guevara en su *Historia del Paraguay*, puede ser llamado el volador y centinela. Es grande en cuerpo, de color ceniciento, tiene un collarín de plumas blancas, y un espolón colorado y fuerte en el doblez de las alas con que pelea. Al cantar, repite ¡*Yahá*! ¡*Yahá*! que en guaraní significa ¡*vamos, vamos!* lo que ha motivado su nombre. Es pájaro que anda en bandadas, que vela de noche, y que grita, como se ha dicho, al sentir el menor ruido que altere la quietud de la campaña. Los que saben esta propiedad del *chajá* se ponen en vela luego que oyen su canto, porque deducen alguna novedad. *(N. del A.) Chauna torquata.*

– V –

El natalicio. – La estancia de la flor. – Los forasteros. – Los aprestos. – El vecindario. – Los parabienes.

En la cima de esa loma,
y en un tiempo afortunado,
paraba en su *Estancia* [75] *grande*
don Faustino Bejarano,
andaluz rico, rumboso,
y en general estimado,
porque fue sin duda alguna
el hombre mas *bien portado* [76].

Con él vivía su esposa,
siendo el adorno del *pago*,
doña Estrella, la porteña
más donosa y de más garbo,
que en esos tiempos pisaba
en el suelo americano;
dama la más respetosa
y apreciable por su agrado,
con que allí favorecía
a todo el género humano;
así es que a la Estancia grande
el gaucho más desgraciado,
aunque fuese forastero,
podía llegar confiado
que de sus necesidades
sería allí remediado
por la señora en persona
o su esposo idolatrado.

Con todo, aquel matrimonio,
que vivía en un estado
de riqueza y abundancia,
no se *creiba* [77] afortunado,
porque no tuvieron hijos
en una *máquina* [78] de años.
Ansí es que se lamentaban,
hasta que el cielo apiadado
le concedió a doña Estrella
aquel *ojeto desiado*,
en un hijo que parió
el día de Todos Santos.

¡Qué festejos, qué alegría,
en la estancia y en el *pago*
originó un nacimiento
tan feliz e inesperado!

Corrió luego la noticia
con la prontitú del rayo,
y a ver al recién nacido
se descolgó [79] el vecindario,
trayéndole parabienes
al señor don Bejarano,
que a todos los *recebía*
agradecido y ufano.

Luego, mientras doña Estrella
se restableció del parto,
para cristianar al niño
en *Chascomús* [80], se aprontaron
en la estancia y en la villa,

---

75 *Estancia*: casa de campo, criadero de ganados. *(N. del A.)*
76 *Bien portado*: de buen comportamiento, educado
77 *Se creiba*: se creía. *(N. del A.)*
78 *En una máquina*: en una porción o multitud. *(N. del A.)*
79 *Descolgar*: aparecer sin invitación
80 *Chascomús*: pueblo de campaña al sur de Buenos Aires. *(N. del A.)*

con un lujo temerario,
todas las cosas precisas,
sin reparar en los gastos.

    Algunos días después,
de Buenos Aires llegaron
dos coches con dos familias,
y una *punta* [81] de soldados
de escolta de los viajeros,
que todos eran foráneos,
y que a la cuenta serían
personas de mucho rango,
pues las damas y galanes
traiban copete empolvado.

    Cayeron de tardecita
y dos días descansaron,
hasta el tercero en que todos
Para la villa *rumbiaron*,
en el coche de la Estancia
y los otros mencionados.

    A los tres se les prendieron
doce caballos *platiados* [82]
del *crédito* [83] del patrón,
y otra tropilla de *bayos* [84]
arriaba yo de reserva
sin que fueran necesarios,
porque los *fletes de tiro* [85]
eran pingos soberanos,
tanto que sobre la rienda
y *pelo a pelo* cincharon [86]
hasta llegar a la villa,
donde recién sujetaron.

    Doña Estrella y su marido
también nos acompañaron,
y una porción de sirvientes,
además de los soldados
de la escolta y los vecinos
más conocidos del *pago*,
sin contar los que en la villa
ya se hallaban de antemano,
a las mentas [87] del bautismo
las funciones esperando,
y a las cuales asistieron
lo mejor *acacharpados* [88].

---

81 *Punta*: porción, multitud. También porción del ganado que se separa del rodeo
82 *Platiados*: blancos, color de plata. *(N. del A.)*
83 *Del crédito*: de la mayor confianza
84 *Bayo*: de pelaje color blanco amarillento
85 *De tiro*: llevado por el cabestro y sin jinete
86 *Cinchar*: esforzarse
87 *A las mentas*: ante la mención
88 *Acacharpados*: vestidos lujosamente, y con ricas monturas en sus caballos. *(N. del A.)*

– VI –

El bautismo. – Chascomús. – Los padrinos. – Las damas de copete. – Los caballeros galanes. – El patroncito.

Por supuesto, a Chascomús
con felicidá llegamos
en la mesma tardecita
que de la *estancia* marchamos;
y, como la nochecita
se nos venía acercando,
ya se hallaba de la iglesia
todo el frente iluminado
con más de mil candilejas
y otros faroles pintados.

Yo, como era muchachito,
luego que encerré los *bayos*,
volví corriendo a la iglesia,
y anduve allí curiosando,
a fin de mirarlo todo
con muchísimo cuidado.

Por eso hasta ahora me acuerdo
de lo que me embelesaron
los vestidos de esas gentes,
por lindos y currutacos [89].
¡Qué relumbrar esas ropas!
¡Qué maravilla y encanto!

Ya dije antes que las damas
traiban copete empolvado,
y esa tarde del bautismo
mucho mejor se lo armaron,
en distintos envoltorios
sujetos a un enrejado
de puros hilos de plata
por la cabeza ligados,
y después en las orejas
unos grandes zarcillazos,
tan sumamente lucidos
que deslumbraba el mirarlos.

Luego *traiban* las *polleras*
de terciopelo encarnado,
con dibujos de *antejuela* [90]
desde el pescuezo hasta abajo,
y por el pecho y las mangas
todas llenas de volados
de encajes, como una nieve
de blancos y almidonados;
y de ahí primorosamente
tenían todas las manos,
desde el codo hasta los dedos,
cubiertas de un aforrado
o tejido de hilo de oro
muy lindamente cribado [91].

Ahora, de los caballeros
tampoco estoy olvidado,
pues, como si en este *istante*
los estuviese mirando,
me acuerdo de sus golillas
con unos grandes moñazos,
y luego su calzón corto

---

89 *Currutaco*: arreglado y jactancioso
90 *Antejuela*: vulg. lentejuela
91 *Cribado*: bordado a la aguja

por supuesto que de raso,
un justillo hasta el *encuentro* [92]
por todas partes *floriado*.

De ahí, un casacón terrible
con alamares bordados;
después, sus medias de seda
rayadas de azul y blanco;
y por último, en los *pieses*,
encima de los zapatos,
tamañas hebillas de oro
ribetiadas de topacios;
y al cinto sus espadines
con vainas de cuero blanco;
una bolsa con la trenza,
y un sombrero todo *arquiado*.

Vestidos de esa manera
aquellos caballerazos,
cuando *pasiaban* a pie
daba temor el mirarlos,
tan serios y tan formales,
lo mesmo que los *caranchos* [93]
que al redor de una osamenta,
con las alas arrastrando
y la mayor fantasía [94],
marchan tiesos paso a paso,
como si fueran alcaldes
con el copete parado.

Cuando damas y galanes
de los coches se bajaron,
en yuntas de par en par
a la iglesia se colaron [95],
y entre música y repiques
los *olios* [96] se comenzaron;
en los que al niño en la pila,
al tiempo de cristianarlo [97],
Ángel le dieron por nombre...
nombre en el que le acertaron,

porque fue luego en la tierra
todo un ángel humanado,
cautivándose el cariño
de toditos los paisanos,
que el nombre de patroncito
en seguida le agregaron.

---

92 *Encuentro*: la entrepierna. *(N. del A.)*
93 *Caranchos*: grandes aves de rapiña que devoran los cadáveres del campo, y son muy graves al marchar en derredor de un caballo o buey muerto. *(N. del A.)* Polyborus plancus
94 *Fantasía*: extravagancia
95 *Colar*: entrar subrepticia o sigilosamente
96 *Olios*: óleos, sacramentos
97 *Cristianar*: bautizar

– VII –

El baile. – La cola de la madrina. – El paspié.

En el momento después
que los olios terminaron,
ya salieron los padrinos,
a la salú del ahijado
desde la iglesia a las casas
tirando plata a puñados,
del coche de más atrás,
donde llevaban un saco
grande con temeridá [98],
y ansí mesmo lo vaciaron;
de suerte que en la *marchancha* [99]
esa noche hubo muchacho
que hasta seis pesos [100] alzó
en puros *reales cortados* [101].

Yo también en la volada
salí más que remediado,
pues con los *medios* [102] que alcé
compré un poncho currutaco,
un sombrero, un ceñidor [103];
y once riales me sobraron.

De ahí, los padres y padrinos,
como les iba contando,
esa noche en una casa
de la villa se quedaron,
donde el cura y el alcalde
un gran baile les armaron,
el más alegre y rumboso
que he visto en todos mis años;
al cual también asistieron
otros muchos convidados,
entre ellos el comendante
que era un *porteño* bizarro,
que por ser muy narigón
le llamaban Carlos cuarto.

Para esa fiesta las damas
los vestidos se trocaron
por otros más relucientes.
¡Y entonces sí le largaron
todo el valor las puebleras
en las polleras que echaron!

Ansí que los caballeros
y madamas se juntaron,
rompió la *musiquería* [104]
a tocar, y yo de un salto
me trepé en una ventana,
porque estaba lleno el patio
de mirones, que no daban
lugar a ningún muchacho.
Pero yo sobre la reja

---

98 *Temeridá*: cantidad audaz (mucha)
99 *Marchancha*: o *a la marchanta*, acto de recoger los muchachos las monedas o cosas similares que se les tiran, o arrojar objetos entre la muchedumbre para que los coja el primero que pueda
100 *Peso*: unidad de moneda equivalente a 8 reales.
101 *Reales cortados*: o moneda macuquina, moneda de plata, batida en cospeles irregulares a golpe de martillo, sin cordoncillo, de bordes recortados, con espesor y módulos variables y de tosca acuñación.
102 *Medio*: moneda de medio real, la más pequeña de las monedas de plata
103 *Ceñidor*: Cinturón
104 *Musiquería*: orquesta (de musiquero, músico)

prendido estuve mirando,
sin perder una pisada
de todos los que danzaron.

   Al pararse la madrina
a bailar, largó del brazo
como seis varas de cola
del vestido, y relumbrando
atrás de ella la llevaba
por los suelos arrastrando,
mientras seguía el paspié
nombre de un baile antiguallo,
haciéndole cortesías
a un galán, y reculando
con donaire desdeñoso,
y sin *trabarse* en el paso.
Mas o menos de igual suerte
las otras damas bailaron;
y a la más linda de todas
le *vide* hasta los zapatos,
que eran de estambre lustroso
con unos taquitos altos,
moños encima, y después
puntiagudos y enroscados.

– VIII –

La cena. – Los manjares. – Los alegrones. – Los mosqueteros.

Bailaron duro y parejo [105],
y al primer canto de gallos
salieron los bailarines
de a pares hembras y machos,
y se fueron a otra sala
a cenar juntos, sentados
en rueda de una gran mesa
toda orillada de platos,
y llena de punta a punta
de diferentes guisados,
y de muñecos de dulce
en distintos enjaulados,
en forma de castillitos
con flores y embanderados.

Después, había pasteles
de toda clase y tamaño,
como igualmente un tendal
de gallinas y de pavos,
y multitud de limetas
de vino superiorazo [106],
del mesmo que yo esa noche
siempre logré echar un trago,
que me lo largó un sirviente
de los que allí se *apedaron* [107],
después que los *gamonales* [108]
solamente se alegraron.

Antes de la madrugada
salió el cura cabeciando,
y más atrás el alcalde
divertido y trompezando.
Y así que *hicieron la punta* [109]
esos dos, ya *cabrestiaron* [110]
todos los demás; y al fin
barrigones se largaron
los *tragaldabas* que al baile
sólo a tragar se costiaron [111],
sigún dijeron allí
los que andaban criticando,
ya porque habría de qué,
o ya por andar *galgueando* [112];
pues de ambas gentes presumo
que no falta en tales casos.

Finalmente, los padrinos,
luego que se retiraron,
toda esa mañana entera
durmiendo se la pasaron;
y de ahí, a la tardecita,
a la estancia regresaron,
donde luego los festejos
cuatro días continuaron,
en los que se divirtieron
lindamente los paisanos;
pues, sólo para *los piones* [113],

---

105 *Duro y parejo*: fuerte y sostenidamente
106 *Superiorazo*: aumentativo de superior
107 *Apedar*: o empedar, emborracharse
108 *Gamonales*: hombres ricos. (N. del A.)
109 *Hacer la punta*: marchar al frente
110 *Cabrestiaron*: siguieron por detrás. (N. del A.)

111 *Costearse*: hacer el esfuerzo o asumir el costo de acercarse a algún lugar.
112 *Galguiando*: con hambre de galgos. (N. del A.)
113 *Piones*: los hombres de servicio, de labor. (N. del A.)

me acuerdo que se *carnearon*
seis *vaquillonas* con cuero;
las que se les entregaron
con dos hornadas de pan,
y un barril de vino blanco,
muchas limetas de caña,
y güena yerba y tabaco.

   Por último, los padrinos
después que allí *voraciaron* [114],
y que a todos los sirvientes
les hicieron un regalo
de tres pesos por cabeza,
y cinco a cada soldado,
entre ¡vivas! y algazara
de la estancia se largaron,
otra vez a Buenos Aires
donde eran avecindados.

---

114 *Voraciar*: gastar el dinero con derroche. *(N. del A.)*

– IX –

La estancia de la flor. – El ombú. – El Pampero. – El río salado.

 Ahora un camino distinto
tomará mi relación,
supuesto que de la estancia
tan sólo la situación
he dicho, y nada tocante
a su linda población;
que al fin la Indiada salvaje
a sangre y fuego arrasó,
un día que felizmente
doña Estrella y el patrón,
por hallarse en otra parte,
no perecieron los dos.

 Coronaba aquella loma,
referida en lo anterior,
un *ombú* [115], del cual decían
hombres más viejos que yo,
que más de cien primaveras
florido reverdeció,
desafiando tempestades
con altiva presunción,
hasta que, cuando más fuerte
y arraigado se creyó,
un huracán del pampero [116]
de la loma lo arrancó,
y hasta el río del *Salao*
rebramando [117] lo arrastró,
y ese río torrentoso,
en la mar lo sepultó.

 Pues ese ombú, el más soberbio
que en esos campos se vio,
erguido se interponía
entre la tierra y el sol,
cubriendo de fresca sombra
a un inmenso caserón
de ochenta varas en cuadro [118],
trabajado con primor,
de adobe crudo, tejado,
y madera superior.

---

115 *Ombú*: nada describe mejor este árbol como la nota con que lo caracteriza nuestro amigo el Sr. Echevarría en su bello poema LA CAUTIVA: «Árbol corpulento, espeso y de vistoso follaje, que descuella solitario en las llanuras como la palmera en los arenales de Arabia. Ni leña para el hogar, ni fruta brinda al hombre, pero sí fresca y regalada sombra en los ardores del estío». *(N. del A.) Phytolacca dioica*.

116 *Pampero*: es el viento sudoeste, que llega a la parte habitada de la provincia atravesando toda la *pampa* o desierto. Es un viento violentísimo, muy seco, muy tónico y muy frío; porque, viniendo de las regiones polares, arrastra consigo algo de las condiciones atmosféricas que rigen en las alturas de los Andes. Este viento es infaliblemente el que restablece el equilibrio de la atmósfera en todo el país. Luego que los habitantes lo perciben después del tiempo lluvioso, establecen ya que el buen tiempo les llega con él. El pampero tiene una influencia especialísima sobre los hijos del país, les aviva las potencias, les inspira alegría de ánimo y cierta energía de vida que no se puede describir. *(N. del A.)*

117 *Rebramando*: respondiendo al bramido con otro bramido

118 *En cuadro*: por lado (de un cuadrado)

Todo el frente que habitaba
la familia del *patrón*,
del lado que hacia al campo
y de la banda exterior,
con arces de largo a largo
lo ceñía un corredor,
y también a un oratorio,
de lo lindo lo mejor.

Después, en los otros puntos
tenían colocación
una *tahona* [119], dos cocinas,
el granero y el *galpón* [120]
del uso de la *pionada* [121];
y en seguida otro mayor
para apilar el *cuerambre* [122],
y en cierta separación
el sebo, la cerda y lana,
con toda ventilación.

De ahí, palomar y cochera,
y después la habitación
que ocupaba el mayordomo;
y al lado un cuarto menor
que guardaba un armamento
nuevito y de lo mejor.

Luego, otras piezas *asiadas* [123]
donde metía el *patrón*
a las gentes de su agrado,
cuando era de precisión.

Además de eso, a la casa,
por si acaso, a precaución,
la rodeaba toda un foso
de cinco varas de anchor,
y profundo, de manera
que agua nunca le faltó.

Ansí, del lado de adentro,
de la zanja al rededor,
sauces coposos y eternos
ostentaban su verdor;
y álamos que hasta las nubes
se elevan por su altor,
hacían de aquella estancia
un palacio encantador.

Después de eso, una estacada
de *ñandubay* [124] *de mi flor* [125]
tan pareja y tan fornida
que el poste más delgadón
no lo arrastraba una cuadra
el *pingo* más cinchador,
a todito el caserío
le servía de cordón,
dejando entre la estacada
y la *paré* un callejón
para andar holgadamente,
y pelear en la ocasión;
pues para eso en cada esquina
arriba de un *albardón* [126]
como triángulo empedrao,
estaba listo un cañón;
y en la de junto al potrero
en vez de uno había dos,
defendiéndole la entrada.

Ansí no había temor,
encerrando allí la hacienda
en caso de una invasión
de los Pampas o Ranqueles,
que entonces daban terror,
pues en cada luna llena
caiban como nubarrón

---

119 *Tahona*: molino de harina
120 *Galpón*: se llama así en las estancias a una pieza larga y aislada de las que sirven para habitar. *(N. del A.)*
121 *Pionada*: los peones de la estancia. *(N. del A.)*
122 *Cuerambre*: la multitud de cueros o pieles. *(N. del A.)* Corambre
123 *Asiadas*: aseadas, limpias. *(N. del A.)*
124 *Nandubay*: es un árbol de las provincias del norte y noroeste, extremadamente duro, tan grueso como para dar tablas, pero sus troncos proporcionan palos de regular altura. Estos palos son de una ventaja incalculable para hacer los corrales para el ganado, o palizadas circulares en que se le encierra cuando es preciso. Tiene esta madera la ventaja de endurecerse más a medida que más tiempo están enterradas las extremidades de cada palo de los que forman la palizada. *(N. del A.)* Prosopis ñandubay.
125 *De mi flor*: de todo mi gusto, lo mejor que puede darse. *(N. del A.)*
126 *Albardón*: arg. loma o faja de tierra que sobresale en las costas explayadas

a robar en las estancias,
y matar sin compasión,
quemando las poblaciones
entre algazara y furor.

   Pero no facilitaban
en la estancia de la Flor,
donde, si se aparecían,
en levantando un portón
que hacía de puente al foso,
con toda *satifaición*
se les peleaba de adentro
como del fuerte mejor

   Afuera estaba la *chacra* [127],
en tan linda situación,
que un arroyo la cercaba
para regarla mejor.

   Luego, había tres corrales
de suficiente grandor
dos para hacienda vacuna
en los que sin opresión
cabía todo un *rodeo* [128]
mansito y resuperior.

   Después, el tercer corral
tan sólo se destinó
para encerrar las manadas,
que eran una bendición,
mucho mas la de *retajo* [129],
del esmero del patrón,
por la multitú de mulas
que esa manada le dio;
de modo que, año por año,
remitía una porción
para los pueblos de *arriba* [130]:
trajín [131] que lo enriqueció.

   Luego, para la majada,
al ladito de un galpón
que cubría seis carretas,
un bote y un carretón,
dejando el *chiquero* [132] aparte,
el corral se les formó;
y para cuidarla bien
ahi mesmo a la *imediación*
dormían los ovejeros [133],
cada perro como un *lión*
que *toriaban* [134] al sentir
el más pequeño rumor.

   Tal era la estancia grande
que don Faustino pobló,
conocida allá en su tiempo
por la Estancia de la Flor,
en cuyo sitio, hace poco,
há que un día estuve yo
contemplando una *tapera*
en triste desolación,
y un *cardal* sobre la loma,
de las *raíces* al redor
de aquel ombú portentoso
que huracán derribó...

   Allí, donde la riqueza,
y la amistá, y el amor
hizo dichosos a tantos
que don Faustino estimó;
y allí donde la fortuna
recompensaba el sudor
del pobre que trabajaba
con buena comportación;
pues don Faustino tenía
la excelente condición,
que al conocerle a cualquiera
una buena inclinación,

---

127 *Chacra*: del Quechua *Chakra*, maizal, úsase para denominar una granja
128 *Rodeo*: el conjunto de vacas, toros y becerros. *(N. del A.)*
129 *Manada de retajo*: las yeguas que paren y crían las mulas. *(N. del A.)*
130 *Pueblos de arriba*: aquellos pertenecientes al Obispado de Córdoba del Tucumán con sede en la ciudad de Santiago del Estero y con jurisdicción sobre la región de Tarija, y las provincias argentinas actuales de Córdoba, Catamarca, La Rioja, Tucumán, Santiago del Estero, Salta y Jujuy.-
131 *Trajín*: tarea, negocio
132 *Chiquero*: el corral de los cerdos. *(N. del A.)*
133 *Ovejeros*: los perros que cuidan de las ovejas. *(N. del A.)*
134 *Toriaban*: ladraban los mastines. *(N. del A.)*

y un rigular proceder,
le franquiaba el corazón,
sin más interés ninguno
que el gusto de hacer favor...
últimamente, un ingrato
llenó al fin de sinsabor
los días de la vejez
de aquel hombre bienhechor
siendo el caso que allí mesmo
en la estancia de la Flor,
de dos huérfanos mellizos,
que chiquitos recogió
y con el mayor esmero
hasta mocitos los crió,
uno de ellos ¡Virgen santa!
tan desalmado salió,
y tan de malas entrañas,
que los campos aterró,
y él sólo con sus delitos
una cadena formó
de sucesos, que parecen
increíbles a la razón,
del modo que sucedieron;
pero que evidentes son,
como lo demostraré
al fin de esta relación,
para que *almiren* ustedes
¡la Providencia de Dios!
....

Ahora me permitirán
hacer una suspensión
de este cuento, hasta mañana,
que con el favor de Dios
espero poder seguirlo
hasta darle conclusión;
pues ya la hora es avanzada,
y hoy he dado un madrugón
que me tiene soñoliento.

Siendo ansí, con el perdón
de ustedes me voy a echar.

—Con toda *satifaición*
puede, *amigazo,* le dijo
Tolosa en contestación,
anidarse cuando guste.
Velay, en ese rincón.

—Muchas gracias, dijo *Vega*;
y al istante se paró
a recibir un hijar [135]
que la moza le alcanzó,
sobre el cual con su *recao* [136]
su pobre cama tendió;
y dando las buenas noches
él también las recibió,
y antes de echarse a dormir
bajo del poncho rezó.

Luego, en los brazos del sueño
los sentidos entregó;
y en cuanto sobre el *lomillo* [137]
la cabeza reclinó,
batiendo el gallo las alas
la media noche cantó.

---

135 *Hijar*: cuero entero de vaca que sirve para sentarse encima o acostarse. *(N. del A.)*
136 *Recao*: recado, el conjunto de piezas de que se compone la montura de un gaucho. *(N. del A.)*
137 *Lomillo*: la principal pieza del recao que sirve de silla para sentarse el jinete a caballo. *(N. del A.)*

– X –

La madrugada. – La ramada. – El sol naciente. – Los gauchos recogedores. – El rodeo. – El venteveo. – El chimango.

Como no era dormilona,
antes del alba siguiente,
bien peinada y diligente
se hallaba Juana Petrona,
cuando ya lucidamente

Venía *clariando* al cielo
la luz de la madrugada,
y las gallinas al vuelo
se dejaban *cair* al suelo
de encima de la *ramada*.

Al tiempo que la naciente
rosada aurora del día,
ansí que su luz subía,
la noche oscura al poniente
tenebroso descendía.

Y como antorcha lejana
de brillante reverbero,
alumbrando al campo entero,
nacía con la mañana
brillantísimo el lucero.

Viento blandito del norte
por San Borombón cruzaba
sahumado [138], porque llegaba
de Buenos Aires, la corte
que entre dormida dejaba.

Ya también las golondrinas,
los cardenales y *horneros*
calandrias y *carpinteros*,
cotorras y becasinas
y mil loros *barrangueros*;

Los más alborotadores
de aquella inmensa bandada
en la Espadaña rociada
festejaban los albores
de la nueva madrugada;

Y cantando sin cesar
todo el *pago* alborotaban,
mientras los gansos nadaban
con su grupo singular
de gansitos que cargaban.

Flores de suave fragancia
toda la *pampa* brotaba,
al tiempo que coronaba
los montes a la distancia
un resplandor que encantaba:

Luz brillante que allí asoma,
el sol antes de nacer;
y entonces da gozo el ver
los gauchos sobre la loma
al campiar y recoger [139];

---

138 *Sahumado*: mejorado, perfumado
139 *Campiar y recoger*: todas las mañanas en la estancia, salen los peones a recoger el ganado vacuno y traerlo a un punto que se llama playa del rodeo. *(N. del A.)*

Y se vían alegrones
por varios rumbos cantando,
y sus caballos saltando
fogosos los albardones,
al galope y *escarciando* [140];

Y entre los recogedores
también sus perros se vían,
que retozando corrían
festivos y ladradores,
que a las vacas aturdían.

Y embelesaba el *ganao* [141]
lerdiando [142] para el *rodeo*,
como era un lindo recreo
ver sobre un toro *plantao*
dir cantando un venteveo [143];

En cuyo canto la fiera
parece que se gozara,
porque las orejas para
mansita, cual si quisiera
que el ave no se asustara.

Ansí, a la orilla del fango
del bañado, la más blanca
y cosquillosa potranca [144]
ni mosquea, si un chimango [145]
se le deja *cair* en la anca.

Solos, pues, sin *albeldrío*,
estaban los *ovejeros*

cuidando de los *chiqueros*,
mientras se alzaba el rocío
para largar los corderos [146].

Después, en San Borombón
todo a esa hora embelesaba,
hasta el aire que zumbaba,
al salir del cañadón
la bandada que volaba;

Y la sombra que de aquella
sobre el pastizal refleja,
tan rápida que asemeja
un relámpago o centella,
y velozmente se aleja.

Y los potros relinchaban
entre las yeguas *mezclaos*;
y allá lejos *enzelaos* [147]
los baguales [148] contestaban
todos *desasosegaos*.

Ansí los ñacurutuces [149]
con cara fiera miraban
que esponjados *gambeteaban* [150],
juyendo los avestruces [151]
que los perros acosaban,

Al concluir la recogida,
cuando entran a corretiarlos;
y que al tiempo de alcanzarlos

---

140 *Escarcear*: moverse el caballo subiendo y bajando la cabeza violenta y repetidamente
141 *Ganao*: ganado, el conjunto de la hacienda vacuna. *(N. del A.)*
142 *Lerdiando*: al paso, marchando lentamente. *(N. del A.)*
143 *Venteveo*: pájaro que acostumbra posarse sobre el lomo de los toros, aunque marchen. *(N. del A.)*
144 *Potranca*: yegua joven. *(N. del A.)*
145 *Chimango*: ave de rapiña que abunda en el campo de Buenos Aires. *(N. del A.) Chimango Caracara Milvago chimango*
146 *Largar los corderos*: no se sueltan hasta que no se evapora el rocío, porque les hace daño comer el pasto mojado. *(N. del A.)*
147 *Enzelaos*: zelosos. *(N. del A.)*
148 *Baguales*: los potros salvajes que nunca han sido apresados por el hombre. *(N. del A.)*
149 *Nacurutuces*: aves de la familia de las lechuzas, pero más chicas y que viven en cuevas en el campo de Buenos Aires. *(N. del A.) Bubo virginianus*
150 *Gambeta*: movimiento de las piernas de un lado al otro, para esquivar el cuerpo
151 *Avestruces*: en realidad se refiere al Ñandú *Pterocnemia pennata*, ave corredora autóctona de la familia Rheidae, parecida al avestruz, que es natural de Africa

aquellos de una tendida [152]
se divierten en *cociarlos* [153].

Y de ahí, los perros trotiando
con tanta lengua estirada
se vienen a la *carniada* [154],
y allí se tienden *jadiando*
con la cabeza *ladiada*:

Para que las *criaturas*
que andan por allí al *redor*,
o algún mozo *carniador*,
les larguen unas *achuras* [155]
que es bocado de mi flor.

Tal fue por San Borombón
la madrugada del día,
en que el *payador* debía
hacer la continuación
del cuento aquel que sabía.

---

152 *Tendida*: disparada del caballo
153 *Cociarlos*: los avestruces tiran coces como los burros y caballos, y a veces un avestruz con darle una coz le quiebra una pata al caballo. *(N. del A.)*
154 *Carniada*: el acto de matar una res en el campo y descuartizarla. *(N. del A.)*
155 *Achuras*: los carneadores les llaman así a los intestinos de la res, como son el hígado, los riñones, las tripas, la panza, y hasta la lengua y los sesos. *(N. del A.)*

– XI –

El santiagueño. – A trajinar. – Las carreras. – La enancada.

Rufo también era un *crudo* [156]
para eso de madrugar,
pero se dejó atrasar
del sueño, y medio desnudo
vino al fin a *yerbatiar* [157].

Y más que Rufo, *lerdón*
Vega anduvo al levantarse;
de modo que al recordarse
bostezando, un *cimarrón*
tomó al *dir* a persignarse.

Y al punto que sus devotas
oraciones concluyó,
todo se desperezó,
y *entresobando* [158] las botas
al fogón enderezó;

En donde otros buenos días
los dos paisanos se dieron,
y *matiando* se estuvieron;
y entre varias gollorías [159]
hasta la *mañana hicieron* [160].

De ahí, Tolosa en calzoncillos
y con la cabeza atada,
salió a darle una *vichada* [161]
al campo y vido al potrillo
del cantor en la cañada.

Luego, Rufo alzó la mano,
y, dándose redepente
una palmada en la frente,
dijo: ¡Por Cristo! paisano,
que con su cuento, caliente,
ya olvidaba la *carrera*
que hoy juega el amigo Ramos;
y será *güeno* que vamos
a ver de alguna manera
si por allá *trajinamos*.

—¿Qué *decís*? dijo la moza.
¿Ya te lo *querés* llevar
para hacerlo *trajinar*
a este hombre? ¡Miren qué cosa!
¡Y a mí me *pensás* dejar!...

—Yo iré con la condición,
dijo Vega, que permita
la *muente* [162] a la patroncita
en *ancas*, con su perdón.

---

156 *Crudo*: guapo, trabajador, infatigable. *(N. del A.)*
157 *Yerbatiar*: tomar mate en su correspondiente calabaza. *(N. del A.)*
158 *Entresobando*: las botas que usan los gauchos, las hacen sacándolos entera la piel de las patas hasta más arriba de los garrones a los potros y yeguas, y esa piel la usan como medias, o botas de cuero crudo, que las soban todos los días para suavizarlas más. *(N. del A.)*
159 *Gollolía*: gollería, manjar exquisito y delicado, delicadeza
160 *Hacer la mañana*: beber algún aguardiente. *(N. del A.)*
161 *Vichada*: mirada
162 *Muente*: vulg. monte

—¿Pues no? dijo la mocita;
quiero el *envite* y consiento,
teniendo a gala y placer
en *dir* con usté, y volver
a oírle proseguir el cuento,
si acaso pudiera ser.

—¡Ah, china! Si es un encanto
para un decir: ¡Oiganlé!
¡Y tan humilde! Ya ve;
por eso la quiero tanto:
dijo Tolosa y se fue.

—*Salí, calandria* [163], *salí,*
Juana dijo; y te prevengo,
que a tu cariño me atengo
cuando te ausentas de mí,
y de pena *volvés* rengo.

Rufo se desentendió,
como que estaba enfrenando
un *mancarrón* [164], y saltando
en pelos [165] enderezó
a la cañada rumbiando.

Volvió pronto, y almorzaron
un *churrasco* a la ligera,
y después a la carrera
con hembra y todo *surquiaron* [166];
y a la oración regresaron:

Platudos [167] *y complacidos*
y hasta medio *divertidos* [168],
pero en muy linda armonía,
habiendo *pasao* el día
alegres y bien comidos.

Con todo eso, un costillar
en el asador clavaron,
y cuasi se lo acabaron.
después de *cimarronear.*

Luego, sin más esperar,
el payador muy contento,
recorriendo el pensamiento,
dijo. —Voy a continuar,
si desean escuchar
que prosiga mi argumento.

---

163 *Calandria*: Mimus patagonicus, ave sudamericana muy vivaz y canora
164 *Mancarrón*: caballo viejo y manso. *(N. del A.)*
165 *En pelos*: sin montura, sobre el lomo limpio del caballo. *(N. del A.)*
166 *Surquiar*: salir al surco, tomar la huella
167 Platudo: con mucho dinero
168 *Divertidos*: borrachos. *(N. del A.)*

– XII –

**Los mellizos. – El niño perverso. – El mordiscón.
– El descuadrillado. – la fuga.**

Un tal Bruno Salvador,
porteñazo [169] *lenguaraz* [170],
era entonces capataz
de la Estancia de la Flor.
Por mozo trabajador
don Faustino lo quería,
y a boca llena decía
que Bruno era sin igual,
honrao a carta cabal
y *terne* [171] si se ofrecía.

Bruno era recién *casao*
con una rubia preciosa;
ansí quería a su esposa
con un cariño *extremao*;
pero fue tan *desgraciao*
que al primer año enviudó,
pues la moza se murió
en un parto de mellizos,
tan grandes y tan rollizos
que al parirlos sucumbió.

Esa fatal desventura
a Salvador en seguida
también le costó la vida,
y lo echó a la sepultura.
Luego, llenos de tristura
doña Estrella y el *patrón*,
movidos de compasión

por la *yunta* de *guachitos* [172],
tornaron los mellicitos
bajo de su protección.

Allí en la Estancia se criaron
con Angelito a la vez,
y muchos días los tres
de un mesmo pecho mamaron;
y al istante que asomaron
como quien dice la espuela
de gallitos, a la escuela
allí se les destinó,
donde cada uno empezó
a demostrar su *entretela*:

O aquella disposición,
con que a poco de nacer
da un muchacho a conocer
su buen o mal corazón.
Así, desde *charabón* [173],
el mellizo más *flauchín* [174]
descubrió un alma tan ruin,
y perversa de tal modo,
que con buena crianza y todo
salió un saltiador al fin.
Este se llamaba Luis,
y el otro hermano Jacinto,
criatura de un *istinto*
humilde como *perdiz*;

---

169 *Porteñazo*: aumentativo de porteño, aplicado a los nacidos en la ciudad de Buenos Aire
170 *Lenguaraz*: intérprete para los Indios, o todo el que habla otro idioma distinto del suyo. *(N. del A.)*. También se aplica a personas muy locuaces.
171 *Terne*: valiente, bueno para un lance. *(N. del A.)*
172 *Guacho*: huérfano de padre y madre, expósito, sin padres conocidos. *(N. del A.)*
173 *Charabón*: pichón de avestruz. *(N. del A.)*
174 *Flauchin*: delgado, pequeño, débil

así, a ser hombre feliz
trabajando consiguió,
porque el *patrón* lo estimó
y doña Estrella también,
y el *patroncito* con quien
como hermano se trató.

   Pero Luis, un *cuchillero*
fue a los siete años no más,
y *mal pegador* de *atrás*,
vengativo y camorrero;
y era su gusto a un cordero,
todavía mamoncito,
enlazarlo y maniadito
echarlo vivo al fogón;
y en verlo hacer chicharrón
se gozaba el muchachito.

   Una tarde, a un pobre ciego
limosnero lo llevó,
y por gusto lo sentó
sobre unas brasas de fuego;
y otra ocasión a un Gallego,
que le enseñó la dotrina,
le *trujo* de la cocina
un *cimarrón* de *humorada*
con la bombilla *caldiada*,
y le quemó la *bocina* [175].

   Yo no he visto travesuras
como las de ese maldito,
pues cuasi mató a Angelito
en una de sus diabluras,
llevándolo medio a oscuras
a un galpón, sin más asunto
que darle un susto por junto.
Ansí, en cuanto lo metió,
sobre un borracho lo echó,
diciéndole: «¡Es un difunto!»

   Tan espantoso alarido
de susto el niño pegó,
que al grito el padre salió
corriendo y despavorido.
Entonces Luis, aturdido,
quiso *juirle*, y trompezó;
de manera que rodó
a los pies de don Faustino,
que encima del *guacho* vino
y medio se desnucó.

   Doña Estrella, cuasi muerta
de susto del alarido,
corrió atrás de su marido
con tamaña boca abierta,
y también junto a la puerta
sobre un mastín se cayó;
el cual la desconoció,
pues, en *ancas* [176] del porrazo,
de un *mordiscón* un pedazo
de las nalgas le arrancó.

   Alzaron luego en seguida
al niño Ángel *desmayao*,
al patrón *descuadrillao* [177],
y a la señora mordida;
y de ahí principió la vida
delincuente de Luisito;
añadiendo a su delito
que, esa noche se *juyó*,
y a su hermano le robó
el poncho y un puñalito.

   Ahora, ocho años pasarán
desde que Luis se *juyó*
hasta el tiempo en que ocurrió
lo que ustedes no sabrán;
y, aun cuando no *inorarán*
lo primero que refiera,
en lo que sigue pudiera
que no se hallen al corriente,
pues de entonces al presente
van treinta años como quiera,

---

175 *Bocina*: vulg. boca
176 *En ancas*: metáf. agregado a
177 *Descuadrillao*: postrado por desplaza-
   miento del hueso de la cadera

– XIII –

La indiada. – El malón. – El adivino. – Los pichigotones. – Las reparticiones. – Las cautivas.

Siempre al ponerse en camino
a dar un *malón* [178] la Indiada
se junta a la madrugada
al *redor* de su adivino [179]
quien el más feliz destino
a todos les *asigura*,
y los anima y apura
a que marchen persuadidos
de que no serán vencidos
y harán la *buena ventura*.

Pero, al invadir la Indiada
se siente, porque a *la fija* [180]
del campo la sabandija
juye adelante asustada,
y envueltos en la *manguiada* [181]
vienen perros *cimarrones* [182],
zorros, avestruces, liones,
gamas, liebres y venaos,
y cruzan *atribulaos*
por entre las poblaciones.

Entonces los *ovejeros*
coliando [183] bravos *torean* [184],
y también revoletean

gritando los teruteros [185];
pero, eso sí, los primeros
que anuncian la *novedá*
con toda siguridá,
cuando los Indios avanzan,
son los *chajases* que lanzan
volando: ¡chajá! ¡chajá!

Y atrás de esas madrigueras
que los salvajes espantan,
campo afuera se levantan,
como nubes, *polvaderas*
preñadas todas enteras
de *Pampas* [186] desmelenaos,
que al trote largo apuraos,
sobre sus potros tendidos [187],
cargan pegando alaridos,
y en media luna formaos.

Desnudos de cuerpo entero
traen sólo encima del lomo
prendidos, o no sé cómo,
sus quillapices [188] de cuero
y unas tiras de plumero
por las canillas y brazos;

---

178 *Malón*: ataque brusco de los Indios. *(N. del A.)*
179 *Adivino*: los Indios traen en efecto entre ellos un individuo a quien reputan adivino, y le oyen sumisamente lo que les anuncia todas las madrugadas cuando hacen alguna expedición. *(N. del A.)*
180 *A la fija*: infaliblemente, sin falta. *(N. del A.)*
181 *Manguiada*: la arrada para acorralar y cazar bestias. *(N. del A.)*
182 *Cimarrones*: silvestres. *(N. del A.)*
183 *Coliando*: meneando la cola. *(N. del A.)*
184 *Torean*: ladran bravíos. *(N. del A.)*
185 *Teruteros*: aves del campo muy gritona y noveleras por cuanto ven y oyen. *(N. del A.)*
186 *Pampas*: indios de las pampas. *(N. del A.)*
187 *Tendido*: descontrolado
188 *Quillapices*: mantas de cuero de huanaco. *(N. del A.)* También llamado *Cayapí* o *Toropí*, equivalía al chiripá de lana

de ahí randas [189] cascabelazos [190]
del caballo en la testera [191];
y se pintan de manera
que horrorizan de *fierazos* [192].

   Y como ecos del infierno
suenan roncas y confusas,
entre un enjambre de chuzas [193],
rudas trompetas de cuerno;
y luego atrás en lo externo,
del arco que hace la Indiada,
viene la *mancarronada* [194]
cargando la *toldería* [195],
y también la chinería [196]
hasta de a tres *enancada* [197]
   Ansí es que cuando pelean
con los cristianos, que acaso
en el primer cañonazo
tres o cuatro Indios voltean,
en cuanto remolinean
juyen como exhalaciones;
y, al ruido de los latones [198],
las chinas al disparar
empiezan luego a tirar
al suelo *pichigotones* [199].

   Pero, cuando vencedores
salen ellos de la empresa,
los pueblos hechos pavesa
dejan entre otros horrores;
y no entienden de clamores,
porque ciegos atropellan,
y así forzan [200] y degüellan
niños, ancianos y mozos;
pues como tigres rabiosos
en *ferocidá* descuellan.

   De ahí, borrachos, en contiendas
entran los más mocetones,
para las reparticiones
de las cautivas y prendas;
y por fin con las *haciendas*
de todo el *pago* se arrean;
y, cuando rasas humean
las casas de los cristianos,
los Indios pampas ufanos
para el *disierto trotean*...

   Sin dejar vieja con vida;
pero de las *cotorronas* [201],
mocitas y muchachonas
hacen completa barrida;
y luego a la repartida
ningún cacique atropella;
y a la más linda doncella
aparta y la sirve en todo,
hasta que luego, a su modo,
también se casa con ella.

   Y, desdichada mujer
la que después de casada
comete alguna *falsiada* [202]
que el Indio llegue a saber,
porque con ella ha de hacer
herejías, de manera
que a la hembra mejor le fuera
caer en las garras de un moro
o entre las *aspas* de un toro
que con un Indio cualquiera.

   En fin, a la retirada
nunca salen reunidos,
sino en trozos extendidos

---

189 *Randa*: especie de encaje grueso labrado que se suele poner de adorno en vestidos
190 *Cascabelazo*: cascabel grande
191 *Testera*: adorno para la frente del caballo
192 *Fierazos*: feísimos. *(N. del A.)*
193 *Chuza*: especie de lanza rudimentaria y tosca; (fam.) Cabellos largos, lacios y duros
194 *Mancarronada*: caballos viejos, estropeados. *(N. del A.)*
195 *Toldería*: conjunto de chozas
196 *Chinería*: la chusma de mujeres. *(N. del A.)*
197 *Enancada*: tres en un sólo caballo. *(N. del A.)*
198 *Latones*: sables que tienen la vaina de hierro. *(N. del A.)*
199 *Pichigotones*: indiecitos de pecho o niños mayorcitos. *(N. del A.)*
200 *Forzan*: violan, estupran. *(N. del A.)*
201 *Cotorronas*: mujeres que tienen de treinta a cuarenta años. *(N. del A.)*
202 *Falsiada*: infidelidad conyugal. *(N. del A.)*

por la campaña asolada;
y, en toda la atravesada,
mamaos [203] atrás van llorando
los que *cautiva faltando*,
es decir, los que no tienen
mujer, desgracia que vienen
con la *tranca* [204] lamentando.

   Y hay cautiva que ha vivido
quince años entre la Indiada,
de donde al fin escapada
con un hijo se ha venido,
el cual, después de crecido,
de que era indio se acordó
y a los suyos se *largó*;
y vino otra vez con ellos,
y en uno de esos degüellos
a su madre libertó.

   Como ha habido desgraciada
que, escapada del disierto,
sus propios hijos la han muerto
después en una avanzada,
por hallarla *avejentada* [205],
o haberla desconocido;
y otros casos han habido
que luego referiré;
y antes de eso *pitaré*
porque estoy medio rendido.

---

203 *Mamao*, mamado: embriagado, borracho. *(N. del A.)*
204 *Tranca*: borrachera. *(N. del A.)*
205 *Avejentada*: envejecida *(N. del A.)*

– XIV –

La tristona. – La gauchada. – El indio borracho. – La vieja cautiva. – El espantado. – La vizcachera.

Oyendo la relación
de Vega, Juana Petrona
con una cara tristona
demostraba su *aflición*;
y Rufo, con la intención
de alegrarle el pensamiento,
le cortó al cantor el cuento,
metiéndose a la colada
con la siguiente gauchada [206]
que correspondió a su intento.

TOLOSA

—Ya que habló de retirada,
voy a contarle un pasaje
y perdone que le ataje
su palabra tan honrada
de una mujer muy *mentada*
por linda como un primor,
con un Indio *mamador* [207]
que por la casualidá
topó con esa *deidá*
una noche. —Pues, señor...

Sucedió en una ocasión,
que los Indios atacaron
al Salto [208] y se retiraron
muy cerca de la oración,
que un Indio algo vejancón
medio *mamao* se metió
entre un *cardal* y topó
a una mujer escondida,
cuasi a oscuras, y en seguida
en *ancas* [209] se la montó.

La hembra se dejó cargar
más callada que un difunto,
y el Pampa con ella al punto
alegre echó a caminar;
y a cada rato al marchar,
pedía el Indio: «da beso» [210]
y dando vuelta el pescuezo
a su cautiva besaba,
la cual al Indio pensaba
enternecerlo con eso.

Seguía el Pampa y seguía
a besos que se pelaba,
mientras la marcha duraba,
hasta que allá al ser de día
se dio *güelta*... y ¡Virgen mía!
con una vieja se halló,
tan fiera, que se espantó,
pues, sin volverla a mirar,
el Indio por disparar
hasta la *chuza* largó.

---

206 *Gauchada*: chiste, historieta, improvisación de gaucho. *(N. del A.)*
207 *Mamador*: borrachón, borracho inveterado. *(N. del A.)*
208 *El Salto*: pueblo de la provincia de Buenos Aires. *(N. del A.)*
209 *En ancas*: a la grupa del caballo. *(N. del A.)*
210 *Da beso*: así pide un Indio un beso. *(N. del A.)*

La vieja despatarrada
por los garrones salió
del *pingo* que la solfió [211],
largándole una patada,
siendo tan afortunada
que ni el pelo le tocó;
y felizmente cayó
al pie de una vizcachera [212],
donde más que de carrera
de cabeza se metió.

Metida allí en lo profundo
de la covacha, rezando
se aguantaba, no pensando
salir ese día al mundo;
pero, a la siesta, iracundo
un vizcachón [213] la mordió,
y echando diablos salió
la vieja toda embarrada,
y ansí *descuajaringada* [214]
para el Salto enderezó.

Dos días tardó en llegar,
pero en cuanto entró a la villa
derechita a la capilla
fue y se puso a confesar;
y luego entró a cavilar
sobre el susto con afán,
hasta que se fue a Luján [215]
y de allí al pueblo bajó,
aonde de lega se entró
en las monjas de san Juan.

De oírle a Rufo la gauchada
se rieron fuerte y mucho,
pues cuasi se tragó el *pucho* [216]
Vega en una carcajada;
pero largó la mascada [217],
sin tragarla, felizmente;
y, cuando estuvo al corriente
para platicar, siguió,
y al Santiagueño le habló
de la manera siguiente.

---

211 *Solfiar*: dar una solfa, zurra, castigo
212 *Vizcachera*: cueva grande y profunda que hacen en el campo las vizcachas, que son una especie de gatos salvajes y viven en esas cuevas. *(N. del A.)*
213 *Vizcachón*: el macho de la vizcacha. *(N. del A.)*
214 *Descuajaringada*: desaliñada, descompuesta, andrajosa. *(N. del A.)*
215 *Luján*: pueblo de campaña a 12 leguas de Buenos Aires. *(N. del A.)*
216 *Pucho*: el resto del cigarro que se ha fumado. *(N. del A.)*
217 *Mascada*: porción de tabaco que se masca

– XV –

Rosa la Lunareja. – Los parecidos.

De esos lances, *aparcero* [218],
dijo Vega, una porción
yo también en la ocasión
podría contarle al caso;
pero, si lo hago, un atraso
en mi cuento sufriré
cosa sensible, ahora que
voy en el hilo [219] preciso.
Siendo ansí, con su permiso,
en ese hilo seguiré.

Porque es larga la madeja
que debo desenredar,
y no me podré ocupar
de ninguna bruja vieja,
cuando de la Lunareja,
tan renombrada por bella,
debo hablarles ya, pues ella
se liga mucho a mi cuento;
ansí, es preciso al momento
hacerla *cair* a la *güella* [220].

Esa fue una linda moza
que la Indiada cautivó,
y diez y ocho años vivió
en cautividá penosa,
y, aunque se llamaba Rosa,
le decían *Lunareja,*
porque, junto de una oreja
un lunar negro tenía

de forma que se le unía
con el arco de la ceja.

Ansí mesuro [221] era preciosa,
y tanto se parecía
a un hermano que tenía,
que eran idéntica cosa
el hermano con la moza
en la cara, en el lunar,
en el pelo, en el hablar,
y en los ojos sobre todo,
que eran azules de un modo
precioso y particular.

Y por esa identidá,
que, sin duda fue evidente,
vendrá un caso en lo siguiente,
en que bien se explicará
el lance o casualidá,
que a un mozo le sucedió
cierto día que se halló
apurado casualmente;
y ese mozo es un teniente
del cual he de tratar yo.

---

218 *Aparcero*: persona que por convenio tiene parte de una heredad o cosa. fig. compañero
219 *En el hilo*: en la marcha, en el asunto del cuento. *(N. del A.)*
220 *Güella*: la huella que señala el camino. *(N. del A.)*
221 *Mesurar*: calcular

– XVI –

EL TIGRERO MONSALBO. – EL CADÁVER. – LOS CUERVOS Y CARANCHOS. – LOS MASTINES FIELES. – GAUCHOS ANTIGUALLOS. – EL BAUTISMO DE LAS LAGUNAS.

Cuando de la Lunareja
contó Vega los trabajos,
ya Tolosa y el cantor,
sin sentir, de trago en trago,
medio frasco de aguardiente
cuasi se habían tomado,
de manera que los dos
estaban algo *apedados* [222].

Ansí, en *chaucha* [223], el Santiagueño
a Vega le hizo el agravio,
no de intención pudo ser,
sino de gaucho mal criado,
pues le cortó la palabra
pasándole el *medio frasco*
y diciéndole:

TOLOSA

—¡Por Cristo!
¡Calle, amigo! ¡Recién caigo
en que esa tal Lunareja
es de juro [224], a no dudarlo,
cierta viuda, de la cual
hace cosa de dos años
há que, en este mesmo sitio,
nos hizo un triste relato
un hombre tan memorista [225],
tan *escrebido* y letrado,
y tan cantor como usté
que presume de afamado!

Al oír esto Santos Vega,
se quedó allí *estupeflato* [226],
como que era en su amor propio
más puntilloso que el diablo;
pero dijo: «Aguantaré
de este animal el *güascazo* [227]».

El Santiagueño siguió
diciéndole al viejo Santos.

TOLOSA

Ese hombre, sepaseló,
ese cantor de quien le hablo,
ese versista *sin par*
es mi compadre Monsalbo,
hijo, el único que tuvo,
allá en el siglo pasado.
en las lagunas *del Tala*
el guacho más antiguallo.

En esos campos del sur,
adonde se hizo afamado,
porque fue el más *corajudo* [228],
como el más ejercitado
en matar tigres y *liones*,
desde que tuvo quince años,
hasta que para *cueriar* [229].
las fuerzas lo abandonaron;
por fin, de la vida el peso
al hombre lo fue encorvando,

---

222 *Apedado*: bebido, borracho. (N. del A.)
223 *En chaucha*: ebrio, achispado. (N. del A.)
224 *De juro*: precisamente. (N. del A.)
225 *Memorista*: que recuerda muchas cosas
226 *Estupeflato*: estupefacto. (N. del A.)
227 *Guascazo*: latigazo. (N. del A.)
228 *Corajudo*: valiente, animoso. (N. del A.)
229 *Cueriar*: sacarles la piel a los cuadrúpedos. (N. del A.)

hasta que naturalmente
clavó el pico [230] de viejazo,
sin más achaques, dijeron,
porque andaba vivo y sano.

VEGA

¡Mire eso! y ¡morirse *al ñudo* [231]!
Pero, alcánceme otro trago.

—¡Pues no! dijo el Santiagueño;
y él también empinó el frasco.

TOLOSA

Pues, como le iba diciendo,
la tal muerte de Monsalbo
decían que era castigo,
porque andaba vivo y sano.
Mas, como para morirse,
es achaque necesario
y principal estar vivo,
de vivo... muerto a Monsalbo
dos gauchos por un *casual*
entre las pajas lo hallaron.

Ese casual fue debido
a que esos mesmos dos gauchos,
aunque el tigrero vivía
en un *bañao* solitario,
como escondido, porque era
de carácter muy huraño,
tan de una vez se perdió
de vista, que sospecharon
que el viejo se habría muerto;
cosa de que no dudaron
por el indicio infalible
que allí ciertos pajarracos
dieron, dejándose ver
tres días revoletiando
al aire sobre el *pajal*
más tupido del bañado,
donde el tigrero vivía
solito en su pobre rancho.

VEGA

¡Pero allí, su triste vida
se la pasaría *a tragos*,
a los que, sigún sus *mentas* [232],
era muy aficionado!

En fin, que Dios lo perdone
y lo tenga en su descanso,
mientras nosotros aquí
seguimos besando el frasco
a salú de su compadre,
ese profundo Monsalbo
sin pareja!...

TOLOSA

Sí, señor;
y, como le iba contando,
diz que sobre ese *pajal*
los cuervos y los caranchos [233]
andaban dando graznidos
al viento desde muy alto,
luego que al *dijunto* viejo
le sintieron el olfato.

¡Ya se ve! era peliagudo
y mucho mas que *arriejado*
bajar a echarle las garras
al muerto, porque ni el diablo,
con todo su poderío,
se habría determinado
a acercarse a la osamenta
del *dijunto,* sin embargo
de que el tigrero murió,
sigún dicen, condenado.

Pero; ¡Cristo! ¿Qué demonios,
qué cuervos, in qué caranchos
se arrimaban a un cadáver,
que estaba tan escoltado
como se hallaba el tigrero,
piadosamente rodiado
do sus perros doloridos?...

---

230 *Clavar el pico*: metáf. morir (como los gallos de riña)
231 *Al ñudo*: sin motivo. (N. del A.)
232 *Menta*: memoria, recuerdo. (N. del A.)
233 *Caranchos*: grandes aves de rapiña. (N. del A.) Polyborus tharus

que allí después de enterrado,
al pie de la sepultura,
donde sólo le plantaron
una cruz de duraznillo [234],
los mastines se quedaron
inmóviles día y noche
lastimosamente aullando;
hasta que de hambre y flacura,
indefensos y postrados,
de a uno por uno los tigres
a todos los devoraron.

Luego desde el mesmo día
que allí al viejo sepultaron,
a las lagunas del Tala,
en memoria del finado,
todo bicho [235] hasta hoy las llama
las lagunas de Monsalbo.

Ese nombre mi compadre,
que está muy bien informado
de las cosas de aquel tiempo
y de nada se ha olvidado,
dice que se lo pusieron,
en el sur, aquellos gauchos
Rojas, Morales, Colman,
el viejo Nutria, Orellano,
Góngora, Báez, Lechuza,
hombres todos antiguallos
nutrieros, pero *diablón*...
ninguno como Monsalbo.

Luego, tocante a cantores,
mi compadre dijo claro
que no ha salido hasta el día,
ni saldrá entre muchos años,
un cantor como *Lechuza*,
que nació y murió *payando*,
de contrapunto, con todos
de improviso concertando [236];
sin que a ningún payador,
de todos los afamados,
le reculara *Lechuza*
la pisada de un *chimango* [237].

¡Santa Bárbara! ¡Qué truco
para alguno, háganse cargo!

Santos Vega que pensaba
que, de Salomón [238] abajo,
en la redondez del mundo
jamás había pisado
un payador de su laya,
pues que habría revolcado
no sólo a Santa Cecilia [239],
sino al diablo coronado,
se le hizo el sordo a Tolosa,
y le aguantó el *lechuzazo*;
pero dijo en sus adentros
«Ahora lo verás, bellaco,
si no te hago relinchar
como bagual encelado».
Ansí, con *sangre en el ojo* [240],
pretextó echar otro trago,
y al punto díjole a Rufo:

—Amigo, se va explicando
muy lindamente en su cuento,
aunque es un *triste relato*,
como dijo usté, y por eso yo
estaba ya apichonado [241]
y a punto de *lagrimiar*,
a no haberme consolado
el verle a su patroncita
de la pantorrilla abajo;
aunque se la había visto
cuando la monté...

---

234 *Duraznillo*: arbusto silvestre. (N. del A.) *Solanum glaucophyllum*, planta rizomatosa común en lugares anegadizos de la pcia. de Buenos Aires
235 *Todo bicho*: todo el mundo. (N. del A.)
236 *Concertando*: diciendo versos, cantando coplas. (N. del A.)
237 *Chimango*: ave de rapiña, del tamaño de una paloma y de color canela. (N. del A.) *La pisada de un...*, un poquito
238 *Salomón*: rey Hebreo a quien la Biblia atribuye sabiduría y la invención de los instrumentos del Templo
239 *Santa Cecilia*: patrona de la música
240 *Sangre en el ojo*: ánimo vengativo
241 *Apichonado*: triste, conmovido (N. del A.)

TOLOSA

¡Barajo! [242]
¿Cómo cuando la montó?
A ver, explíquese claro.

VEGA

Sí, pues, cuando la *monté
en ancas de mi caballo*,
y entonces por un descuido,
o de presumida acaso,
me *amostró* esa *preciosura*.
Y eso ¿qué tiene de raro?
¡Si *ansí* son todas las hembras!...
porque, al fin, Dios les ha dado
lo lindo para lucirlo.
Ansí, al verle lo de abajo,
dije yo por un deseo:
¡Ah, *pieses!* ¡para un *malambo* [243]
conmigo, que todavía
no estoy del todo olvidado!
¿Qué me dice, patroncita?
No me hará un *escobillado* [244],
al pedirle este favor,
desde que la estimo tanto?

JUANA

¡Cómo no, si se lo haré!
aunque *ruempa* mis zapatos,
que es todo lo que me ha visto
al montarme en su bragado.
Lo demás de alabancioso
creo que usté lo ha inventado;
pero, como lo *apreceo*,
de sus *bromas* no hago caso;
y, siendo así, bailaremos
cuando sea de su agrado.

TOLOSA

¡La pu... cha! ¿qué *decís*, Juana?
Y mi cuento... ¡voto al diablo!
no me lo dejan concluir

por echar un *zapatiado*?

VEGA

Escuche, amigo Tolosa;
usté nos hace un agravio,
si cree que su mujercita,
ni yo mesmo, *prefieramos*
otro placer a su cuento,
en el que usté ha demostrado,
con cacúmen [245] y memoria,
que no es un hombre negado.
Para bailar sobra tiempo;
siga no más su relato,
que es lindo, aunque nos *contrista*.
Ansí luego, en acabando,
usté debe permitirme
el que yo, con el *changango* [246],
acá con la patroncita
echemos penas a un lado.
Con que ansí, amigo Tolosa,
siga el cuento de Monsalbo.

TOLOSA

Bueno, amigo, le haré el gusto,
seguiré luego; entre tanto
refrescaré la memoria
mientras que pito un cigarro.

JUANA

Justamente, dijo Juana;
decansá, Rufo, pitando;
y usté, don Vega, si gusta
que bailemos de aquí a un rato,
cánteme alguna cosita
antes de nuestro *malambo*.

VEGA

¡Pues no [247], cielo! ¡en el momento!
dijo el cantor; y templando
la guitarra, se dispuso
a darle un *picón* [248] amargo

---

242 *Barajo*: por carajo, interjección de contrariedad
243 *Malambo*: baile rústico de la campaña. (N. del A.)
244 *Escobillado*: zapateado. (N. del A.)

245 *Cacumen*: altura
246 *Changango*: guitarra vieja. (N. del A.)
247 *¡Pues no!*: afirmación interjectiva, cómo no!
248 *Picón*: picadura, puntazo,

al Santiagueño, en desquite
de aquel brutal *lechuzazo*.

A este fin, cantó en seguida
las coplas de más abajo.

VEGA

«Si para explicarte aquí
el amor que te reservo,
faltan a mi lengua voces,
ojos elocuentes tengo».

Y Santos la miró a Juana,
y a él lo miró el Santiagueño.

«Mis ojos pueden decirte
lo que oculta mi silencio,
sin que una muda expresión
pueda ofender tu respeto».

Volvió Vega a ver a Juana,
y a él lo vido el Santiagueño.

«Puertas son por donde el alma,
con distintos movimientos,
publica del corazón
los más ocultos secretos;

Y, aunque en las voces no explique
los sentimientos del pecho,
te estoy diciendo mi amor
sólo con estarte viendo».

Y Vega miraba a Juana;
y a él lo miró el Santiagueño,
mostrándole a la evidencia
la comezón de los celos.

JUANA

¡Ay! señor, qué preciosura,
¡qué expresivos los versos!
¿No te parece, marido?

TOLOSA

Que te gustan, ya lo veo;
sólo quisiera saber
de quién son esos compuestos [249].

VEGA

De Lechuza, el afamado,
de quien dijo usté, aparcero,
el que a *naides* lo cedía
cuando cantaba, en su tiempo,
la pisada de un chimango
a payador ni a coplero.

TOLOSA

Ansí dijo mi compadre
Monsalbo, al que me refiero.
Y, pues que ya he descansao,
voy a dar fin a mi cuento...
Digo, si me lo permiten.

VEGA

¡Cómo no! Siga, aparcero;
pero no se *precitripe* [250],
ni se turbe, se lo ruego.

Ahora verán la malicia
con que siguió el Santiagueño.

---

[249] *Compuestos*: coplas, versos. *(N. del A.)*
[250] *Precitripe*: precipite. *(N. del A.)*

– XVII –

De gaucho a gaucho. – La borrachera. – ¡Adiós diablos! – Los dicharachos. – El contrapunto. – La malicia.

Es cosa cierta y sabida
que al juntarse dos paisanos,
para tomar la *mañana*
o hacer las *once* [251] en el campo;
por más amigos que sean,
cuando apuran mucho el trago
y se les va la bebida
a la cabeza, ¡adiós, diablos!
la amistá y el parentesco,
el respeto al *compadrazgo*,
las promesas de cariño,
todo eso lo echan a un lado,
y solo a *contrapuntiarse*
se sienten ya preparados.

Ansí fue que esa mañana
muy formales se sentaron
Rufo y Vega a platicar;
mas, luego que se vaciaron
de aguardiente una limeta,
al punto que se *templaron*
ya les entró el *hormigueo*;
y como estaba *encelado*
por el canto el *Santiagueño*,
ansí como el gaucho Santos,
ofendido en su amor propio,
se hallaba más que picado
por las muchas *indireutas*
que ya le había soltado
Rufo, en las ponderaciones
con que lo pintó a Monsalbo
y a Lechuza el payador...
Vega y Rufo principiaron
con malicia entre uno y otro
a decirse dicharachos [252],
y a mirarse haciendo gestos,
torciendo la boca a un lado,
con los demás ademanes
que saben hacer les gauchos,
desde luego que se ponen
de la cabeza *pesados*...
lo que llaman divertirse.

Velay pues, en ese estado
se pusieron ese día
Tolosa y el viejo Santos:
inquietos y *cosquillosos*,
y más que todo, *deseando*
retrucarse el uno al otro,
al menor *equivocado*.
Pero, a decir la verdá,
Vega estaba más *pesado*
de la cabeza, al istante
en que Rufo, continuando
de la Lunareja el cuento,
soltó en chaucha [253] un dicharacho,
que verán más adelante;
y oigan cómo vino el caso.

Después de que el Santiagueño

---

251 *Hacer las once*: tomar algún licor antes de mediodía. (N. del A.)
252 *Dicharacho*: dicho bajo, trivial.
253 *En chaucha*: medio ebrio. (N. del A.)

antes descansó pitando,
y que Vega le pidió,
fingiéndose interesado,
en que prosiguiera el cuento
del memorista Monsalbo;
Tolosa, también fingiendo
seguirlo de buen agrado,
díjoles a Vega y Juana
Prosigo pues... Y echó un trago.

TOLOSA

Como les iba diciendo
en ese triste relato,
mi compadre nos contó
que, adonde la cautivaron
a la Lunareja, fue
en la villa de los Ranchos;
y diz que, ese mesmo día,
los Pampas le *difuntiaron*
allí mesmo sin piedá
al marido, que era un guapo.
capitán de los dragones;
pero al infeliz lo hallaron
con una pierna quebrada,
y en la cama lo mataron.
Luego, allí mesmo los Indios
a su madre la chuciaron [254]...

VEGA

¡A la suya chuciarían!
porque a la mía, ¡barajo!
no la cogieron los Indios
ni a cien leguas de los Ranchos,
porque era santafecina [255]
y sin salir de su *pago*,
que fue la mesma ciudá,
al cumplir vencidos años,
cuando era yo tan chiquito
que me dejaba *gatiando*
por irse a sus devociones,

murió moza, de un empacho
de un choclo [256] con requesón,
que un bendito franciscano
al confesaría una siesta
le dio en el *confisonario*.

TOLOSA

¡La gran punta y truco al choclo,
al requesón y al empacho!
Pero, amigo, por las dudas,
dígame: ¿usté es Paraguayo, o
Tarijeño [257]?

VEGA

Soy Puntano [258].

TOLOSA

Por eso tan puntiagudas
cuchufletas [259] me ha soltado
endenantes, cuando quise
decirle, derecho y claro,
que a la madre de la viuda
a chuzazos la mataron;
no a la suya, ni a la mía.
¡Ah, viejito *vivaracho!*

VEGA

¡*Diaónde* he de ser, si no tengo
ni cosquillas! Pero, veamos
si tiene usté fundamento
al darme ese titulado,
mientras yo veo que usté
sabe largarse a lo gaucho;
pues, cuando menos pensé,
me soltó ese *chajuarazo* [260]
de la «chuciada a su madre
en la villa de los Ranchos»,
por lo que yo *corcovié*
con fundamento sobrado.

---

254 *Chuciar*: vulg. azuzar, pero también clavar una lanza india (chuza)

255 *Santafé* es una ciudad de la República Argentina. *(N. del A.)*

256 *Choclo*: la espiga del maíz tierno. *(N. del A.)*

257 Los Tarijeños y Paraguayos son muy decidores y maliciosos en su modo de decir. *(N. del A.)*

258 *Puntano*: natural de la Punta de San Luis, provincia argentina. *(N. del A.)*

259 *Cuchufleta*: chanza

260 *Chaguarazo*: golpe dado con una cuerda confeccionada con fibras de Chaguar *Bromelia serra*

TOLOSA

Corcovió de cosquilloso.

VEGA

¡Qué cosquillas, ni qué diablos!
Lo mesmo habría hecho usté,
si hubiese estao en mi caso,
o habría hecho otro cualquiera;
y sino, escuche, paisano,
le haré una comparación.

Si usté *muenta* [261] en un caballo,
en el cual tiene confianza
por ser de su *silla* [262] y manso,
como aquel en que lo vide
el otro día montado,
o en cualesquier mancarrón;
si usté *muenta* y sale al tranco
a pasar con un amigo,
con el cual va platicando
formalmente y de manera
que sigue usté paso a paso,
de modo que el mancarrón
va tranquilo *morronguiando* [263]...
dígame: si de improviso
le pega usté un rebencazo
y le cruza las *verijas* [264],
¿el pingo más aporriado,
más humilde y sufridor,
no *mosquea*, y de un colazo
le retruca?... y, si es coludo
como usté...

TOLOSA

¡Cómo yo!

VEGA

Déjeme hablar, ¡voto al diablo!
coludo, iba yo a decir,

como usté sabe montarlos,
porque la cola le he visto...

TOLOSA

¡A mí, cola!

VEGA

Al rabicano
se la vide en la *tapera*,
allá adonde nos *apiamos*;
y adonde del *maniador*
me acerqué a desenredarlo,
y vide que le pasaba
de las *ranillas* [265] abajo.
¡Qué cola! Ansí al caminar,
como una reja de arado
surcos hacía en el suelo,
y hasta abrojos vino alzando,
que usté se los arrancó
luego, aquí al desensillarlo.
¿No es verdá? Respuéndame.

TOLOSA

Es verdá; pero, entre tanto,
más cierto es y más notorio
que usté se va *destapando* [266]
en vivezas, las que yo
se las he de ir *retrucando*,
pico a pico, y tiro a tiro, [267]
a la fija, sin embargo
de que usté, ya se lo dije,
es viejito vivaracho,
y me lleva la ventaja
de que, siendo veterano,
a pelo [268] le ha de venir
aquel refrán antiguallo,
que de un modo incontestable
dice, corto, lindo y claro,
de que, «el diablo sabe más

---

261 *Muenta*: monta. *(N. del A.)*
262 *De su silla*: que monta habitualmente
263 *Morronguiando*: dormitando; como los gatos. *(N. del A.)*
264 *Verijas*: la parte baja de la barriga del caballo cerca de la entrepierna. *(N. del A.)*
265 *Ranillas*: en los caballos la parte cerca de los vasos de las patas, donde también tienen algunos mechones de cerda. *(N. del A.)*
266 *Destapando*: descubriendo, manifestando. *(N. del A.)*
267 *Pico a pico, tiro a tiro*: una tras otra
268 *A pelo*: muy oportuno

por viejo, que por ser diablo».

VEGA

Salga, amigo, no *eche pelos
en la leche* [269], deje a un lado
todas esas aprensiones
al ñudo; vamos al grano.
¿Qué se propone decirme
con todo ese preludiado?

TOLOSA

A eso voy; pero, ¡por Cristo!
no me salga usté *chuliando* [270]
si me turbo en algún dicho,
como hizo hace poco rato,
cuando en su comparación,
aquella del pingo manso,
me prendió muy suavemente
la cola del rabicano:
gauchada que le agradezco,
porque el salir de un engaño
me hizo; y le voy a decir
del error que me ha sacado
con respecto a *liviandades*.
Escúcheme, pues, paisano.

Ayer sobre una alcachofa [271]
de cardo seco en el campo
yo vide, sobre sus *güevos*,
dejarse *cair* un carancho
como usté...

VEGA

¡Como su agüelo!

TOLOSA

¡Otra *güelta*, voto al diablo!
Como usté debe haber visto,
no digo uno, sino varios.

Bueno, pues; todos sabemos
muy bien que esos pajarracos
no pesan lo que un *chingolo* [272],
sino que son muy pesados,
lo mesmo que sus nidadas;
ansí, no sé cómo diablos
a esa doble pesadez
la apuntala un solo tallo,
débil, güeco, quebradizo;
y de *yapa* [273] coronado
de la rueda de alcachofas
donde se anida el carancho.
Pues allí se deja *cair*
de golpe, desde muy alto,
con tal maña y suavidá
que apenas se *duebla* [274] el cardo.

Ha visto, amigo, una cosa
más almirable en el campo?
Y dígame: ¿le parece
esa suavidá un milagro?
Pues a mí no me parece
tan almirable ese caso,
porque, como antes le dije,
he salido de un engaño,
y estoy más que convencido
que no es tan suave un carancho,
al echarse en su nidada,
al vuelo, de lo más alto,
como usté cuando a lo zorro
se le echa encima a un cristiano.

VEGA

¡Ja, ja, ja! Ríase, amigo,
no haga en adelante caso
de palabras que yo suelte
sin intención de agraviarlo...
Y permítame, si gusta,
continuar mi preguntado,
aquel que usté me cortó
con sus güevos de carancho.

---

269 *Echar pelos en la leche*: crear problemas donde no los hay
270 *Chuliar*: chulear, provocar
271 *Alcachofa*: cabeza en la extremidad del cardo. Compuesta de hojas tiene figura de piña
272 *Chingolo*: pajarito como jilguero. *(N. del A.)*
273 *De yapa*: además. *(N. del A.)*
274 *Se duebla*: se dobla, se arquea. *(N. del A.)*

TOLOSA

Corriente [275], amigo, prosiga,
como fuere de su agrado.

VEGA

Pues, señor, yo iba diciendo...
¿Por dónde ibas, viejo Santos?
¡Ah! y, si es coludo el rocín
y en la cola ha levantado,
o la *trai* sucia por sí,
de aquella especie de emplasto
de trébol fresco y purgante
con que se *aguacha* [276] el ganado,
hasta que como aguacero
de tortillas cubre el campo,
¿qué sucede?... Claro está
sucede que del colazo
le echa el pingo una rociada
que lo deja a usté sahumado,
y sin ganas de pegarle
de improviso otro *guascazo* [277],
como aquel de la chuciada
de los Indios en los Ranchos.

Con que, basta con lo dicho;
ya nos hemos *retrucado*.
Vámonos, pues, a *baraja* [278],
y, como güenos paisanos,
acábese el tiroteo,
y quedémonos *a mano* [279].

Eso sí, me hará el favor
de proseguir su relato,
aquel de la Lunareja,
porque es lindo y de mi agrado.

TOLOSA

Bueno, pues; proseguiré
por el tenor de Monsalbo,
y, como le iba diciendo,
a chuzazos le mataron
la madre a la Lunareja,
el marido y el cuñado
como quisieron matarle
a un hijito de dos años,
al tiempo que felizmente
como del cielo bajado
el cacique Cocomel,
Indio poderoso y guapo,
y a quien *naides* lo tachó
de cruel ni de sanguinario,
llegose; y, viendo a la viuda
que la *traiban* arrastrando
dos Indios por arrancarle
el chiquito de los brazos,
como un tigre, Cocomel
saltó al suelo del caballo,
echó mano a la cintura,
y alzando veloz el brazo
con una bola perdida [280]
al Indio más emperrado
junto al mesmito cogote
le dio tan feroz bolazo,
que allí lo dejó en el suelo
redondo como *mataco* [281].

El otro Indio, por supuesto,
largó a la viuda espantado,
después que hasta la cintura
ya la habían desnudado.

Al verla ansí Cocomel
desprendiose del *quillango* [282],
acercose a la infeliz

---

275 *Corriente (y moliente)*: algo llano, usual y cumplido
276 *Aguachar*: opilarse, ponerse barrigón. (N. del A.) Obstruir los intestinos
277 *Guascazo*: golpe dado con una *Guasca*, lonja de cuero o soga
278 *Ir a baraja*: desistir de un intento
279 *Quedar a mano*: quedar igualados
280 *Bola perdida*: arma de los Indios, que consiste en una bola del tamaño de una naranja pequeña, la cual se retoba en cuero, dejándole una cuerda de una vara de largo para rebolearla y lanzarla. (N. del A.)
281 *Mataco*: especie de tortuga cuya concha se forma de anillos angostos, de modo que el mataco se hace una bola uniendo la cabeza a la concha junto con la cola. (N. del A.) *Tolypeutes matacus*
282 *Quillango*: manta de piel de guanaco. (N. del A.)

que se había desmayado;
la tapó compadecido,
y de su beldá prendado
la miró contemplativo.

De ahí, como venía al mando
de toda la Indiada, altivo,
a todos amenazando,
les ordenó respetar
a la cautiva, y que, cuando
se alentara [283], con su hijito
la llevasen a su lado;
porque ya esos dos cautivos
quedaban bajo su amparo:
orden que un capitanejo [284]
de cumplir quedó encargado.

Luego, en esa mesma tarde
los Indios se retiraron;
y el cacique a su cautiva
se la llevó muy prendado
para casarse con ella,
a lo Pampa enamorado;
de manera que a sus toldos
llegó Cocomel casado.

De la viuda, desde entonces,
dice el amigo Monsalbo,
que no sabe si han habido
noticias por estos *pagos*;
pero, de su hijo el cautivo,
al cumplir diez y seis años,
diz que allá entre los salvajes
fue el cacique *renegado* [285];
y eso, dice mi compadre,
que de dizque no ha pasado,
pues ni de la Lunareja,
desde que la cautivaron,
hasta hoy no han vuelto a tener
más noticias en los Ranchos.

Ahora deseo saber,
por curiosidá, paisano,
si es esta la Lunareja
de que usté iba a decir algo.

VEGA

Es la mesma; y diré sólo
que su compadre Monsalbo
del fin que tuvo esa viuda
y su hijo no está informado,
siendo ese fin lo más lindo
que aquí debió haber contado;
pero yo les contaré
eso, cuando llegue el caso,
y verán que Dios es grande
y asombroso en sus milagros.

Antes de eso, me parece
que...

TOLOSA

Tomemos un *amargo*,
porque a mí ya como a loro
la lengua se me ha secado;
y usté, para proseguir,
necesita algún descanso.

En *efeuto;* luego allí
una caldera *secaron*,
y acabada, el payador
dijo: —pues, señor, sigamos.

---

283 *Alentar*: recobrar el ánimo
284 *Capitanejo*: subalterno de un cacique, al mando de una partida de indios
285 *Renegado*: que se ha pasado de una religión a otra

– XVIII –

Juana Petrona. – Su disgusto. – Sus comparaciones. – Los burros. – Genaro Berdún. – El forzudo. – Los blandengues.

Después que cimarroniaron
Santos Vega y sus oyentes,
allí en el fogón sentados,
Juana Petrona les dijo
a Rufo y al viejo Santos:

—Señores, voy a pedirles
un favor, y es necesario
que me lo hagan, porque yo
con disgusto he reparado
endenantes, que los dos
ensillaron *el picazo* [286],
retrucándose [287] muy fieros
a fuerza de dicharachos,
y eso me da pena y rabia
velay, se lo digo claro.

Luego, vos, marido mío,
de alegador y pesado,
por causa de la bebida,
le cortás a cada rato
a don Vega la palabra,
a lo mejor que contando
sigue el hombre su argumento.
No, Rufo; en silencio oigamos
en adelante la historia,
y dejémoslo a don Santos
que él solo se desenriede;
y, cuando platique, hagamos
lo mesmo que hacen los burros,
como vos habrás notado
que cuando rebuzna alguno
los demás oyen callados.

—Ahora sí, dijo el cantor,
que usté nos ha trajinado [288],
tanto a mí como a su esposo;
pues, al fin nos ha tratado
como burros a los dos.

—¡Es posible! No hagan caso,
respondió Juana Petrona;
dispénsenme; no he pensado,
ni nunca podré pensar
hacerles ningún agravio
a ninguno de los dos;
y por fin, haciendo barro,
de puro yegua he salido.
Dispensen, pues; ya me callo.

Ansí ya, en lo sucesivo,
notarán que muy callados
el Santiagueño y su china
van a seguir escuchando
la historia de los Mellizos,
que es asunto lindo y largo.

Bajo esa conformidá
Santos Vega prosiguió
de la manera que dijo

---

286 *Ensillar el picazo*: picarse, enojarse repentinamente por simplezas. *(N. del A.)*
287 *Retrucándose*: reprochándose. *(N. del A.)*
288 *Trajinar*: llevar de aquí para allá

en seguida; oigamosló.

—Hasta ahora suena la fama
del sargento *Vencedor*,
sobrenombre que por terne
la paisanada le dio
a un tal Genaro Berdún,
el mozo más guapetón
y *forzudo* en ese tiempo.
¡Qué temeridá, señor!
Un día, por la culata [289]
Genaro se la prendió
a una carreta tirada
por dos yuntas, y apostó
a que no la dejaría
rodar; y no la dejó.
De balde [290] los *picaniaron* [291]
a los bueyes con rigor;
al contrario, para atrás,
Berdún allí se arrastró
la carreta y las dos yuntas
de bueyes, y los dejó
con la boca abierta a todos,
de miedo o de almiración.

Otro día en las carreras
un gaucho lo amenazó
a pegarle un rebencazo;
y en cuanto el rebenque alzó,
Genaro muy suavemente,
al parecer, abrazó
al guacho por la cintura,
nada más, y lo soltó
hecho una bolsa de güesos,
boquiando como un pichón.

Vean pues, si era forzudo
el sargento Vencedor,

que en los Blandengues [292] de entonces
con ese cargo empezó
su carrera, y que después
hasta capitán subió.

Yo lo conocí sargento
en tiempo muy anterior,
porque, la primera vez
que el mellizo se juyó
de la estancia, a la Chis-chis [293]
vino a dar, y allí paró
en el ranchito infeliz
de un Portugués pescador;
el cual le dio de comer,
hasta que al fin descubrió,
a costa de sus *rialitos*,
que el muchacho era ladrón,
ingrato, provocativo
y de perversa intención;
pues, el día en que enojao,
el Portugués le quitó
la plata que le robaba,
el muchacho le tiró
de atrás una puñalada
que cuasi lo *dijuntió* [294].

Ofendido el Portugués,
se dio güelta y le acertó
a pegar, no sé con qué,
un golpe que lo *voltió*,
azonzao, y allí en el suelo
codo con codo lo ató.
Y luego, ese mesmo día,
en persona él lo llevó
a Chascomún, y al alcalde
don Valdés se lo entregó;
quien, después de castigarlo,
en seguida lo mandó

---

289 *Culata*: parte trasera de la carreta
290 *de balde*: inútilmente
291 *Picaniaron*: picanearon, derivado de picana, nalga. *(N. del A.)*
292 *Blandengues*: creada en 1752, la Compañía de Blandengues «La Valerosa» fue la primera fuerza criolla militarizada para resguardar la frontera. Formada por gente muy dura ya que que debía recorrer el campo hasta veinticinco leguas «tierra adentro», sin tiendas ni equipaje, ni otra alternativa que subsistir de lo que de la la pampa y en la dura precisión de sufrir la intemperie.
293 *La Chis-chis*: nombre de una laguna. *(N. del A.)*
294 *Dijuntió*: mató, dejó muerto. *(N. del A.)*

con Berdún, que lo entregase
en la estancia de la Flor.

    Entonces yo conocí
al sargento Vencedor,
el mesmo día que trajo
a Luis, y se lo entregó
a don Faustino en persona;
y en secreto le contó
las diabluras que en la *juida*
el mellizo cometió.
A la cuenta, cosas fieras
debió contarle, en razón
de que al oírlas don Faustino
mucho enojo demostró;
y en seguida que de todo
el mensaje se informó,
a presencia del sargento,
severamente el patrón.
reconvino allí al mellizo,
y ahí mesmo lo sentenció
a recibir veinte azotes
por primera reprensión.

    Con todo eso, a poco rato
la mitá le perdonó,
atendiendo a que Jacinto
y el patroncito, los dos,
intercedieron llorando
por lástima del *juidor*,
pero este, de la sentencia
retobado [295] se mofó,
y maldiciendo a Berdún,
como víbora salió
al patio, y los calzoncillos
y el *chiripá* [296] se bajó,
al punto que el capataz
refalárselos [297] mandó.

    De ahí, boca abajo en el suelo
largo a largo se tiró,
y en la picana [298] desnuda
diez lazazos aguantó,
sin dar un sólo quejido,
ni tampoco se encogió;
pero, luego que el muchacho
del suelo se levantó,
y apenas los calzoncillos
medio, medio se prendió,
como balazo, a Genaro,
renegando enderezó
tirándose los cabellos,
y en cuanto se le arrimó
¡Ah hijuna! [299] ¿cómo se *llama*?
le dijo; y se la juró.

    Genaro, de esa amenaza,
por supuesto, se riyó,
y, bien lejos de agraviarse,
con bondá le aconsejó
no tuviera en adelante
tan mala comportación,
porque...

    —¡Vaya a la gran pu...!
el gaucho le replicó;
y al tiempo de darse güelta
esta letra [300] le largó
—¡Agún día... con el tiempo...
deje estar... que espero en Dios!

Pero Berdún, ni por esas [301]
por agraviado se dio;
al contrario, muy tranquilo
sonriyendo se quedó,
y al otro día temprano
del patrón se despidió;

---

295 *Retobado*: ensoberbecido, colérico. (N. del A.)
296 *Chiripá*: pieza de palio o bayeta, tejido del país, con que los gauchos se envuelven desde la cintura hasta las rodillas en forma de calzones bombachos. (N. del A.)
297 *Refalárselos*: bajárselos, quitárselos. (N. del A.)
298 *Picana*: la nalga. (N. del A.)
299 *¡Ah, hijuna!*: ¡ah, hijo de una prostituta! . (N. del A.)
300 *Esta letra*: esta sentencia, o amenaza. (N. del A.)
301 *Ni por esas*: a pesar de todo eso. (N. del A.)

y don Faustino del mozo
tan de veras se prendó,
que cuando estuvo a caballo
al estribo le alcanzó
un ceñidor de regalo,
y de nuevo le ofreció
sin reserva sus servicios,
y completa estimación.

    Agradecido Genaro,
al poco tiempo volvió
así como de paseo,
y hasta hizo noche [302] en la Flor;
en donde de los patrones
tanto agrado recibió,
que, en la confianza, después
las venidas menudió,
hasta que el mozo en la Estancia
del todo se *aquerenció*;
y ansí que el *lao de las casas*[303]
a los viejos les ganó,
cuando ya se le hizo güeno,
a quejársele empezó
a una tal Isabelita,
que allí en la estancia se crió
al cargo de doña Estrella,
que en cuidarla se esmeró.

    Quince años no más tendría
la mocita a la sazón,
siendo un dije [304] en esa edá
de hermosura y de primor,
a extremos que Don Faustino,
por tan linda, le añadió
al nombre de Isabelita
el de Azucena; y bastó
que con ese sobrenombre
la llamase una ocasión,
para que ya el paisanaje
siguiera dandoseló;
de manera que Azucena
de firme se le quedó,

y en adelante ansí mesmo
tendré que nombrarla yo.

    Pues, amigo, de esa perla
Genaro se aficionó,
y hallándola por fortuna
blandita de corazón,
luego que de su cariño
perfeuto se asiguró,
una mañana Genaro
ciego de amor se estrelló [305],
y a la señora y su esposo
la muchacha les pidió.

    Los patrones le ofrecieron
darle una contestación
poniéndole sólo el conque [306]
de tomar información,
con respecto a la *conduta*
de Genaro, que *almitió*,
bien siguro como estaba
que de la averiguación
debería resultarle
lo mesmo que resultó;
pues toditos los informes
fueron a satifación,
como que el mozo gozaba
la mejor reputación,
de manera que el asunto
muy pronto se terminó,
y al colmo de su deseo
la respuesta recibió.

    Cinco semanas después
con su *prenda* se casó,
sirviéndoles de padrinos
doña Estrella y el patrón,
y Azucena la preciosa
muy feliz se contempló,
entregándose a un marido
como al que se le entregó.

---

302 *Hizo noche*: durmió allí, paró la noche en la casa. *(N. del A.)*
303 *Ganar el lado de las casas*: obtener su confianza
304 *Dije*: joya, adorno
305 *Estrellar*: decir algo con resolución y claridad cara a cara
306 *Conque*: condición

Es verdá que, a buena moza,
muy poco le aventajó
a Genaro, que también
era, sin ponderación,
mozo lindo, en cualquier parte,
y por tal merecedor
de que la más presumida
le dispensara un favor;
porque era alto, bien formao,
blanco y rubio como el sol,
y de unos ojos celestes
de un mirar encantador.

   De ahí, en la mejilla izquierda
era su adorno mejor
un lunar crespo y retinto,
y de una forma y grandor
tan sumamente visible,
que de lejos, viendoló,
al golpe [307] lo conocían
por aquella distinción;
y la fama que tenía
de ser el más guapetón [308]
de toda la *Blandengada* [309]
que en ese tiempo existió.
En fin, se hizo el casamiento
y todo el *pago* asistió
a la fiesta de esa boda,
en la cual nada faltó:
de modo que el paisanaje
a gusto se divirtió;
y en medio del *beberaje*,
me acuerdo que canté yo
unos *compuestos* al caso;
y al fin, una relación [310],
cosa linda, les eché
en el baile que se armó.

   Finalmente, en esa fiesta
el padrino se portó [311];

ansí fue que el paisanaje
hasta el día fandanguió,
sin tener más desagrado
que el disgusto que causó
el mellizo, que esa noche
a la novia le robó
unas prendas de su aprecio;
y de nuevo se juyó
en el caballo ensillao
que a Berdún le *manotió* [312].

   Desde entonces por el sur
ni su rastro se encontró,
hasta los años después
que ya mozo apareció,
tan *matrero* [313] y vengativo,
como asesino y ladrón,
y tan perverso, que fue
de estos campos el terror.
Ansí fue que la justicia
hasta un premio prometió
para aquel que lo agarrara
vivo o muerto al saltiador.

---

307 *Al golpe*: al primer golpe de vista, de inmediato
308 *Guapetón*: guapo, valiente
309 *La Blandengada*: el regimiento de Blandengues. *(N. del A.)*
310 *Relación*: relato, pero también verso que dice el caballlero a su dama, y lo que ésta contesta durante el baile en ciertas danzas criollas.
311 *Portarse*: cumplir con largueza
312 *Manotió*: robó. *(N. del A.)*
313 *Matrero*: el que huye de la gente y se esconde en los montes. *(N. del A.)*

– XIX –

La citación. – Los presagios de un malón. – La tristeza de Azucena. – La despedida. – El caballo doradillo.

 Luego que con Azucena
Genaro se desposó
don Faustino a protegerlo
del todo se resolvió;
y como era un *hacendao*
tan de una vez ricachón,
su ahijao ya no precisaba
ninguna otra protección,
porque, seis días después
de casarse, lo llamó
su padrino, y muy afable
en su cuarto le soltó
una escritura formal,
haciéndole donación
de legua y media de campo,
muy lindo y a inmediación
de la Laguna del *Burro*,
aonde Berdún se pobló [314],
llevando a su mujercita
que contenta lo siguió.

 De Azucena doña Estrella
tampoco se descuidó,
pues ciento cincuenta vacas
de un golpe [315] le regaló.
De ahí, con las yeguas y ovejas
que de otro las *agenció*,
Genaro entre sus amigos
a trabajar se agachó [316],
con esmero infatigable,
y sin más aspiración
que hacer feliz a su esposa,
como se lo prometió.

 Pero a pesar de ese empeño,
el mozo no adelantó,
en los primeros seis años
de balde se descrimó [316];
porque la maldita Indiada
tantas veces lo asaltó,
que acosado el infeliz
por tanto golpe empezó
a desconfiar de la suerte,
con fundamento y razón,
desde que seis años largos
de trabajos y tesón
poca ventaja le dieron
en sus tareas, sinó
el tener continuamente
sobresalto y sinsabor.

 Un día a la madrugada
Azucena reparó,
que al levantarse Berdún
tristemente suspiró.

 La muchacha, por supuesto,
ya también se acongojó,
y como amaba a Genaro
con todo su corazón,

---

314 *Poblarse*: afincarse
315 *De un golpe*: todo junto y de una vez
316 *Agacharse*: prepararse, disponerse a realizar algo

317 *Descrimó*: vulg. descrismó, fig. darse golpes en la cabeza (por la parte donde se pone el crisma), esforzarse grandemente, romperse el alma por algo

un pesar que aquel tuviera
lo sentía ella mayor.

   Por esta pena afligida,
ni un momento vaciló
en suplicarle a su esposo,
con la ternura mayor,
el que le manifestase
por qué causa suspiró.

   En el *istante* Genaro
un abrazo le *soltó*,
y deseando complacerla
al punto, sin dilación,
de la manera siguiente
hablaron entre los dos.

   GENARO

   Mi alma, aunque he disimulao,
ya veo que has conocido,
y ocultarte no he podido
el que estoy *apensionao*[318].

   Porque ayer muy de mañana,
platicando en el palenque,
me hizo acordar Albarenque
de mi desdichada hermana;
y después de ese momento,
de veras ando tristón,
teniendo en el corazón
no sé qué presentimiento.

   Anoche, ya iba a decirte
que sentía alguna pena,
pero no lo hice, Azucena,
porque no quise afligirte.

   ¡Pobre Rosa! Ya sabés
que vive tan desgraciada
o quién sabe si olvidada
del mundo estará tal vez.

   ¡Quince años, temeridá!
¡Una cristiana cautiva,
cómo es posible que viva
entre Pampas! ¿No es verdá?

   Aunque, como Dios es grande,
por su bondad todavía
espero de que algún día
por estos *pagos* la mande.

   Sí; Dios nos permitirá
que la volvamos a ver;
¡y sino, qué hemos de hacer!
cúmplase su voluntá.

   Hasta hoy mi hermana no ha muerto
porque un cautivo escapao,
alentada la ha dejao
hace poco en el disierto...

   Sin más hijo que Manuel,
el chiquito que llevó
cuando cautiva cayó
del cacique Cocomel.

   Y no hace mucho há que un viejo,
que del Disierto se vino,
me dijo que mi sobrino
es allá un capitanejo...

   Que de puro guapetón,
con los Indios por acá
ha venido, y volverá
a darnos algún *malón*.

   ¡Pues sería cosa cruel
que me llevase el destino
a matar a mi sobrino,
o hacerme matar por él!

   Pero, Dios nos librará
a uno y otro de esa pena;

---

318 *Apensionado*: preocupado, apesadumbrado

y si no es así, Azucena,
cúmplase su voluntá.

Velay [319], tenés la razón
porque suspiré endenantes,
cabalmente en los istantes
que *alvertiste* mi pensión.

No niego, estoy pensativo;
y, a decirte la *verdá*,
temo alguna *novedá*
por el siguiente motivo:

Hoy al alba, entre dos luces,
como nunca he reparao
el campo todo sembrao
de gamas y de avestruces;

Y bichos de todas layas
también he visto cruzar,
y eso me hace recelar
algún *malón*. ¡Ah, malhaya! [320]

Hoy que está la Blandengada
en Chascomún reunida,
y como nunca crecida,
lo mesmo que bien montada...

¿No te parece, Azucena,
que si viniere la Indiada
el pegarle una *sabliada*[321]
sería cosa muy güena?

AZUCENA

Callate por Dios, Genaro,
mirá que estoy asustada;
y ya sabés que la Indiada
nos ha costado tan caro.

Con que así, no la anunciés,
porque aquí tengo aprensión,
y ojalá de población

mudásemos de una vez.

Azucena esta expresión
de pronunciar acababa,
cuando un Blandengue se apiaba
de *garabina* [322] y latón [323];

Y *maniando* su caballo,
rienda arriba [324] lo dejó
al tiempo que le gritó.

GENARO

Pase adelante, Ramallo,
diga, ¿cómo le va *yendo*?

RAMALLO

Lindamente, ya lo ve.

GENARO

Entre pues, y sientesé;
¿*diaónde* sale, qué anda haciendo?

RAMALLO

Vengo, porque el comendante
a decirle me ha mandao
que se le apresente armao,
pues lo precisa al istante.

GENARO

Vea eso, y apenas son
las siete de la mañana;
de suerte que don Quintana
habrá dao un madrugón,
para mandarme citar
con tanto apuro.

RAMALLO

¡Pues no!
él en persona me dio
esta orden al aclarar,
hoy mesmito.

---

319 *Velay*: o *velahí*: vulg. véala ahí
320 *Ah malaya*: manifestación de disgusto
321 *Sabliada*: sableada, paliza
322 *Garabina*: carabina
323 *Latón*: sable (por la vaina que era de ese material)
324 *Rienda arriba*: con las riendas cruzadas sobre el pescuezo

GENARO

Ya lo veo.
¡Voto-alante [325], qué quedrá [326]!
¿No lo ha colegido usté?

RAMALLO

No, señor, tan solo sé
de que en la *villa* se están
las *milicias* reuniendo,
desde ayer, que va cayendo
gente con temeridá.

Lo mesmo una caballada
crecida ayer *vide* entrar;
dicen que para montar
a toda la Blandengada...

Quede Luján; el Sanjón,
y el Salto, ya en Chascomún
se han reunido al run-run [327]
de que se espera un *malón*.

Además de estos rumores,
suenan allá infinidades
de robos y atrocidades,
que han hecho unos saltiadores...

Por la Viuda y la Salada [328],
diaonde esa mesma gavilla
ha caído por la Tablilla
y por las Encadenadas.

Ansí, no será imposible
que a usté lo quieran mandar
con partida, a escarmentar
a esa gavilla terrible...

Que viene capitaniada
por un gaucho muchachón,
que en lugar de corazón
tiene el alma endemoniada.

GENARO

Pues por acá no ha llegao
semejante foragido;
a la cuenta habrá sabido
que no se ha *dir* muy holgao [329].

RAMALLO

¡Cuándo!... teniendo noticia
de lo terne que es usté,
¿a qué ha de venir, a qué?
¿a prender á la justicia?

Pero, escuche, le diré
que suena como rumor
que el muchacho saltiador
habla muy fiero de usté.

GENARO

¡La pu... janza! Es cosa extraña,
y no sé cómo me toca
andar al *ñudo* en la boca
de semejante lagaña [330].
Aunque... mire... estoy pensando
que ese malevo muchacho,
si no es un maldito guacho,
cerquita le va raspando

Y si él fuere, deje estar,
que iré por gusto a rastriarlo,
sólo por desagraviarlo
aonde lo llegue a topar.

AZUCENA

¡Ay! ¡Genaro, qué disgusto
me causa esta citación!
Te digo de corazón
que ya no puedo de susto.

GENARO

No, hijita, no te asustés,
Albarenque ahora vendrá,

---

325 *¡Voto-alante!*: vulg. *voto adelante*, expresión de enfado (*¡voto va!*)
326 *Quedrá*: vulg. querrá
327 *Run-run*: rumor
328 *La Viuda* y *la Salada*: nombre de dos lagunas de la campaña del sur. *(N. del A.)*
329 *Dir holgao*: vulg. irse (escapar) fácil
330 *Lagaña (de perro)*: arbusto insectívoro cuyos gajos se cuelgan en los ranchos para ahuyentar insectos.

y si hay cualquier novedá,
lo que has de hacer, ya sabés;

En derechura a la villa
de un galope te largás,
con tu ropa, y nada más
que Albarenque [331] y mi tropilla:

Eso en caso que la Indiada
hoy se dejase sentir,
pues yo pretendo venir
por acá, a la madrugada;

Y si no, de tardecita
mañana, no te aflijás,
he de volver, lo verás,
a darte un vistazo, hijita.

AZUCENA

Bueno, mi rubio, te espero
sin falta, no me engañés.

GENARO

No, mi alma, ni lo pensés.
Con que, vamos, Baldomero.

RAMALLO

Vamos, señor, al momento.
Y ¿usté va en su doradillo? [332]
¡Ah, pingo! En ese potrillo
yo le jugaría al viento.

GENARO

Sí, Ramallo, es cosa buena,
como usté ya lo verá
después... Vamos por acá...
Con que, ¡adiosito, Azucena!

La mocita respondió
llorando a esa despedida,
y su marido en seguida
con Ramallo se largó.

Y al istante que salieron,
a la par, ya galopearon
hasta que se traslomaron [333]
y de vista se perdieron.

Aquí, Vega nuevamente
su argumento suspendió
y proseguirlo ofreció
a la mañana siguiente;

Porque le era de rigor,
para seguir adelante,
el hablar del estudiante
de la Estancia de la Flor.

De ahí, los tizones del fuego
con la ceniza cubrieron;
las buenas noches se dieron
y al *duerme* [334] se fueron luego.

---

331 *Albarenque*: nombre de un peón. *(N. del A.)*

332 *Doradillo*: pelaje colorado claro con reflejos de oro, muy apreciado

333 *Traslomarse*: pasar una loma

334 *Al duerme*: a dormir. *(N. del A.)*

– XX –

El estudiante. – El convento. – El seminario. – Los cursos. – La teología.

En la estancia de la Flor,
tendría Angelito ya
sus catorce años de edá,
y era *rigular letor*:
cuando un día, a lo mejor,
el padre y la parentela
lo sacaron de la escuela
para hacerlo cantar misa:
carrera ilustre y precisa
en tiempo de la *pajuela* [335]...

Cuando cualquier casquivana
familia creiba á nobleza
tener su monja profesa
o un pariente de sotana;
y esa idea veterana
la familia del patrón
la sostuvo con tesón,
hasta salir con la suya,
plantándole la casulla [336]
al niño al ser mocetón.

Pero, siendo necesario
desde el campo trasportarlo
a la ciudá y entregarlo
al colegio *Simenario* [337]
para que allí en el *brevario*
la *toleojía* [338] cursiara [339]:
como el mocito inorara
del colegio el tratamiento,
pidió que antes a un *convento*
a cursiar se le mandara.

Pidió eso, porque en verdá
el mocito no *inoraba*
la *vidorria* [340] que pasaba
cualquier lego en la ciudá,
adonde antes de eso ya
su padre don Bejarano
lo trujo a ver a su hermano,
que era un flaire gamonal [341],
regalón [342], y provincial [343]
del convento franciscano.

Allí, el mocito *las botas* [344]
al almorzar *se calzaba*;
y en seguida se largaba
al bajo a *boliar* gaviotas.

---

335 *Pajuela*: mecha o cordón bañado de azufre. *(N. del A.)* Metáf. por época antigua, ya que las pajuelas se usaban en los arcabuces
336 *Casulla*: vestidura sagrada que se pone el sacerdote por encima de sus ropas para celebrar la misa.
337 *Simenario*: vulg. seminario
338 *Toleojía*: vulg. teología
339 *Cursiar*: vulg. cursar
340 *Vidorria*: *vidurria*, vida fácil
341 *Gamonal*: cacique (aunque el autor lo interpreta como «hombre rico» (ver nota 108, p. 31)
342 *Regalón*: tratado con muchas dádivas
343 *Provincial*: cargo jerárquico en la Iglesia con superioridad sobre casas y conventos de una provincia
344 *Ponerse las botas*: disfrutar mucho ain gastar ni trabajar.. *(N. del A.)*

Luego en juegos y chacotas
se pasaba todo el día,
y como el niño quería
ser en su gusto *arbritario*,
más *ganga* que el Simenario
San Francisco [345] le ofrecía.
   A esa idea extravagante
la madre se resistió,
y que entrara le mandó
de monigote estudiante,
como entró, y como al istante
a todos aventajó;
porque en el latín salió
tan hábil el colegial,
que en cuatro años el *misal*
de memoria lo aprendió.

   Por supuesto, lo ordenaron
el día de san Faustino;
y cura del Pergamino [346]
poco después lo nombraron;
y allí cuantos le escucharon
los sermones en latín,
confesaron de que al fin
era en lo predicador
más *profundo* y más dotor
que el mesmo san Agustín.

---

345 *San Francisco*: Convento de San Francisco Solano (quien misionó primeramente en el norte argentino Tucumán, Córdoba, La Rioja y en el Paraguay).

346 *El Pergamino*: pueblo de campaña. *(N. del A.)*

– XXI –

EL ALMUERZO GAUCHO. – EL COMEDIDO. – EL ATRACÓN. –
LA CUAJADA. – EL DESENGRASE.

Con los cuentos cavilando
esa noche el Santiagueño
no pudo cojer el sueño,
y se lo pasó pitando;
tan desvelado que, cuando
la aurora empezó a rayar,
se tuvo que levantar;
y desvelao de remate,
calentó agua, tomó mate,
y luego salió a campiar.

Sol alto, a ver a su china
de sus trajines volvió;
y a su placer la encontró,
afanada en la cocina
en guisar una gallina,
a tiempo que el payador,
como gaucho vividor
que a todo se comedía,
junto al fogón le prendía
un cordero al asador.

Luego, los tres almorzaron,
de gallina bien guisada,
cordero asao y cuajada [347]...
con lo que desengrasaron [348];
y tanto, que se limpiaron [349]
hasta aguacharse [350] un librillo [351],

por lo que Rufo el justillo [352]
entró a desabotonarse,
y Vega empezó a escarbarse
los dientes con el cuchillo.

Se hubiera echao a sestiar [353]
Tolosa con su mujer
de buena gana, a no ser
lo ganosos que a la par
estaban de oír continuar
el misterioso argumento,
sin moverse del asiento;
y Vega que coligió
tal deseo, principió
a darle seguida al cuento...

Cuando ¡socorro! ¡socorro!
desde atrás de la cocina,
al llegar, una vecina
pidió a gritos, viendo a un zorro
que arrastraba una gallina.

Vega y Tolosa salieron
medio atropellandosé,
pero el zorro viejo ¡qué!
cuando pillarlo creyeron
iba ya por Santa-Fe.

---

347 *Cuajada*: requesón
348 *Desengrasar*: desensebar. Metáf. (irónica) variar de ocupación para cobrar ánimo y hacer más llevadera una tarea
349 *Limpiar*: acabar un alimento
350 *Aguacharon*: aguachinaron, se opilaron. *(N. del A.)* Se taponaron el intestino
351 *Librillo*: tercer estómago del rumiante, con sus jugos se transforma la leche en requesón
352 *Justillo*: chaleco, armador. *(N. del A.)*
353 *Sestiar*: dormir la siesta. *(N. del A.)*

Por fin, hasta la vecina,
dejando al bicho largarse,
llevándose la gallina,
entraron a la cocina
y volvieron a sentarse...

Riyéndose junto al fuego;
aonde, aun cuando el payador
vido a la gente en sosiego,
suspendió su cuento luego,
diciéndoles: —Pues, señor...

El tal zorro, o la tal zorra,
me ha trabucao de manera
que si ya el cuento siguiera,
haría una *mazamorra* [354]...

Saliéndome del tenor
en que lo debo llevar.
Voy, pues, un rato a pensar,
para seguirlo mejor

Volviéndome a Chascomún,
aonde sabrán que llegó
y qué órdenes recibió
allí el teniente Berdún.

---

354 *Mazamorra*: metáf. un lío incomprensible. Literalmente es una comida criolla a base de maíz pisado y hervido.

– XXII –

La comisión militar. – Los salteadores. – Las dudas. – La partida de Blandengues. – El pescador asesinado.

   Sin demorarse llegó
Berdún a la citación,
pues antes de la oración
a la *comendancia* entró,
adonde lo recibió
el comendante al momento,
diciéndole muy atento
—Lo esperaba a usté al istante,
teniente; pase adelante,
acérquese, tome asiento.

   Pues, lo he mandado llamar
para que inmediatamente
una comisión urgente
salga usté a desempeñar.
Quince hombres va usté a llevar
por vía de precaución;
pues marcha usté en situación.
en que aquí nos preparamos,
como que aguardando estamos
de los Indios un malón.

   Pero, puede usté contar
que si esa chusma viniese,
sea el número que fuese,
la vamos a escarmentar.
Sin embargo, usté al marchar
ponga esta noche cuidao,
porque estoy bien informao
que hoy mesmo a la madrugada

se ha dejado ver la Indiada
por el paso del Venao [355].

   Esta alvertencia le echó,
muy afable el comendante,
al teniente que al istante
por alvertido se dio;
y, en seguida recibió
la orden escrita en su pase,
para que se le auxiliase
de todo cuanto pudiera
necesitar donde quiera
que con su gente se apiase.

   Luego, el principal asunto
que se le encargó a Berdún,
fue salir de Chascomún
a las ánimas [356] en punto;
porque el día antes, dijunto
fresco y muerto a puñaladas,
allá en las Encadenadas [357],
al pobre viejo Machao
diz que lo había encontrao
un gaucho de la Salada.

   Machao pescando vivió
veinte años en las lagunas
del Chis-chis, en donde algunas
tarariras [358] comí yo;
y él mesmo me las asó

---

[355] *Paso del Venao*: lugar por donde se pasa a caballo el río Salado. *(N. del A.)*
[356] *A las ánimas*: toque de campana llamando a la oración de la noche (9 PM)
[357] *Encadenadas*: varias lagunas reunidas al sur de Buenos Aires. *(N. del A.)*
[358] *Tarariras*: pescados con escama, y de esas lagunas. *(N. del A.) Hoplerythrinus unitaeniatus*

como a gusto las asaba
para todo el que llegaba
a su rancho al mediodía;
por eso la gauchería
en general lo apreciaba.

Esa muerte, el comprobante [359]
fue de que dos malhechores
por allá hacían horrores,
sigún supo el comendante
y el alcalde, que al istante
resolvieron la medida
de mandar una partida
atrás de un buen rastriador [360],
para que al más saltiador
le buscara la guarida.

Ansí pues, se le previno
a Berdún, que no extrañase
que en el campo lo buscase
el rastriador San-Juanino,
para ponerlo en camino
de *prender* por malhechores,
primero que al tuerto Lores,
conocido por *Vizcacho*,
al Tigre que era un muchacho
saltiador de saltiadores.

—En cuanto a Lores le alvierto,
también el jefe le dijo,
que aquí se suena de fijo
que otro saltiador lo ha muerto;
y me dicen como cierto,
que su matador ha sido
el *Tigre* [361], ese foragido,
que es capaz de asesinar
a un ministro del altar,
cuanti-más a otro bandido.

Por fin, si fuere verdá
de que lo han muerto a Vizcacho,
desde que usté *prienda* al *guacho*,
su comisión llenará;
y desde entonces podrá
venirse usté en retirada;
pero, ¡cuidao con la Indiada!
pues nada extraño sería
que mañana antes del día
nos pegue acá una avanzada.

Con esta orden, en seguida
Genaro al cuartel marchó,
donde a recebir entró
junto con la *bien-venida*
el mando de la partida;
y en cuanto se hizo presente
y lo conoció su gente,
los soldados se *palmeaban*
de gusto, porque marchaban
con el querido teniente.

Luego, este mandó *ensillar*,
y él solo *desensilló*
su *doradillo*, y pidió

---

359 *Comprobante*: prueba inequívoca
360 *Rastriador*: campesino que le sigue la pista a todo prófugo hasta encontrarlo, por más que ande y se oculte. *(N. del A.)* Dice **Domingo F. Sarmiento** en su *Facundo*: «El Rastreador es un personaje grave, circunspecto, cuyas aseveraciones hacen fe en los tribunales inferiores. La conciencia del saber que posee le da cierta dignidad reservada y misteriosa. Todos le tratan con consideración: el pobre, porque puede hacerle mal, calumniándolo o denunciándolo; el propietario, porque su testimonio puede fallarle. Un robo se ha ejecutado durante la noche: no bien se nota, corren a buscar una pisada del ladrón, y encontrada, se cubre con algo para que el viento no la disipe. Se llama en seguida al Rastreador, que ve el rastro y lo sigue sin mirar sino de tarde en tarde el suelo, como si sus ojos vieran de relieve esta pisada que para otro es imperceptible. Sigue el curso de las calles, atraviesa los huertos, entra en una casa, y señalando un hombre que encuentra, dice fríamente: "¡Este es!" El delito está probado, y raro es el delincuente que resiste a esta acusación». (Stockcero 2003 - ISBN Nº 987-1136-00-5 - cap. II p. 39)
361 *Tigre*: apodo o sobrenombre del mellizo Luis. *(N. del A.)*

lo dejasen *revolcar*,
porque se lo iba a llevar
de tiro, por de contao
para en el caso apurao
de *apariársele* a cualquiera,
aunque al infierno *juyera*,
tener caballo *sobrao*.

Despúes, imediatamente
que acabaron de ensillar,
hizo a la tropa formar,
y les dijo puesto al frente
—Muchachos, *naides* se ausente
de aquí, porque una *merienda*
he *pagao* en la trastienda
de la... ¿No la ven entrar?
Vamos pues a merendar,
con el pingo de la rienda.

Mesmamente: allí trujeron
gutifarras [362], pan y queso;
y los soldaos de todo eso
apenas medio mordieron,
cuando justamente dieron
las *ánimas*; y el teniente
se acordó precisamente
de la orden del comendante,
porque en ese mesmo istante
mandó montar a su gente.

—Ahora, dijo el payador,
debo otra vez recular
y de Chascomúm saltar
a la estancia de la Flor.

---

362 *Gutifarras*: butifarras, especie de salame
ordinario

– *XXIII* –

El viaje de don Faustino. – La pascana en la Salada. – Don Fausto Barceló.

  Diciembre estaba al concluir
el día que don Faustino
con su familia en camino
para el pueblo salió en coche.

  Pero, no pudo salir,
sino tarde esa mañana;
ansí, a su primer pascana [363]
llegó cuasi al ser de noche.

  Paró junto a la *Salada* [364]
en una estancia rumbosa,
donde la más cariñosa
acogida recibió.

  Con todo, a la madrugada
volvió su viaje a emprender,
sin quererlo detener
por más que se le rogó.

  Don Faustino, ya se ve,
era hombre que no podía
faltar a lo que ofrecía,
por súplicas, ni por nada

  Virtú por la cual le fue,
no falta de voluntá,
sino una necesidá
largarse de madrugada;

  Pues para ese mesmo día,
víspera de Navidá,
don Faustino había ya
escrito a la Magalena [365]...

  A un *cuñao* que allá tenía,
para que se preparase,
y sin falta lo aguardase
a pasarla noche *güena*.

  De la Salada el patrón,
al decir don Bejarano
que había ya de antemano
escrebido de la *Flor*,

  Le encontró causa y razón
en que se *juera apurao*,
habiéndolo allí *tratao*
de lo lindo lo mejor.

  De esa Estancia era el *patrón*,
otro andaluz que se vino
por gusto con don Faustino
desde la *ciudá* de España,

  Habiendo hecho la intención
allá *mesmo de largarse*
a la América, y poblarse
en el *sur* de esta campaña.

---

363 *Pascana*: etapa, descanso o parada en un viaje
364 *La Salada*: nombre de una laguna. (N. del A.)
365 *La Magdalena*: pueblito de campaña. (N. del A.)

Así es que don Bejarano
con don Fausto Barceló,
en cuya estancia paró,
tenía grande amistá.

Primero por ser *paisano*,
luego porque se *largaron*
juntos, y acá *trajinaron* [366]
plata con *temeridá*.

¡Qué cena le presentaron
de pavos y de gallinas,
pasteles y golosinas!
¡y qué sabroso *atracón*

De manjares se pegaron!
y ¡qué *pedo* [367] a lo *divino* [368]
con *mistela* [369] y rico vino!
¡Y al último, qué alegrón

Tuvieron la noche aquella,
en medio de la jarana
de esa dichosa *pascana*,
cuando llenos de alborozo,

Don Faustino y doña Estrella,
vieron entrar por acaso
y le dieron un abrazo
al teniente valeroso!

Ahora me falta explicar
cómo, desde *Chascomún,*
en la Salada Berdún
a sus padrinos *topó.*

Pero déjenme *pitar,*
y después de esa *topada*
sabrán a la madrugada
todo lo que sucedió.

---

366 *Trajinar*: aquí con el sentido de trabajar para obtener algo
367 *Pedo*: borrachera
368 *A lo divino*: como los dioses, algo hecho de manera extraordinaria
369 *Mistela*: bebida a base de aguardiente, agua, azúcar y canela.

– XXIV –

El madrugón de las ánimas. – Los sacristanes. – La partida en marcha. – Los nutrieros.

En los pueblos de campaña
las ánimas si se dan,
es cuando allá al sacristán
se le antoja, o se da maña.

Y, aun cuando a tocarlas debe,
según el uso cristiano,
en las noches de verano
precisamente a las nueve;

Solía en el *Baradero* [370]
al sacristán cierta *china*
decirle: «*ché*, en la cocina
a las ánimas te espero».

Y el hombre tal se apuraba,
que apenas oscurecía
a las guascas [371] se prendía
y las ánimas tocaba,

Como sabía olvidarlas,
cuando de alguna jarana
a la una de la mañana
recién venía a tocarlas.

Pero, las más ocasiones,
un sacristán por sus *citas*
a las ánimas benditas
les pega unos madrugones,

Como el que pegó a Berdún,
que a las nueve no se fue,
sino a las siete, porque
esa tarde en Chascomún,

El sacristán se mamó,
y por equivocación
vino a tocar la oración [372],
y las ánimas tocó...

De modo que al oír tocar
las campanas el teniente,
hizo montar a su gente
y al tranco mandó marchar.

Luego, del cuartel, algunas
siete cuadras sólo anduvo,
cuando ya noticias tuvo
del sur y de esas lagunas.

Al *topar* con dos *nutrieros* [373]
de *pajuera* [374], que venían
al pueblo, como solían
bajar a vender sus cueros,

Mandolos llamar; y al punto
que Berdún los espulgó [375]
a preguntas, se informó
que esos nutrieros, por junto,

---

370 *Baradero*: pueblito de campaña. (N. del A.)
371 *Güascas*: las cuerdas de cuero de las campanas. (N. del A.)
372 *La oración*: toque de campana llamando a la oración de la tarde (7 PM)

373 *Nutrieros*: los que sacan las pieles a las nutrias. (N. del A.)
374 *Pajuera*: para afuera, campo afuera. (N. del A.)
375 *Espulgar*: examinar, quitar las pulgas

Esa siesta, una *topada*
desagradable y casual
tuvieron junto a un *pajal*
de la laguna Salada,

Con un gaucho *desgreñao*,
de tal facha, que lueguito
dijieron: «Este maldito
debe ser un desalmao [376]»;

Pues, cuanto los *devisó*
el gaucho, ya de soslayo
hizo trotiar su caballo
y en el pajonal se entró;

Pero, que iba tan *bebido*
que nada extraño sería
que estuviera todavía
en ese pajal dormido...

—¡Ahi-juna! ¡si otra *topada*
me diera ese gaucho a mí!
dijo Berdún: y de allí
rumbió al trote a su *Salada*.

---

[376] *Desalmao*: sin corazón, sin alma. *(N. del A.)*

– XXV –

LA SALADA. – LOS AUXILIOS. – EL CHURRASQUEO. –
LOS PADRINOS. – EL AHIJADO BERDÚN. – LA DESPEDIDA.

    En la Estancia iban a dar
la cena por terminada,
cuando toda la *perrada* [377]
de la Estancia entró a *toriar*,
al sentir cuasi al llegar
un grupo de hombres *armaos*;
y estos eran los soldaos
de Berdún, que allí venían
a *mudar* [378], porque sentían
a sus caballos *pesaos*.

    La tropa desensilló
del corral no muy distante;
y de ahí Genaro al *istante*
a las casas se allegó,
y del patio le mandó
su pasaporte al patrón;
que siendo algo cegatón
le dijo a don Bejarano:
—Lea, y dígame, paisano,
que dice ese *papelón*.

    —Dice así: «Pasa el teniente
don Gena..». ¡Qué veo yo!
¡él es!... Y ya se salió
de la sala *redepente*
tan apresuradamente,
que se llevó por delante
a Berdún, en el istante
que a la sala, muy ufano,

lo hacía entrar de la mano
su amiguito el Estudiante.

    ¡Viesen qué alegría aquella
la que esa noche mostró,
cuando a su ahijado miró
la señora doña Estrella!
Pues lo llamó cerca de ella
y a su lado lo sentó,
y después que lo abrazó,
con placer enternecida,
de su Azucena querida
nada más le platicó.

    Entre tanto, don Faustino
hablaba con el patrón
de la Estancia, a quien sin duda
lindamente lo informó
de las prendas [379] de su *ahijao*,
y se lo recomendó;
pues luego de allí don Fausto
al teniente se acercó,
y le dijo afablemente
vengo a decirle, señor,
que esta casa y mi persona
está a su disposición:
con que así, mande y ordene
con toda satisfacción.

    —Mil gracias, dijo Genaro;

---

377 *La perrada*: todos los perros mastines.
    (N. del A.)
378 *Mudar*: mudar caballo, cambiar de caballo
379 *Prendas*: aquí con el sentido de *virtudes*

sólo lo ruego, señor,
me dispense haber *llegao*
a pedirle por favor
unos cuantos *mancarrones*.

—Eso ya se hizo, señor,
afablemente a Berdún
don Fausto le contestó;
ya mandó que se le dieran
caballos, y ya *mudó*
su tropa, pues justamente
en el corral encontró
la *manada,* y enlazaron
de lo bueno lo mejor;
y ya ensillaron también
pero antes les mandé yo
buena carne y mucha leña;
ansí es que han hecho un fogón
adonde están *churrasquiando* [380]
muy contentos: crealó.

Sólo falta, caballero,
el que usté me haga el honor
de tomar algo en la casa
de su amigo Barceló,
porque ya desde esta noche
su amigo quiero ser yo.

Y usté, señora madrina,
a este hombre cuidemeló.

—Sí, sí, dijo doña Estrella,
tome, *ahijao*: y le arrimó
nada menos que un relleno
de pavo, o de qué sé yo,
una limeta de vino
y un pedazo de alfajor [381].

A esa friolera Genaro
de firme se le *agachó* [382]
pues no venía *cansao*,
pero sí muy *delgadón* [383].

Por supuesto, a lo *soldao*
de priesa [384] el *buche llenó,*
tan a tiempo, que ni bien
el último trago echó,
cuando a la casa un *soldao*
vino, y desde el corredor
le hizo decir al teniente,
que estaba esperandoló
en el patio el San-Juanino.

Genaro, luego que oyó
decir que allí lo esperaba
tal hombre, se levantó
muy cortés a despedirse,
como que se despidió
primero de sus padrinos,
y en seguida del señor
don Fausto y de su familia,
a quienes manifestó
el pesar con que dejaba
tan pronto esa reunión
de gente tan honorable,
y tan de su estimación;
pero que debía al punto
marchar sin más dilación,
encontrándose en el caso
de cumplir su obligación.

Finalmente, a sus padrinos,
a don Ángel, y al *patrón*
de la casa, con cariño
la mano les apretó,
y dando las buenas noches
les dijo el último adiós.

---

[380] *Churrasquiando*: comiendo churrascos, carne asada sobre brasas
[381] *Alfajor*: golosina formada por dos discos de masa unidos por un relleno de dulce
[382] *Agachar*: encarar algo con ahínco
[383] *Delgadón*: débil por falta de alimento. (N. del A.)
[384] *De priesa*: vulg. deprisa

– XXVI –

EL RASTREADOR. – EL DIFUNTO. – LA LAGUNA TABLILLA. – LA PISTA DEL ASESINO.

Las once estaban colgando
en el reló del patrón,
al istante que su asiento
dejó Berdún y salió
desde la sala hasta el patio,
donde luego se encontró
con Anselmo el San-Juanino
y afamado rastriador;
quien, sacándose el sombrero,
a pié a la par caminó
con Genaro, que al istante
risueño le preguntó:
—¿Qué dice, señor Anselmo?
Ya estaba esperandoló,
para que me diga, si
lo hallaremos.

ANSELMO

¡Cómo no!
¡si ayer desde la Chis-chis,
ya salí *pisandoló;*
y ya sé más que el alcalde,
tocante a ese saltiador!

BERDÚN

¿Cómo ansí? ¿Quién lo ha informao?

ANSELMO

Mis ojos no más, señor.

BERDÚN

¿Luego usté ha visto al malevo?

ANSELMO

No he precisado, señor,
verlo para asegurarle
donde estuvo ese ladrón
hará como doce días,
y lo que allí se robó;
y, ese robo quién lo tiene,
ya sé también: crealó;
y sepa que lo tenemos
cerquita, tocandoló.

BERDÚN

¡De veras! ¿Y no se irá?

ANSELMO

¡Aónde *se–mia–dir*, que yo [385]
no se lo encuentre!

BERDÚN

Veremos.

ANSELMO

Vamos a verlo, señor;
no se ha de morir de antojo [386].

BERDÚN

Bueno, Anselmo, vamonós

---

385 *Aónde se-mia-dir*: ¿adónde podrá írseme ya? . *(N. del A.)*
386 *Morir de antojo*: quedarse con las ganas

al istante si el caballo
de usté se halla...

ANSELMO

¡Superior!

BERDÚN

    Entonces, no hay que esperar,
dijo el teniente; y llamó
al Blandengue que atrás de él
se vino del corredor;
y le dijo seriamente:
«Vaya, cabo Centurión,
mande que carguen las armas,
lo que apaguen el fogón;
y haga montar a caballo.
Vaya pues, que alla voy yo».

    Ansí lo hizo; pues, en cuanto
su *doradillo* montó,
al frente de la partida
al tranco suave marchó,
a la par y platicando,
con Anselmo el rastriador [387];
el cual, desde que salieron
de la pascana tomó
el mesmo rastro que trujo
cuando a la estancia llegó.

    Como marchaban despacio,
el teniente precisó
de tomar otras noticias
que necesarias creyó,
y por eso al San-Juanino
marchando le preguntó
—Conque, Anselmo, digamé;
¿a qué horas fue que salió
usté ayer de Chascomún?

ANSELMO

Antes de nacer el sol;
porque, muy de mañanita,
el alcalde me llamó
y me dijo: «Ahora mesmito,
de juro y de obligación,
es que salga usté a *rastriar*
a un *malevo* mocetón
que ayer tarde en la Chis-chis
alevemente [388] mató
a Machao en su ranchito,
donde muerto lo encontró
un *nutriero* que allí mesmo
como pudo lo enterró».

BERDÚN

    ¿Pero, qué nombre, o qué señas
del asesino le dio?

ANSELMO

    Con siguranza [389] ningunas,
pues el alcalde me habló
apurao por despedirme,
y a dizques se refirió
diciéndome: «Ese malevo
es un guacho mocetón
que, ahora cosa de [390] siete años,
diz que juido se escapó
de la cota del Salao;
y que entonces, por diablón,
don Blas el finao alcalde
(que esté gozando de Dios)
dizque acá, en la mesma villa,
lo hizo agarrar, y mandó
que le *pelaran la cola* [391];
y que luego se perdió
el muchacho de estos *pagos*,
hasta hoy, que corre el rumor,
que por la guardia del *Monte* [392]
ha vuelto a cair mocetón,
y diz que completamente
hecho un bandido feroz,
que anda robando y matando

---

387 *Rastriador*: no sólo el que rastrea, sino el que lo hace por encargo de la justicia. (N. del A.)
388 *Alevemente*: vulg. alevosamente
389 *Siguranza*: seguridad. (N. del A.)
390 *Ahora cosa de*: vulg. por «hace aproximadamente»
391 *Pelar la cola*: azotar, castigar. (N. del A.)
392 *Guardia del Monte*: destacamento en el pueblo de la prov. de Buenos Aires donde en Abril de 1822 se estableció el asiento del regimiento de Blandengues

por el sur, donde mató
ayer mesmo en la Chis-chis
a Machao el pescador;
lo que es cierto. Con que ansí
vaya pues; busqueseló
a Berdún, que prevenido,
atrás de usté, a la oración,
o un poco más tardecito
va a salir sin dilación
con una buena partida,
y en la mesma direción
por donde va usté a *rastriar*
a ese asesino ladrón,
que es, dicen, un *yesquerudo* [393]
de los de marca mayor».

Velay tiene, mi teniente,
lo poco que supe yo,
por boca del mesmo alcalde
al darme esta comisión.

BERDÚN

Pues, Anselmo, no es tan poco
a mi entender; sepaló.
Ahora, dígame: y después
de eso, ¿qué le sucedió?

ANSELMO

Que al ranchito de *Machao*,
hoy llegué como a las dos
de la tarde, y al istante
de apiarme ya vide yo,
que un gaucho de bota fuerte [394]
había el día anterior
llegao allí, y cuando el viejo
a recebirlo salió,
en la puerta, de *parao*
ese gaucho lo mató.

BERDÚN

¿Y, al dijunto, usté lo ha visto?

ANSELMO

Medio ansí, de refilón [395];
pues estaba junto al rancho
mal enterrao; pero yo,
cuando lo iba a ver de cerca,
a ese tiempo mi atención
la fijé en unas pisadas
de un caballo *tranquiador* [396],
que las conocí al momento;
y dije: —gracias a Dios,
que agarrar me facilita
dos pájaros de un tirón
es decir, al asesino,
y al parejero mejor
que ahora poco le robaron
en el *Monte* [397] a mi patrón,
que fue don Roque Valdés:
robo que lo supe yo
estando enfermo hace poco,
cuando el *patrón* me llamó;
y, no pudiendo ir de pronto [398],
sin duda el hombre mandó
que *rastriaran su* caballo
a alguno otro *rastreador;*
y hasta ahora no lo ha *encontrao*
sin duda, porque sinó
el *rastro* de ese *alazán*
no lo habría visto yo,
esta tarde en la *Chis-chis,*
ni tampoco un *salteador*
vendría *montao* en él;
pues no hay duda que se *apió*
allí de ese parejero,
y que a montarlo volvió
en la *Chis-chis,* porque junto
al *rastro del mancarrón,*
pegao está el de las botas;
y, como allí no vi yo
más *rastro* que aquel del gaucho
que al pescador enterró,
con el que vi de las botas
y el caballo me bastó;

---

393 *Yesquerudo*: valiente, invencible. (N. del A.)
394 *Bota fuerte*: bota de cuero curtido y con suela (a diferencia de la bota de potro)
395 *De refilón*: de costado
396 *Tranquiador*: acostumbrado a dar pasos más largos y firmes que el paso normal
397 *El Monte*: nombre de un pueblito. (N. del A.)
398 *De pronto*: argent. «es posible que»

y ya dije: —anda, *calandria,*
que yo sigo atrás de vos
hasta hacerte enchalecar [399],
andá no más, *saltiador.*

---

[399] *Enchalecar*: a los grandes criminales, cuando los agarran en el campo, los retoban con un cinto de cuero fresco, que a manera de chaleco les oprime los brazos hasta la cintura, y cuando el cuero se seca, el hombre queda inmóvil de los brazos y sufre mucho. *(N. del A.)* Dice **Domingo F. Sarmiento** en su *Facundo*: «La montonera de Artigas *enchalecaba* a sus enemigos; esto es, los cosía dentro de un retobo de cuero fresco, y los dejaba así abandonados en los campos. El lector suplirá todos los horrores de esta muerte lenta». (Stockcero 2003 - ISBN Nº 987–1136–00–5 - cap. IV p. 60)

– XXVII –

**El salteador. – El pajonal. – El bramido de un tigre.
–Las precauciones. – El encuentro con el bandido. –
Las boleadoras. – La rendición.**

    Legua y media habría andao
Berdún desde que salió
de la estancia, platicando
con Anselmo el rastriador,
cuando este le dijo: —Aquí,
si usté permite, señor,
haremos alto un ratito;
y luego, con precaución
y silencio seguiremos;
pues por aquí el saltiador
esta noche muy borracho
en ese pajal se entró:
velay, junto a ese hormiguero.

    BERDÚN

    Bueno pues, paremonós...
Y en el instante *hacer alto*
a la partida mandó.
Luego, allí mesmo al San-Juanino
de nuevo le preguntó,
si había visto borracho
al malevo, cuando entró
esa noche al pajonal,

    ANSELMO

    No lo he visto, no, señor;
pero, por el rastro, digo
que venía pesadón [400],
y mucho; pues su caballo
ha *trotiao* sin direción

fija, porque al *bamboliarse*
de un lao a otro el saltiador,
el movimiento del cuerpo
le ha seguido el *mancarrón*,
dando a la *zurda* dos trancos,
y a la derecha otros dos.
Y, al ver ese *culebreo*,
por supuesto, me bastó
para decir entre mí,
va *mamao* ese ladrón
juicio en que me confirmé,
cuando a eso de la oración
sobre el *rastro* alcé estos chifles.
Velay, pues, por el olor
se ve que son de aguardiente,
y que están secos los dos:
lo que dice claramente,
que ese diablo los secó
hasta *mamarse,* y que luego
con la *tranca* los perdió,
por supuesto, sin sentir;
y, por eso digo yo,
que a eso de las nueve y media
esta noche se metió
borracho en ese pajal;
y ahí debe estar...

    BERDÚN

    ¿Qué horas son?

---

[400] *Pesadón*: ebrio. *(N. del A.)*

ANSELMO

Voy a decirle al istante;
déjeme ver mi reló...
y mirando a las estrellas,
son las doce, respondió.

Serena estaba la noche,
y en tal silencio, que no
se sentía en aquel punto
ni volar un moscardón.

A esa mesura hora la luna,
llena y pura como el sol,
en el centro de los cielos
brillaba con resplandor,
aunque a veces la tapaba
uno que otro nubarrón,
para dejarla salir
luego con más esplendor.

Eran las doce cabales,
como dijo el rastriador,
cuando al dar allí el teniente
de ¡Alto y pié a tierra! la voz,
la partida allí mesmito
hizo alto y se desmontó.

Desenfrenen los caballos:
volvió a decir, y ordenó
que amarrasen los *coscojos* [401]
de los frenos, pues notó
que hacían ruido en la marcha
y para mas precaución,
como *traiban* los soldaos
sables vainas de laton,
adonde *cascabeliaban*
las argollas, les mandó
que las ataran con *tientos* [402]
todo lo que se cumplió

hasta enfrenar los caballos.

Cuando ya pronta quedó
para volver a montar
la partida, sucedió
que a toda la luna entera
una nube la tapó
de manera, que en tinieblas
todo el campo se quedó.

A ese mesmo tiempo un tigre
allí muy cerca bramó,
tan fiero, que a los caballos
tal inquietú les entró,
que estaban por disparar,
cuando el teniente mandó
que montaran al istante
lo que al vuelo se cumplió,
porque, de un salto en su flete
cada soldao se *horquetió* [403].

Iban a marchar de allí,
cuando en esa situación,
mirando Genaro al rumbo
diadonde el bramido salió,
vido a una cierta distancia
varias chispas, y alvirtió
que el *lince* aquel San-Juanino
al mesmo tiempo las vio;
porque, le dijo al istante
al teniente, a media voz...
—Velay, luce el *yesquerudo*
de la Chis-chis su eslabón;
o será algún *tuco-tuco* [404]...
¿Qué le parece, señor?

BERDÚN

—Me parece que el yesquero
se lo voy a romper yo

---

[401] *Coscojos*: piezas de hierro que se ponen en los bocados de los frenos y que con ellas hacen ruido los caballos. (N. del A.)

[402] *Tientos*: tiras finas de cuero crudo. (N. del A.)

[403] *Horquetiar*: enhorquetar, poner a horcajadas

[404] *Tuco-tuco*: bichos nocturnos o sean luciérnagas que hacen lucecitas al vuelo. (N. del A.) Ascasubi se refiere al *tuco* (del quichua «tucu», brillante; *Tucu-tuco* es en realidad un roedor sin cola parecido al cuis y que vive en galerías que él mismo cava. Su nombre deriva del sonido que emite cuando está bajo tierra

solito.... Déjense estar;
no se muevan–. Y se apió;
y echándose sobre el pasto,
de medio lao, afirmó
la oreja izquierda en el suelo,
y la otra se la tapó
con la mano, un istantito
nada más, porque volvió
a montar apresurao,
y de nuevo en baja voz
dijo: —Es un jinete solo;
viene al paso, dejenló.
¡Ah, Cristo! si por fortuna
fuese quien presumo yo,
aunque pájaro se vuelva
no se me va. ¡Creanló!
Déjenme *dir* adelante
solito; y, por si o por no,
vénganse ustedes atrás
en *linea* de a dos en dos
tendidos como en guerrilla.
Y usté, Anselmo, sigalós
en el centro, siempre al paso,
hasta que los llame yo,
o hasta que le pegue el grito
a ese diablo saltiador,

  Y afirmándose el *trabuco*
por delante, desató
apriesa las *boliadoras*,
y a toparse enderezó
con el gaucho que vendría
soñoliento, o qué sé yo;
porque, como a veinte varas
del teniente se acercó,
cuando este le pegó el grito
¡Quién vive! Y lo atropelló.

  ¡Qué contestarle el malevo!
sin duda se le trabó
la lengua en ese momento,
pues apenas atinó
a dar güelta como un trompo
su caballo, y disparó.
¡Qué pingo traería el gaucho,
entre las piernas, señor
que apenas lo hizo dar güelta
como centella rompió [405]
y atrás más de media cuadra
a Genaro lo dejó!
Pero ¡ay, mi alma! el doradillo,
cuanto Berdún le aflojó,
luego se le puso a *tiro*,
cuando el *matrero* salió
del centro del pajonal,
a un medio *limpio*, y creyó
cruzarlo en la disparada;
pero ahí mesmo lo *midió* [406]
medio *del lao de enlazar* [407]
el teniente, y le soltó
las bolas con tal certeza,
que al *tiro* [408] se las ató
en las manos al rocín,
de suerte que allí rodó,
y al gaucho, haciendo cabriolas,
por las orejas lo *echó*.

  De *parao* salió el malevo,
como que era *parador*,
y creyendo resistirse,
a su pistola acudió;
pero, al *dir* a martillarla,
ahí mesmo se le cayó
el *pie de gato* [409] del arma;
y entonces, quiso el *facón* [410]
pelar de entre las caronas,
pero tiempo no le dio
Genaro que se le vino

---

405 *Romper*: partir, iniciar carrera
406 *Medir*: enrasar, emparejar
407 *Lao de enlazar*: los campesinos enlazadores, sólo lanzan el lazo poniéndosele al costado izquierdo del animal que quieren enlazar. (N. del A.)

408 *Al tiro*: en el acto
409 *Pie de gato*: gatillo o percutor
410 *Facón*: arma blanca a especie de espada corta que usan los gauchos y la llevan entre las caronas de sus monturas para ensillar el caballo. (N. del A.)

listo encima, y le *abocó*
el *naranjero* [411], y le dijo
¡Échate al suelo, ladrón!
Boca abajo; échate ya,
ligero, porque si no,
ni *para enfermo* te dejo
de un trabucazo... ¡Por Dios!

    Al oír Anselmo el ¡quién vive!
con seis hombres se lanzó
sobre el rastro de Genaro;
y, justamente llegó
a rodiar al asesino
cuando Berdún lo postró.

    Entonces para amarrarlo
también Anselmo se *apió*,
pegadito a la cabeza
del malevo, y se agachó.
para atarlo tan de firme,
que no lo descoyuntó,
porque ahí mesmo al San-Juanino,
más arriba del talón,
el prisionero iracundo
tal mordiscón le prendió,
que cuasi *desgarretao* [412],
renguiando Anselmo salió;
porque, la bota de *potro* [413]
y los *niervos* [414] le aujerió.

    Finalmente, allí el malevo,
como un cristo se dejó
amarrar codo con codo;
y de allí no se menió
hasta que lo levantaron,
y un *Blandengue* lo paró
de modo que le asentase
en la cara el resplandor
de la luna... Entonces fue
que, al verlo, reconoció
Berdún a Luis el Mellizo,
de la Estancia de la Flor.

---

411 *Naranjero*: arma de chispa llamada trabuco naranjero, el cual se carga hasta con ocho o diez balas de a onza. *(N. del A.)*
412 *Desgarretao*: con los tendones cortados. *(N. del A.)*
413 *Bota de potro*: calzado de cuero crudo bien sobado extraído de la pierna de un potro o vaca de entre el garrón y la canilla. (ver nota 158) Algunas dejaban desnudos los dedos del pie para poder tomar los estribos de botón o pichico.
414 *Niervos*: vulg. nervios, tendones

– XXVIII –

La confesión del bandido. – El alcalde fingido. –
Las astucias. – La comisión cumplida. – La entrega
en Chascomús.

De un guapo no hay que esperar
que tiranice a un vencido:
vean pues cómo al bandido
lo hizo Genaro tratar
después de haberlo rendido.

Se opuso serio el teniente
a que a Luis lo *enchalecaran*
ni de grillos lo cargaran;
con esposas solamente,
dijo que lo aprisionaran.

Eso sí, le hizo quitar
el caballo parejero
(por ser *robao*), lo primero,
y le mandó registrar
las *maletas* y el *apero*.

Esta maniobra se hacía
allí en la misma parada
adonde fue la *apretada*
de Luis, y cuando sería
la una de la madrugada,

Genaro estaba paciente
viendo hacer la operación;
mientras... quería el ladrón
con los ojos al teniente
abrasarle el corazón.

Del registro resultó
que, habiéndosele encontrao
varias prendas de Machao,
ya el Mellizo confesó
que él lo *había difuntiao*.

Luego, aparte, al rastriador
el teniente dijolé
«Anselmo, preguntelé
en qué día al pescador
lo mató, dónde, y por qué.

Y... oiga, me parece bien
que usté que es tan vivaracho
le dé a entender a ese *guacho*,
el que sabemos también
que él mesmo mató a *Vizcacho*».

Al istante el *San-Juanino*
la engañifla [415] penetró,
y dijo: «Dejemeló,
mi teniente, al asesino;
yo voy a espulgarseló».

Anselmo era viejo *asiao* [416]
por las *prendas* que lucía,
y, desde que no venía
vestido como soldao,
luego dijo: «Aquí es la mía».

---

415 *Engañifla*: astucia o extratajema. *(N. del A.)*
416 *Asiao*: bien vestido. *(N. del A.)*

Finjiose, pues, ser alcalde
del partido, y de improviso
serio le dijo al Mellizo
—Ché, gauchón, aquí *es de balde*
el que te *hagás el petizo* [417];

Porque desde ayer sabemos
que vos mataste a Machao;
sólo él *porque* has *reservao*:
y saber también queremos
a quién más has *dijuntiao.*

EL MELLIZO

¡Cómo es eso!... Digamé,
por más alcalde que sea
¿por qué me gruñe y tutea?
¿acaso es porque me ve
aprisionao con *manea*?

ANSELMO

Es porque así merecés
de justicia ser *tratao*
por malevo consumao;
ansí, no te retobés
y aguanta, guacho mal criao.

A Luis se le conocía
que la cólera lo *ahugaha*
cuando Anselmo lo miraba,
pues de rabia se mordía
y a dos manos se rascaba.

Al ver eso el San-Juanino,
volvió a decirle *taimoso* [418]
—Yo soy alcalde cargoso;
respondé pronto, asesino,
y no te hagás el *sarnoso*. [419]

Hablá pues, que no tenés
ni frenillo ni mordaza,
ni yo he de tener cachaza [420];
y si no me *respondés,*
ya verás lo que te pasa.

EL MELLIZO

¡Amenazas!... riasé
como yo me río aquí;
aunque presumo, eso sí,
el que amenazas a usté
no lo harán reír como a mí.

Y escuche, señor alcalde
a güenas preguntemé,
y a todo responderé;
pero, a rigor [421] es *de balde,*
ni a balazos hablaré.

ANSELMO

Velay tiene; así me gusta,
se lo digo sin malicia,
que es para mí una delicia
ver que a un hombre no lo asusta
ni el rigor de la justicia...

Vamos a ver pues, señor,
si *sós quiebra* [422] verdadero
o sós *un maula* embustero.
¿Por qué has muerto al pescador?
respondé, *gaucho coquero* [423].

—Porque me agravió Machao
hace tiempo, dijo Luis,
cuando yo era un infeliz;
por eso ayer me he vengao
de esa ofensa en la *Chis-chis.*

—Ya sé qué a eso te costiaste,
dijo Anselmo, y sé de cierto,
que a tu compañero el tuerto
Lores también lo mataste;
¿pero, qué has hecho del muerto?

---

417 *Hacerse el petizo*: hacer el inocente o ignorante. *(N. del A.)*
418 *Taimoso*: taimado
419 *Hacese el sarnoso*: hacerse el tonto
420 *Cachaza*: paciencia para hacer un trabajo. Lentitud premeditada en una tarea
421 *A rigor*: por la fuerza
422 *Quiebra*: valiente. *(N. del A.)*
423 *Coquero*: presumido de algo guapo. *(N. del A.)*

Aunque yo sé dónde está,
asigún noticias tengo,
pero a las tuyas me atengo,
por ver si hablás la *verdá*
ó te hacés el *chancho rengo* [424].

EL MELLIZO

Yo a *Vizcacho* a la verdá,
causa de sus groserías,
recién hace cuatro días
que contra mi voluntá
lo maté en las *Averías* [425].

Porque *Lores pesadón*
en la cara me escupió,
y en *chanza* le puse yo
medio de punta el *facón*
aonde él mismo se ensartó.

Eso fue fatalidá;
y pongo a Dios por testigo,
que es lo cierto esto que digo,
como también es verdá
que Lores era mi amigo.

Ahora, dónde está el dijunto,
si quieren los llevaré,
pues yo mesmo lo arrastré
a un *bañao*, donde por junto
con carrizos lo tapé

En fin, ya me ha *preguntao*
todo lo que usté ha querido,
y con lo que he respondido
bastante hemos platicao
con que así... asunto concluido.

En cuanto supo Berdún
de Luis tal declaración,
creyó concluir su misión
entregando en *Chascomún*
al asesino y ladrón.

Hizo pues montar su gente,
ordenandó que un soldao
llevase al preso *enancao*,
como provisoriamente
hasta salir del bañao.

Luego ajuera separó
tres hombres de su partida,
y un cabo, al cual en seguida
al criminal le entregó
con la orden bien entendida:

Que de allí sin dilación
a la *Salada* marchase,
y que allá luego montase
al preso en un mancarrón;
y a Chascomún lo llevase...

Derecho, de las Saladas
a la villa, y sin ladiarse
al poniente, ni acercarse
mucho a las *Encadenadas;*
y que al istante marchase.

Esta orden le dio Berdún
al cabo, por la razón,
que al darle la comisión
se le dijo en Chascomún
que esperaban un *malón.*
Ansí, el teniente quedría
del saltiador aliviarse,
para en caso de toparse
con los Indios ese día
con sus doce hombres *floriarse.* [426]

Luego el deseo y la pena
con que Genaro se hallaba,
por ir a ver como estaba
su idolatrada Azucena,
a otro rumbo lo llevaba.

---

424 *Hacerse el chancho rengo*: hacerse el lento o disimular para desentenderse
425 *Averías*: lagunas del sur. *(N. del A.)*
426 *Floriarse*: florearse, lucirse

Finalmente, a la Salada
el cabo al trote salió,
al mismo tiempo que vio
que así a las Encadenadas
Genaro también rumbió.

Y el tal cabo se portó
perfectamente asigún
las órdenes de Berdún,
que esa noche a Luis lo halló
enjaulao en Chascomún.

– XXIX –

La Providencia de Dios. – La derrota de los indios. – El entrevero. – El chuzazo. – La rendición del cacique.

Al ponerse en retirada
Genaro, medio rumbió
al poniente, por llegarse
de paso a su población,
donde estaría Azucena
ansiosa esperandoló,
desde que volver a verla
su *rubio* le prometió
sin falta, al día siguiente
que de ella se despidió.

Iba al tranco la partida,
y adelante el rastriador
con Berdún, que alguna cosa
a lo lejos distinguió,
al tiempo que el San-Juanino,
de la luna al resplandor,
al cruzar un peladar [427]
en el suelo conoció
una rastrillada fresca,
y de Berdún se ladió
para apiarse, pretextando
tener una precisión.

Pero no hizo nada de eso,
pues luego que se abajó
y anduvo unos cuantos pasos
a pié, de nuevo montó,
y apareándose a Genaro,
ya le dijo a media voz

«Mi teniente: ¡moros-costas!» [428]

GENARO

Eso he maliciado [429] yo
y ya estuve, creamé,
tiernito [430] a decirseló
precisamente al istante
que usté se me separó.

ANSELMO

Entonces: ¿a qué le sirvo,
si usté es más lince que yo,
desde que me da a entender
haber visto? ¿el qué, señor?
Pues los moros están lejos.

GENARO

Pero, los *venados* no,
y menos los avestruces
pues ya los he visto yo
y sigo viendo... ¡Velay!
allá cruzan, mirelós,
todos vuelven para afuera;
y como esos bichos son
olfatiadores de lejos,
ya habrán tomao el olor
a los Indios que vendrán
muy de atrás arriandolós,
en *redota* [431] por supuesto,
juyendo... ¡permita Dios!

---

427 *Peladar*: zona despejada de pastos
428 *Moros-costas*: de la expresión «hay moros en la costa» para indicar necesidad de tomar precauciones debido a la presencia de enemigos
429 *Maliciar*: sospechar
430 *Tiernito*: a punto, presto
431 *Redota*: vulg. derrota

pues ayer el comendante
me dijo y me asiguró
que los iban a sabliar,
si hoy llegaban.

ANSELMO

Pues, señor:
cuando más hará hora y media,
si no me equivoco yo,
por lo que he visto en el rastro
todavía frescachón:
repito, que hará hora y media
ha que han pegado el malón
en la villa y han dao güelta,
porque allí se les volvió
la *vaca... toro* [432]: eso es fijo;
y que *bazuriandolos,* [433]
viene atrás la Blandengada,
también lo presumo yo;
como el que ya los tenemos
encima...

GENARO

Bien: dejelós.
¿No les parece, muchachos?
Genaro les preguntó
a sus soldaos, y toditos
respondieron a una voz:

—Sí, mi teniente: que vengan,
les daremos un *rigor* [434]
de aquellos que con usté
no es difícil darseló.
Y, si vienen asustaos,
entonces... ¡válgales Dios!

GENARO

Ansí creo que vendrán
más que apuraos; y si no
que vengan de cualquier modo.
Marchemos–. Y enderezó
a una tapera de adobe,
donde hizo alto y se emboscó.

Llegado allí, sin apuro,
echar pié a tierra mandó;
y viendo junto al tapial
un gran ombú, le ordenó
a un soldao que se trepara
a vichar [435] con atención,
al lao por donde la Indiada
se vendría en borbollón [436].

Ahora, vean si el teniente
era hombre de buen humor,
y conocía los güeyes
con que araba. Oigamosló.

Refregándose las manos,
poco después que se *apió*
la partida, el comendante
risueño al frente salió,
preguntándole al sargento
si estaban buenos o no
los caballos para un lance.

El sargento contestó
que estaban superiorazos,
porque no había razón
para crerlos fatigaos
desde que don Barceló
en la Salada les hizo
ensillar de lo mejor.

Genaro, entonces, de chusco,
por oír la contestación
de uno de esos sus soldaos
muy gaucho y ponderador [437],
díjole al sargento: ¿y, cómo
es que Ramiro ensilló
a ese *laucha* [245] malacara [246]
que al verlo da compasión?

---

432 *Volverse la vaca toro*: complicarse la situación
433 *Basurear*: vencer en pelea fácilmente
434 *Dar un rigor*: dar un castigo. *(N. del A.)*
435 *Vichar*: vigilar. *(N. del A.)*
436 *En borbollón*: venir en desorden. *(N. del A.)*
437 *Ponderador*: exagerado
438 *Laucha* le dicen los gauchos a un caballo delgado de cuerpo. *(N. del A.)*
439 *Malacara*: caballo alazán o colorado que tiene la frente blanca. *(N. del A.)*

EL SOLDADO

¡Cómo dice, mi teniente!
¿Qué ando en *laucha*? ¡Se engañó!
¡Mirá, maula [440] mi caballo!
¿Quiere que le agarre al sol,
ahora, luego en cuanto asome
la cabeza? Digaló;
y verá si de las greñas
lo traigo...

GENARO

Salí, pintor [441];
¡qué ha de ser tu *Malacara!*
por la facha, quizás pior
que ese *cebruno* [442] en que Ruiz
quiere pegar un rigor [443].
¿Qué piensa de su *sotreta* [444];
dígame, Ruiz? Porque yo
puedo estar equivocao.

RUIZ

Fieramente [445]; sí, señor
y escúcheme, mi teniente.
A mí me ha dicho un dotor
que la luz en este mundo
es la cosa más veloz,
pues corre ochocientas leguas
por hora. A eso, digo yo
el que, si la luz del día
de alguna yegua nació,
esa mesmísima yegua
a este pingo lo parió;
pues, al *cerrarle las piernas* [446],
cuando anoche se ofreció [447]
aflojarle en el pajal,
¡qué luz, ni qué exhalación!
si no lo sofreno a tiempo,
a esta hora estaría ya
de güelta de Patagones,
por gala, y para que no
pudiera naides decir,
que Ruiz era resertor.

GENARO

¡Barbaridá! y ¿qué me dice
usté, cabo Centurión?
¿Por qué está tan *empacao* [448],
mostrándose enojadón
y tieso como si hubiera
tragao algún asador?

CENTURIÓN

Porque estoy juntando rabia
para pelear... Pero ¿no
ha sentido, mi teniente,
como un tiro de cañón?

GENARO

Dice bien: y siendo ansí,
vamos aprontandonós.

Diez minutos pasarían,
cuando el vichador [449] gritó
—¡Ahí viene la polvadera
de los Indios, ellos son!
Y ya empezó en la tapera
a sentirse el pororó [450].
Montaron luego a caballo,
cuando vino el rastriador
diciendo: velay, se acerca
la salvajada, pues yo
oigo ya hasta el tirotco

---

440 *Maula*: cosa inservible. *(N. del A.)*
441 *Salí, pintor*: cállate, fanfarrón. *(N. del A.)*
442 *Cebruno*: o cervuno, pelaje bayo con matices grisáceos semejante al ciervo
443 *Pegar un rigor*: hacer correr al caballo hasta el cansancio
444 *Sotreta*: el caballo que tiene la manos y las patas estropeadas de viejo. *(N. del A.)*
445 *Fieramente*: de manera fea, (equivocarse) mucho
446 *Cerrarle la pierna*: espolear el caballo o golpearlo con los talones para que corra. *(N. del A.)*
447 *Se ofreció*: se dió la ocasión
448 *Empacao*: taciturno, enojado, serio. *(N. del A.)*
449 *Vichador*: vigía
450 *Pororó*: el maíz, cuando lo ponen a freír en una olla, al reventar los granos hacen un ruido graneado como un tiroteo de fusilería. *(N. del A.)*

de lejos: y en dispersión
los miro venir en trozos [451]
medio cercandosenós;
y el más fornido [452] que viene
juyendo a esta dirección;
si la vista no me engaña,
yo calculeo que son
lo menos, noventa infieles;
siguramente...

GENARO

Mejor
y en lugar de ser un trozo,
¡ah, malhaya, sean dos!...
A este tiempo, la algazara
de los Indios se sintió,
y entonces dijo el teniente:
—¡firmes, muchachos! y no
se *precitripe* ninguno
a matar, hasta que yo
no mande pegar la carga.
¡Silencio, pues, y atención!

Ahora bien: esa tapera,
donde Berdún se emboscó,
les alvertiré que estaba
por fortuna en situación
que, del naciente al poniente
se aguantaba un paredón
o tapial de adobe crudo,
que tendría de largor
algunas catorce varas,
y nueve cuartas de altor.

Como venían del norte
los Indios en dispersión,
Genaro, naturalmente,
tras del *tapial* se formó
en ala con sus Blandengues;
pero, no se descubrió;
pues, cuando más, treinta varas
de la paré se alejó,

y dando la espalda al sur
quedose en disposición
de pegar su carga [453] al sejo [454];
o haciendo una conversión
a la zurda ó la derecha.

Todo esto lo resolvió
un istante antes de ver
que de Indios un nubarrón,
por juntito a la tapera,
a rebenque y a talón [455]
quiso pasar apurado,
cuando los atropelló
Berdún, y de una descarga
ocho salvajes voltió;
y, como allí el adivino
fue el primero que cayó,
ya la Indiada perdió el rumbo,
y a disparar no atinó;
ansí es que remolineando
fieramente se enredó.

Ya se ve: la salvajada,
en lo que menos pensó,
fue en que allí la sujetaran,
de modo que se espantó;
y en ese istante Genaro,
sable en mano la cargó...
¡Y, qué te cuento más vale! [456]
al primer atropellón
hubo hombre, que cinco Pampas
solito se difuntió.
¡Qué matanza, Virgen mía!
¡qué tenaz persecución,
y de ahí, qué casualidá!

Escuchen con atención.

Ya se sabe, entre los *maulas* [457]
nunca falta un guapetón;
ansí es que en ese *entrevero*
salió un Indio mocetón,

---

451 *En trozos*: en grupos
452 *Fornido*: fuerte, por numeroso
453 *Pegar su carga*: dirigir su ataque
454 *Sejo*: cejo, corte vertical en una loma
455 Los Indios espolean los caballos a talo-nazos, pues no usan espuelas. (N. del A.)
456 *¡Qué te cuento más vale!*: de este modo los gauchos se admiran al contar algo heroico. (N. del A.)
457 *Maulas*: cobardes, ineptos. (N. del A.)

altanero y bien montao
en un zaino [458] volador,
y a reniegos alaridos,
furioso, amenazador,
y dándose aires de ser
algún salvaje mandón,
pretendía a todo trance
contener la dispersión
a pechadas con los Pampas,
que sin prestarle atención
disparaban azoraos,
porque la persecución
era terrible y sangrienta;
mucho más cuando se unió
la gente de Chascomún;
que al momento conoció
hallarse allí reunida
al teniente *Vencedor*.

En una de las *sentadas* [459]
del Indio aquel *quebrallón* [460],
que algún *cargo* demostraba,
con Anselmo se *topó*,
que andaba en el entrevero
de recluta y *chapetón* [461];
y ansí mesmo se portaba,
hasta que se cosquilló [462]
porque el Pampa bravo aquel
con la chuza le pinchó,
la picana al San-Juanino,
y del pingo lo bajó.

Por casualidá, Berdún
ese lance presenció,
y en seguida como fiera
sobre el Indio se lanzó.

El Pampa, ansí que Genaro
cerquita se le arrimó,
sable en guardia amenazante,

el salvaje le largó
con cuerpo y todo un chuzazo
y atravesarlo pensó;
cuando de un quite Genaro
le partió la chuza en dos.

Al mirarse desarmao
el salvaje disparó,
creyendo de las caronas
poder sacar el *facón* [463];
para lo cual le daría
tiempo el zaino volador,
y de ahí volverse furioso
sobre quien lo desarmó.

Mesmamente: en la *rompida* [464]
el Indio le aventajó
un trecho largo a Genaro;
pero, ahora, acordemonós
que este iba en su doradillo;
ansí, apenas lo apuró,
treinta varas adelante
del salvaje lo sentó
de una rienda, diole güelta
frente al Indio que lo vio
venírsele encima, al tiempo
que el primer rayo del sol
que nacía en ese istante,
majestuoso y brillador,
sobre el rostro distinguible
del teniente reflejó.

Entonces el Pampa altivo,
cuando de frente miró
la cara de su contrario,
del caballo se tiró
al suelo, donde postrado
de rodillas lo encontró
Berdún, cuando iba a partirlo
largándole el *corte dos* [465].

---

458 *Zaino*: caballo de pelaje intermedio entre colorado y oscuro
459 *Sentada*: echarse el animal hacia atrás afirmándose sobre las patas y clavando en el suelo las manos rígidas
460 *Quebrallón*: valiente, audaz. (N. del A.)
461 *De recluta y chapetón*: sin esforzarse, *Chapetón* recién llegado de Europa, poco diestro
462 *Cosquillearse*: enojarse
463 *Facón*: sable corto y derecho. (N. del A.)
464 *Rompida*: partida, largada
465 El segundo de los seis cortes que enseña el manejo del sable. (N. del A.)

Pero le puso las manos
el salvaje, y exclamó:
¡No matando [466], ché, Berdún,
Amico [467], que mi parió
Lunareca!

    —¡Dios bendito!
dijo Genaro, y soltó
el sable, que en la *dragona* [468]
colando se le quedó...
y, viendo que hecho una estauta
postrado el Pampa siguió,
el teniente, conmovido,
del caballo se bajó,
y le dijo al prisionero
—¡Levante! ¿Quién sós vos?
—Manuel, amico, pariente
Lunareco, lindo vos,
Lunareca linda mesma,
Hermana tuya...

    Bastó
esto para enternecer
de Berdún el corazón;
pues sin demorarse más
con el Indio se abrazó,
y en ese grato momento
juntos lloraron los dos...

    Pasaba en aquel istante
allí cerca Centurión,
y al mirar a su teniente
a pie, como lo miró,
abrazao con un salvaje,
sosprendido se arrimó,
sin creer lo mesmo que via;
pero, luego lo creyó,
cuando el teniente le dijo:

—No se almire, Centurión,
este es Manuel mi sobrino.
Vaya pronto por favor,
se lo mando, y digalés
a mis soldaos, de que yo
les pido de que se vuelvan;
pues aquí esperandolós
me quedo, con mi sobrino.
Vaya pues, digaseló.

    En efecto, en aquel punto
la partida no siguió
la matanza, que ese día
fue tan crecida y atroz,
como grande la manguiada [469]
de Indios, que envuelta llegó
a la orilla del Salao,
y en el río se *azotó* [470]
espantada, de manera
que cuasi toda se ahugó;
pues hasta allí los Blandengues
mataron de sol a sol.

    Por supuesto, la partida,
como Berdún lo ordenó,
allí adonde la esperaba
vino y se le reunió,
felicitándose al ver
que el teniente Vencedor
abrazaba a su sobrino,
que era el cacique mayor.

    Ahora moralizaré;
diciendo por conclusión,
que, si del trozo de Indiada
que con Berdún se topó,
algún salvaje con vida

---

466 *No matando*: no me mates, Berdún. (N. del A.)
467 *Amico*: amigo, la Lunareja me parió. (N. del A.)
468 *Dragona*: charretera
469 *Manguiada*: manga, gran cantidad de algo dañino (langostas, pícaros, etc)
470 *Azotarse*: refugiarse, de *azotea*, casa amplia y fuerte, cuadrada y con patio interior, que era a la manera de un castillo un refugio seguro contra los indios (la casa principal de la estancia de la Flor era una azotea)

ese día se escapó,
fue por quererlo Berdún;
o más bien lo quiso Dios,
quien allá en sus altos juicios
desde ese día empezó
a mostrar como casuales
los casos que encadenó,
hasta que de su clemencia
la medida se llenó;
y entonces, de aquellos casos
justiciero se sirvió,
para castigar al fin
a quien castigar debió.

Eso lo sabrán después,
dijo Vega, y se calló.

Luego, al *dir a* levantarse,
en el Santiagueño vio
otra estauta, pues estaba
mudo mirando al fogón,
lloroso, y con las quijadas
de una tercia de largor.

Ansí, acongojada Juana,
redepente se cayó
de espaldas y convulsiva
a pataliar empezó:
porque de haber oído el cuento
le dio el mal de corazón.

En ese batiburrillo [471],
por desgracia del cantor,
la caldera de agua hirviendo,
que estaba allí en el fogón,
de la primera patada
Juana se la *redamó*
en las canillas a Vega,
que zapatiando acudió
a sujetarle las piernas,
como que la sujetó
cuando ya se le quemaban
las naguas y el camisón.

Por supuesto, su marido
el primero la cogió
por la cintura y los brazos,
de suerte que le impidió
que la enferma se arañase,
como otra vez se arañó.

Ansí cargaron con Juana
desmayada, y de ahí los dos
la llevaron a la cama,
donde cuando la soltó
el viejo, dijo entre sí
«¡Ah, piernas! ¡qué tentación!
pero, vamos a dormir,
porque me apura el calor».

---

471 *Batiburrillo*: confusión

– XXX –

La angustia. – Los socorros.– El curandero. – El desvelado. – Las pulgas.

En la mañana siguiente,
guapa Juana amaneció
aunque medio *trasijada* [472];
porque la noche anterior,
como era su curandero
Rufo, apenas la tendió
en la cama acidentada,
el corpiño le sacó,
y cuando afligidamente
del todo la desnudó,
con injundia [473] de lagarto
por encima le atracó [474]
ciertas friegas, con las cuales
la moza rompió en sudor.

Ansí, sana al otro día,
después de nacer el sol
muy bien emperifollada [475]
vino a sentarse al fogón,
aonde de la recogida
Tolosa alegre volvió,
porque le traiba un peludo [476]
muerto, que se lo soltó
en las faldas, y le dijo
—Mira si te quiero yo;
esto es para que almorcés.
Dame un beso... Y la besó.

Entre tanto, Santos Vega
por lo que vido y palpó,
la noche del *patatús*,
quién sabe lo que soñó
o qué desvelo tendría;
pues siendo madrugador,
esa mañana recién
sol alto se levantó,
con la cara como un cuajo [477],
pálido y de mal color.

Ansí mesmo, a la cocina
llegose de buen humor,
y de la puerta *no más*,
atándose el ceñidor,
les dijo a Juana y su esposo,
medio sorprendiendolós
¡Santos y felices días!
—¡Ansina [478] se los dé Dios!
Adelante, tome asiento;
que estaba extrañandoló,
dijo Juana: al mesmo istante
que un amargo le alcanzó.

RUFO
Pero, amigo, ¿cómo es esto,
diaónde acá tan dormilón?
Aunque recuerdo que anoche,

---

472 *Trasijada*: la cara quebrantada. *(N. del A.)*
473 *Lnjundia*: grasa. *(N. del A.)*
474 *Atracar*: aplicar vigorosamente
475 *Emperifollada*: bien vestida. *(N. del A.)*
476 *Peludo*: especie de tortuga campestre. *(N. del A.). Chaetophractus villosus*, especie de quirquincho, animal mamífero desdentado recubierto por una caparazón articulada
477 *Cuajo*: sustancia blanca que se halla en el buche de los animales pequeños que aún no pacen
478 *Ansina*: así también. *(N. del A.)*

en cuanto usté me soltó
la mano y las güenas noches,
luego le conocí yo
calentura en los riñones;
y estuve, creameló,
por decirle en ese istante,
vaya al arroyo, señor,
y métase hasta el encuentro [479]
para que largue el calor.

VEGA

¡Qué calentura; no crea!
Lo que anoche tuve yo
fue que rascarme hasta el día;
porque vino y se rascó
su perro sobre mi cama
y un pulguero me soltó.
Además de eso, al echarme,
el sueño se me ahuyentó
cavilando con la pena,
que presumo les causó
anoche mi cuento aquel,
y lo demás que pasó.

RUFO

No lo dude; pues a mí
del todo me entristeció,
y a Juana, ya usté la vido.

JUANA

Es verdá; me enterneció
eso de cuando Berdún
con el Pampa se abrazó,
y que el tío y el sobrino
lloraron juntos los dos.

VEGA

Entonces, hoy trataré
de darle otra direción
más alegre a mi argumento;
aunque sería mejor
suspenderlo hasta mañana.
¿Qué les parece?

RUFO

No, no
pues mañana, si Dios quiere,
estoy en la obligación
de llevarlo a usté con Juana,
para que canten los dos
en la yerra de mi amigo
Birrinchín, que hoy me rogó
el que lo llevase a usté.
¿Con qué, iremos?

JUANA

Pero, yo...
iré solo si me *muenta*
en las ancas el señor,
como cuando a las carreras
en su bragao me llevó.
Digo, si quiere don Santos
hacerme el gusto y favor.

VEGA

Desde luego, patroncita,
quedo a su disposición,
porque me gustan las *yerras* [480].

RUFO

Iremos, pues...

VEGA

¡Cómo no!
Pero, antes de ir a esa fiesta,
les haré una relación
para mostrarles que tengo
a las yerras afición.
Permítame: voy y vuelvo.
Ansí fue, se levantó;
y volviendo al poco rato
en su lindo se explicó,
cuando del modo siguiente
habló de la *marcación*.

---

479 *Hasta el encuentro*: hasta la ingle. *(N. del A.)*
480 En las estancias o ganaderías de campaña, todos los años se hace la yerra, o sea la marcación de todos los animales vacunos y yeguarizos, a los cuales con una señal o letra de fierro candente se les planta esa marca en un jamón, y así el animal queda marcado para siempre. *(N. del A.)*

– XXXI –

Jacinto el otro mellizo. – El novillo aspas rubias. –
El enlazador. – La argolla rota. – La postema.

   De los trabajos del campo
ninguno hay tan deleitable,
para mí, como la *yerra*,
aunque un dijusto muy grande
tuve un día en que mi amigo
Jacinto, aquel apreciable
mellizo, hermano del otro
criminal abominable:
por desgracia, ese mi amigo
vino a sufrir un contraste [481],
del cual en pocas palabras
voy ahora mesmo a informarles.

   Sucedió pues ese día,
del que no podré olvidarme,
que un novillo *yaguané* [482],
cuerpo de *güey* por lo grande,
aspas rubias y enconosas [483]
como todo el mundo sabe,
atropelló del corral
sin que lo enlazara *naides*,
pues todos le abrieron *cancha* [484]
temiendo que los corniase.

   Suelto pues, y enfurecido
con los ojos centellantes,
salió el toro del corral,
y se llevó por delante
la fila de *pialadores* [485]
de un costado, sin que *naides*
de otros los espantados
a *echar un pial* [486] alcanzase:
ansí, aquel toro furioso
disparaba a todo escape.

   Mi amigo estaba allí cerca
a caballo, sin mezclarse
todavía en los trabajos;
mas, viendo al toro escaparse,
Jacinto desató el *lazo*
de los *tientos*, y al istante
se largó atrás del *novillo*,
haciendo una *armada* [487] grande
que se la llevó a la rastra,
hasta que alzando arrogante
el brazo, y doblando el codo
en la forma y lo bastante
para revoliar la *armada*,
díjole al toro pujante:
«¡Ahora lo verás, *Ternero*,
si conmigo has de jugarte;
y si de un *tirón* no te hago

---

481 *Contraste*: contratiempo, disgusto
482 *Yaguané*: color overo negro. (N. del A.)
(Del guaraní *yaguané*, zorrino, por la coloración blanco y negro.) Se aplica al animal vacuno, y ocasionalmente del caballar, con pescuezo y costillares de color diferente al del lomo, barriga y parte de las ancas.
483 *Enconosa*: perjudicial, nociva
484 *Abrir cancha*: dejar espacio libre, del quecha *Kancha*, lugar descampado (también luz, brillo, claridad)
485 *Pialadores*: enlazadores de a pie. (N. del A.)
486 *Echar un pial*: arrojar el lazo a las patas de un animal.
487 *Armada*: lazada corrediza por una argolla de hierro que tiene el lazo en una extremidad. (N. del A.)

dar dos *güeltas* en el aire,
si es que no te *descogoto!* »
Y ya resolvió soltarle
por sobre el lomo la *armada,*
tan fijo y en sus cabales,
que al toro se la cerró
en las *aspas,* sin tocarle
ni el hocico, ¡ah, cosa linda!
y después tan lamentable;...
horque la *casualidá*
quiso que al *dir* a pegarle
aquel tirón prometido,
se partiera en dos mitades
la *argolla,* en la *mesma armada*
del *lazo,* que vino a darle,
de retroceso a Jacinto,
un chicotazo tan grande
en el costado derecho,
que allí comenzó a echar sangré,
hasta *caírse* del caballo,
pálido como un cadáver.

    Desde ese día Jacinto
ya comenzó a lamentarse
de que tenía postema [488],
u otra cosa semejante;
y aunque allá, de cuando en cuando
solía hasta desmayarse,
y su pobre mujercita
creiba enviudar cada istante,
Jacinto vivió y vivió,
hasta que vino más tarde
a morir, y ansí vivió
con más salú en adelante.

    Ahora, para proseguir,
déme, amigo Rufo, un mate...
que se le dieron; y luego
dijo: vamos adelante.

---

[488] *Postema*: apostema, tumor, absceso

– XXXII –

La yerra. – Santos Vega en el convento. – El fraile Salomón. – Los curiosos. – El apero. – El eclipse.

Pues, sí, señor; el trabajo
de campo en que sobresalen
en agilidá y destreza
los gauchos de estos parajes,
es la yerra, en donde suelen
hacer cosas almirables,
luciendo allí con primor
su saber el paisanaje.

¡Eh, pucha! Si es un encanto
ver los diferentes lances
de prontitú, de fijeza,
de fuerzas y de coraje
con que un mozo pialador
suele en la playa florearse;
y el tino y la inteligencia
con que saben, al istante,
unos a otros muchas veces
en un peligro auxiliarse.

¡Que vengan facultativos
en *cencias,* de todas clases,
los más profundos! ¡Que vengan
de Uropa y otras Ciudades
esos *leídos* y *escrebidos,*
y en ancas nuestros *manates* [489]
puebleros!... no digo todos,
pues todos no son iguales;
hablo tan solo de aquellos
tan fantásticos [490], que no hacen

caso de un pobre paisano,
sin duda porque no sabe
como ellos, cuándo la luna
de un vuelco debe empacarse
frente al sol, y hacer un *clise* [491]:
es decir, que nos ataje
la luz del sol y en tinieblas
ponga el campo a media tarde.

Y eso ¿qué tiene de raro?
Cualquier triste gaucho sabe
que esa oscuridá resulta
de una sombra semejante
a la que pongo por caso
dentro de un rancho se le hace,
cuando es preciso, a un enfermo,
sólo con atravesarle
un cuero o cualquier carona
por entre el candil y el catre.

Pues bien; los sabios que explican
la causa de casos tales
y que por esa razón
piensan que todo lo saben,
ya que son tan entendidos,
que vengan a estos parajes
y todas nuestras costumbres
las miren bien y las palpen,
y luego que nos expliquen
de corrido, sin turbarse [492],

---

489 *Manate*: vulg. magnate
490 *Fantástico*: presuntuoso
491 *Clise*: vulg. eclipse
492 *Turbar*: descomponer el orden, alterar el estado natural de las cosas

la cencia de nuestras bolas
y el poder de nuestros piales,
para con un tiro a tiempo
postrar a un toro indomable.

 Que vengan, vuelvo a decir,
de todos los gamonales,
y muente el más vanidoso
y llegue sin escaldarse
a estos campos de un galope;
y acá, entre los pajonales,
en una noche nublada
y oscura, después de darles
un par de güeltas a pie,
que conteste o que señale
a qué rumbo se entra el sol
o el lado por donde nace...
¡Y qué acertaba! ¡Nunquita!
siendo una cosa tan fácil,
como que cualquier paisano
tan sólo con agacharse
y medio tantiar las pajas
secarronas, luego sabe
que cuando las tuesta el sol,
siempre cain al marchitarse
con las puntas al Naciente,
y no hay cómo equivocarse.

 Algunos presumirán
que estas son barbaridades;
entre tanto, es la evidencia
sin ponerle ni quitarle,
y que no podrán negarlo
más de cuatro que no saben
tampoco decir la causa,
por que no suele la carne
cocerse de dos hervores;
pero, luego que la saquen
de la olla y en la agua fría
la zopen por un istante,
dándole un tercer hervor,
tierna como *choclo sale*.

 Lo mesmo es la mazamorra;
ninguno podrá negarme
que se cuece, fijamente,
en una tercera parte
del tiempo que se precisa,
siempre que acierten a echarle
una argollita entre la olla,
o un clavito, o tanto vale
una losita cualquiera,
para que hierva al istante.

 Además, a esos engreídos
también quiero preguntarles
¿por qué razón un bagual
soberbio, alzao, indomable,
cuando lo bolea un *gaucho*,
desde el punto que lo agarre
y le dueble las orejas
para adentro, y se las ate
de firme con unas cerdas
que de la cola le arranque,
el animal más *bellaco* [493]
en pelos deja montarse,
y el jinete lo endereza
como oveja a cualquier parte?

 Después de esto, a un avestruz
es perder tiempo de balde
correrlo, porque a ese bicho
ni el demonio que lo ataje:
pero, lo bolea un gaucho,
y le impide que dispare
con cuatro plumas de la ala
que suelen atravesarle
por medio de las narices;
y de ahí lo sueltan a que ande;
y con las plumas en cruz
se lo arrean por delante [494]
y lo arriman a las casas,
sin temor de que se escape.

---

493 *Bellaco*: mañoso
494 *Arrear por delante*: arrear fácilmente

Estos prodigios las bolas
únicamente los hacen;
pero de esto a los puebleros
poco les gusta informarse:
hasta que vienen al campo
donde lo único que saben
es maltratar mancarrones
y *charquiar* [495] y desollarse.

   Sin embargo, en otras *cencias*
hay hombres interminables
en cacumen y saber,
y es preciso tributarles
todo el respeto debido
por lo que enseñan y saben.

   Yo conocí un Franciscano,
que era ¡un Salomón! el flaire:
y una ocasión que bajé
a pasiar a Buenos Aires
desensillé en el convento,
y en su mesma celda el padre
me trató unos ocho días
con el agrado más grande.

   Allí supe muchas cosas;
porque solean juntarse
los amigos de Fray Justo,
ricachones, gamonales,
y hombres de letra menuda,
pero todos muy tratables,
y tan corteses que entre ellos
solía yo entreverarme
haciéndome el infeliz [496],
siendo capaz de tragarme [497]
a todo el convento entero;
pero, dejaba palmiarme
por tomar las once [498] a gusto,
pues solían convidarme,
y luego me divertía
viéndolos contrapuntiarse,
alegando hasta en latín

y, siempre antes de largarse,
se divertían conmigo
a fuerza de preguntarme
cómo trajinan los gauchos
en el campo, y obligarme
a desatar mi recao
para que les amostrase
las bolas, el lazo, el freno,
y en fin todo el *cangallaje* [499].

   Luego, como una indireuta
o el deseo de enseñarme,
en cuanto a bolas, solían
decirme que la más grande
es la del mundo que tiene
me asiguraban formales
algo más de ocho mil leguas
en el redor, y quién sabe
contadas cuándo y por quién;
mas, ninguna duda cabe
que cada veinticuatro horas,
esa bola formidable
siempre en una mesma güella
da una güelta sin pararse
ni perder el equilibrio
que es decir, sin balanciarse,
sino rodando parejo:
del mesmo modo que lo hace
en sus regiones la luna,
que es otra bola notable,
aunque nos parece un queso
porque la vemos distante,
por allá arriba a las güeltas,
en los *circuleos* que hace
diariamente hasta que suele
algún día atravesarse
por entre el sol y la tierra,
y entonces es que nos hace
el clise, en cuanto la luna
pone el cuero por delante.

   Con esto, que es la verdá,

---

495 *Charquiar*: agarrarse de la cabezada de la montura para no caer. (N. del A.)
496 *Hacerse el infeliz*: hacerse el tonto
497 *Tragar*: vencer fácilmente
498 *Tomar o hacer las once*: tomar algún licor antes de mediodía
499 *Cangallaje*: cangalla, aparejo

solían embelesarme;
pero, en lo que me hacían
de sorpresa santiguarme,
era con la siguranza
que me daban, al contarme
que al sol, la luna y el mundo
Dios los mantiene en el aire
suspendidos, dando güeltas,
sin permitirles ladiarse
del círculo señalao,
sino que giran costantes,
con aquella liviandá
primorosa con que saben
en el campo muchas veces
serenamente elevarse,
dando vuelta suspendidas,
las finas flores que esparce
sobre un tostado cardal
la alcachofa al marchitarse,
y que a los soplos del viento
suelta estrellas relumbrantes.

– XXXIII –

El callejón de Ibáñez[500]. – La cárcel de Buenos–Aires. – Los portales del cabildo. – Los alimañas. – ¡Qué gente aquella!

Ahora, me dirán ustedes
y el Pampa y Luis ¿dónde están?
dónde diablos los llevaron
después que los agarraron?

Bueno; les voy a contar,
primero, dónde fue a dar
el saltiador esa vez
y del cacique después
su fin también contaré.
Tiempo al tiempo... escuchenmé.

El día de su vitoria,
al entrar con vanagloria
el valeroso Berdún
esa tarde en Chascomún,
en ese istante preciso
el cabo aquel que al Mellizo
lo traiba de la Salada,
hizo en la villa su entrada;
y en la cárcel lo bajó
a Luis, y allí lo entregó

con recibo al carcelero
que era un otro cancerbero
pues apenas olfatiaba
a un preso, ya lo calaba
desde la punta del pelo
hasta el pisar en el suelo.

Ansí cuanto le echó el ojo
a Luis, con llave y cerrojo
en un calabozo brete,
a especie de vericueto;
luego lo incomunicó;
y después que le plantó
un centinela de vista
dijo entre sí: ¡Dios te asista!
después de la Caridá[501],
que pronto te cargará
del *banco de las perdices*[502],
cuando su auxilio precises
para ponerte en aquel
cuartito de san Miguel...
De ahí el alcalde llegó

---

500 *Callejón de Ibáñez*: en el camino de Buenos Aires a San Isidro, había un monte que se pasaba por un camino estrecho o especie de callejón, donde se emboscaban entonces algunos salteadores; y como ese monte pertenecía a un señor Ibáñez, el callejón tomó su nombre; nombre que los chuscos se lo aplicaron en la ciudad a los corredores o arcada de la casa del Cabildo, donde andan tropezando unos con otros los alguaciles, los procuradores, los escribanos y los jueces, etc., etc. *(N. del A.)*

501 *La Caridad*: la cofradía de la Hermandad de la Caridad en aquel tiempo. *(N. del A.)*

502 *Banco de las perdices*: en la actual plaza del 15 de Mayo había una especie de mercado donde se vendían perdices en el suelo, y las retiraban cuando había que fusilar a algún reo. Luego desde allí la hermandad de Caridad lo conducía en una tumba azul a depositarlo o ponerlo en exposición pública algunas horas en un cuarto enrejado que había en el pretil de la iglesia de San Miguel, en cuyo campo-santo enterraban a los ajusticiados. *(N. del A.)*

a ver al preso; y mandó
atracarle un par de grillos
de aquellos que los anillos
tienen *juntos con pegao*,
y que los han *bautizao
de las ánimas*, sin más
que ser de notemovás [503],
pues que sólo la chaveta
pesa una libra completa.

   A la mañana siguiente
dispertó el juez impaciente,
a causa de haber soñao
que Luis se había escapao
y, antes que con maniador,
bozal, estaca y fiador,
el Mellizo se le fuera,
a la cárcel, de carrera,
le dijo a su *escribinista* [504],
que fuese a ver por su vista [505],
si estaba siguro el preso;
y que le hiciera el proceso,
apuntándole toditos
los crímenes y delitos
que ese malevo debía:
pues que (el alcalde) quería
mandarlo a la brevedá
escoltao a la ciudá,
antes que Luis se escapase
y ni el cuento les dejase.

   Al otro día a las siete
de la mañana, un piquete
de Blandengues bien armaos
ya se encontraban formaos
al frente de la prisión,
puesto a disposición
del alcalde que al momento
vino y le largó al sargento
del piquete, un envoltijo
de papeles, y le dijo
que ya podía llevarlo

al saltiador y entregarlo
en la ciudá con aquel
envoltijo de papel.

   Entonces más que ligero
abrió el brete el carcelero
diaonde a Luis lo sacaron
cargao, y ansí lo llevaron;
pues vieron que no podía
caminar, porque tenía
por el peso de los brillos
llagaos hasta los tobillos.

   Cargado así lo trujieron
cuatro hombres y lo tendieron
en un triste carretón,
tirao por un *mancarrón*
viejo, *bichoco* [506] y petizo;
y cuando de allí el mellizo
bien escoltado salió,
el sargento recibió
del alcalde orden expresa
de hacerle *humiar* la cabeza
sin lástima, donde quiera
que escaparse pretendiera.

   Media semana trotiaron,
y a Buenos Aires llegaron
el día del año nuevo,
cuando al bajar al malevo
frente al Cabildo, pasaban
los colegiales que andaban...
de paseo digo yo,
y casualmente lo vio
a Luis en aquel istante
don Ángel el estudiante
que a su colegio llegaba,
pues el Simenario estaba
de la cárcel a un ladito.

   Por supuesto, el patroncito
al ver con grillos a Luis

---

503 *No te movás*: no te muevas. (N. del A.)
504 *Escribinista*: vulg. escribiente
505 *Por su vista*: con sus propios ojos
506 *Bichoco*: enfermo de los vasos. (N. del A.)

y en trance tan infeliz,
luego se puso a llorar;
y les mandó suplicar
a sus padres que vinieran
y al Mellizo socorrieran.

    Al istante don Faustino
con doña Estrella se vino,
no con tanta voluntá
como por curiosidá;
pues ya siete años hacían
a que de Luis no sabían,
y a que lo habían sumido
en el rincón del olvido.

    Con todo, se conmovieron
los patrones, y vinieron
a la cárcel en un coche;
pero llegaron de noche
cuando ya Luis encerrao
estaba incomunicao.

    De ahí, cuatro días siguieron
viniendo, y no consiguieron
don Faustino ni su esposa
el saber la menor cosa
del preso; pues sucedió
que a Buenos Aires llegó,
cuando las escribanías
se lo pasan muchos días
sin tomar declaraciones...
quién sabe por qué razones;
pero creo que el asunto
es darles treguas por junto,
para que los cabildantes
se lo lleven de pasiantes:
ansí es de que todo alcalde
gana su jornal de balde,
y lo pasa sin fatiga
rascándose la barriga.

    Luego, al final de ese asunto
diz que se les abre el punto
allá por el diez de enero,
que vuelve el embrolladero
de los pleitos y custiones
entre robaos y ladrones,
que andan allí confundidos,
y que son tan parecidos
que no los distinguirá
naides en la inmensidá
de jueces, procuradores,
escribanos y dotores,
y otra recua de alimañes
que en el callejón de Ibáñez;
allí bajo los portales
del Cabildo, por dos riales
le arman a usté un caramillo [507]
para sacarle el justillo
diciendo que lo ha robao,
aunque usté lo haiga comprao
ese día en la Recoba:
y, como usté se retoba
al ver que su acusador
es el mesmo vendedor,
y usté lo trata de vil,
se le vuelve un aguacil;
y ahí mesmo en el callejón
de un soberbio manotón
lo agarra a usté del cogote,
y lo lleva al estricote [508]
a meterlo en las crujías,
donde pasa usté ocho días,
y diaonde lo sueltan seco,
sin fama y sin el chaleco,
y para colmo de ultraje,
le hacen pagar carcelaje.
Esto le pasa a cualquiera
allá en la cárcel pueblera.

    En fin, de ese callejón
lo espantaron al patrón
don Bejarano, sabiendo
que el hombre andaba queriendo

---

507 *Armar un caramillo*: armar un enredo o embuste. *Caramillo*, montón de cosas mal puestas unas sobre otras

508 *Al estricote*: dura y desconsideradamente

proteger al asesino;
de modo que don Faustino
aburrido y petardiao [509],
sin haber jamás hablao.
A Luis el mellizo allí,
dijo pues: «quédate aquí,
juidor mal agradecido;
y, aun cuando me has ofendido
tanto, yo te auxiliaré
en tu prisión, y veré
si a fuerza de diligencia
te hago aliviar la sentencia;
pero desde ahora te alvierto
que arronjas [510] olor a muerto».

Hecha esta resolución,
don Faustino la cumplió
fielmente, y ya no volvió
a pasar el callejón;
pero Luis en su prisión
tan bien asistido estaba,
que ya no salir desiaba
de aquellas cuatro paredes,
adonde verán ustedes
la suerte que allí aguardaba.

---

509 *Petardeado*: estafado
510 *Arronjar*: arrojar

– XXXIV –

El reo. – El escribano Siete–pelos. – El juez del crimen. – La sentencia. – Los empeños.

   Más de mes y medio hacía
ya que al Mellizo encerrao
y siempre incomunicao
la cárcel lo consumía:
hasta que el alcalde un día,
sin quitarle las prisiones,
a un corredor con balcones
del Cabildo lo llamó;
y en su cuarto le empezó
a tomar declaraciones.

   Ese alcalde era un marrano
llamao don Judas Meirelos,
y a un don Tomás Siete-pelos
tenía por escribano:
viejo diablón y vaquiano
para eso de escarmenar [511],
y para hacerlo enredar
en las cuartas [512] a cualquiera,
que a Siete-pelos creyera
que lo podía engañar.

   A ese cuarto, pues, entraron
dos soldaos con el Mellizo,
y en un banquito petizo
encogido lo sentaron;
y allí detrás se quedaron
los dos soldaos de plantones,
¡ojo al cristo! y de mirones
ni uno ni otro resolló,

hasta que Luis no acabó
de dar sus declaraciones.

   Allí, a la primer sentada
leyéronle el envoltijo
de Chascomún; y le dijo
el juez, peluca empolvada
que no le iba a pasar nada,
si pronto, con claridá
y de buena voluntá,
confesaba de que aquel
envoltijo de papel
explicaba la verdá.

   Sirviéronle de consuelo
al preso las expresiones
del juez, que allí en dos renglones
las escribió Siete-pelos;
y ya Luis sin más recelos
se dispuso a confesar
sus mañas, sin ocultar
ninguna; y por consiguiente,
confiado y humildemente,
ansí empezó a declarar:

   —Sí, usía, dijo el Mellizo;
por mi poca edá, confieso
que he sido medio travieso
¡cómo ha de ser! ¡Dios lo quiso!
pero ahora hago el compromiso

---

511 *Escarmenar*: desenmarañar
512 *Cuartas*: los bueyes, cuando tiran las carretas con sogas que llaman cuartas, si no marchan bien, se enredan a cada paso o parada en la marcha, y eso se llama enredarse en las cuartas, aludiendo a cualquier otro asunto en que un hombre se turba. *(N. del A.)*

de que me voy a enmendar,
por esta cruz ✝, y a dejar
de cometer más locuras,
que al fin tantas amarguras
me están haciendo pasar.

    Entre tanto al viejo usía;
aquello que Luis hablaba
por una oreja le entraba,
y por la otra le salía;
de balde el preso ese día,
queriendo hacerse el potrillo [513].
hizo allí un batiburrillo
de excusas y de promesas:
el juez oía esas ternezas
serio, y tomando polvillo [514].

    El alcalde a quién miraba
era a don Tomás, que a un lao
iba escribiendo apurao
todo lo que Luis hablaba;
y cuando concluida estaba
la declaración del preso,
Siete-pelos dio un bostezo,
y a Luis lo mandó parar,
y una cruz le hizo rayar
con tinta al fin del proceso.

    De allí al Mellizo lo echó
el alcalde a las crujías
de la cárcel, y ocho días
después de nuevo ordenó
el subirlo, y le tomó
la confisión sin sentarlo;
y luego para enmendarlo,
descargando su conciencia,
el juez le dio por sentencia
nada más que ajusticiarlo.

    El trueno de una centella
no habría aterrado tanto,
ni causádole el espanto
con que supo doña Estrella
la fatal sentencia aquella
de muerte contra el juidor;
pues decía: «es deshonor
para mí el ajusticiar
a quien le dí de mamar
en la Estancia de la Flor...

    Pues, aunque se haiga extraviado
ese muchacho aturdido,
¡infeliz! yo no me olvido
que Luis con mi hijo se ha criado».
Luego, el patrón azorado
con su esposa y Angelito
a empeñarse a lo infinito;
los tres en coche salieron,
y a ver al virrey se fueron
todos llenos de conflito.

    Por llegar de priesa al Fuerte
los patrones se afligían,
pues salvar a Luis querían
a lo menos de la muerte;
y tuvieron tanta suerte,
que a la primer diligencia
los recibió en su presencia
nada menos que el virrey,
por quien torcía a la ley
a veces la *Rial Audiencia*.

    El virrey se enterneció
del pesar de doña Estrella;
y al verla llorar tan bella
el hombre se apichonó,
tanto, que la consoló
diciéndole: —Deje estar,
amiga, no hay que llorar;
vaya, tranquilicesé,
que yo espero pronto el que
todo se ha de remediar.

    El virrey dijo, sin duda:

---

513 *Hacerse el potrillo*: hacerse inocente.
    (N. del A.)
514 *Polvillo*: rapé

«todo se ha de remediar»,
sin saber ni calculiar
que la cosa era morruda;
pero, aunque era *peliaguda* [515],
del Mellizo la escapada,
el virrey de una *cuartiada* [516],
y atenido a que dos testas
tiran más que diez carretas,
cumplió con la remediada.

    Gracias a eso, le achicaron
la sentencia al delincuente,
y al presidio solamente
por diez años lo soplaron;
y allí al entrar le atracaron
su cadena con grillete,
que a Luis se le hizo juguete
dejar que se la prendieran,
por tal que no lo volvieran
a las crujías ni al brete.

    En el presidio pasaba
Luis la gran vida en chacota,
o en jugar a la pelota,
pues que nada le faltaba;
y allí tanto lo cuidaba
la esposa de don Faustino,
que hasta le mandaba vino,
azúcar, yerba, café,
ropa, tabaco, y lo que
precisaba el asesino.

    Así Luis, bien socorrido,
los patrones lo tuvieron,
y a los dos años creyeron
que se hallaba corregido
o que estaba arrepentido;
pero ¡cuándo!... si en la vida
es cosa cierta y sabida
y a probarla el tiempo viene,
que, «quien malas mañas tiene,
tarde o nunca las olvida».

---

515 *Peliaguda*: difícil
516 *Cuartear*: enganchar un animal en dificultades para remolcarlo, encuartar

– *XXXV* –

La visita al presidio. – Doña Estrella. – Sus bondades.
–La conmutación de la pena. – La hipocresía del preso.
– La Semana Santa.

Una tarde de febrero
Luis iba a echarse a sestiar,
cuando lo mandó llamar
el alcaide carcelero,
y a su cuarto lo hizo entrar.

La entrada imprevista aquella
le hizo al Mellizo cosquillas,
y al ver allí a doña Estrella
y a su hijo junto con ella,
Luis se postró de rodillas.

Al crujir de la cadena
cuando el juidor se postró,
la señora se espantó,
y de sorpresa o de pena
cuasi allí se desmayó.

De ahí, don Ángel el primero
a llorar grueso empezó,
doña Estrella lo siguió;
y en fin, hasta el carcelero
allí también lagrimió.

Mientras, sin dar un sollozo,
seguía el Mellizo hincao,
creyendo hacer *demasiao:*
como que el facineroso
jamás se había postrao.

Desahogada con llorar,
la señora al carcelero
le suplicó, lo primero,
que allí lo hiciera sentar
un istante al prisionero.

Así fue, Luis se sentó,
pues la señora llevaba
un papel que allí mostraba;
en el cual, presumo yo,
que alguien la recomendaba.

Cuando entre ansias manifiestas
la dama al preso le habló,
sus palabras fueron estas
«Muchas lágrimas nos cuestas»,
y nuevamente lloró.

Después, menos afligida,
le dijo: —No te apensiones;
pues los buenos corazones
que te han salvado la vida
aliviarán tus prisiones.

Aguanta dos años más,
desde hoy que hemos conseguido,
que, el día que haigas cumplido
veinte años, libre saldrás
y esto a decirte he venido.

Ya hemos hecho lo imposible
al conseguir por clemencia
nuevo alivio a tu sentencia;
porque tu causa es horrible.
Sufrí, pues, Luis, con paciencia.

Ya sabes que en la ciudá,
o adonde quiera que estemos,
ni un solo día queremos
que tengas necesidá,
sin que te la remediemos.

Bien tratao aquí has de ser,
como en otra cualquier parte;
pues no hemos de abandonarte:
por eso vengo a saber
si tenés de quién quejarte.

—No, señora, el preso dijo:
no me quejo aquí de naide,
pues hasta el señor alcaide
me hace tratar como un hijo;
ansí, muy poco me aflijo
en mi infeliz situación,
y sufriré la prisión,
de la cual saldré dichoso,
si usté y su señor esposo
me conceden su perdón.

Solamente desearía
que mi turno se llegara,
para que ansí me tocara
ver las calles algún día;
pues de aquí a la *presería* [517]
siempre la veo salir,
a trabajar o pedir
limosna para los presos;
y conforme salen esos,
bien podría yo salir.

—Bueno, Luis, yo voy a ver,
esperando conseguir

el que te dejen salir
la limosna a recoger,
los días que hacen poner
en el pretil de San Juan
a los Santos, que pondrán [518]
en esta Semana Santa,
cuyos días... allí tanta
limosna las gentes dan.

Entonces a la señora
le dijo afable el alcaide:
—No se empeñe usté con naide;
supuesto que usté no ignora
que debo yo desde ahora,
por la orden que se me da,
hacer a su voluntá
lo que pida por el preso,
sin reserva, menos eso
de ponerlo en libertá...

Así le prometo a usté,
que en esta Semana Santa,
si don Luis aquí se aguanta,
sin falta lo mandaré
a San Juan; y le pondré
su mesa junto al Jesús
Nazareno, que su cruz
al frente mirando está:
y allí don Luis juntará
hasta güevos de avestruz.

—¡Entonces, qué más querés,
le dijo a Luis la señora,
si me ofrecen desde ahora
que el jueves santo saldrés!
Pero ese día día debés
ponerte tu ropa buena;
aunque ya pienso en la pena
que me dará el verte allí,
conforme te veo aquí,
con grillete y con cadena.

---

517 La *presería*: los presos reunidos. *(N. del A.)*

518 Así en aquel tiempo se ponían los Santos en las calles. *(N. del A.)*

Luego, allí cuando al *juidor*
un atao le regalaron,
dos soldaos se lo llevaron
del presidio al interior.
De ahí el alcaide mayor
con su facha pobretona,
sin sombrero y en persona,
acompañó a doña Estrella
hasta el coche, donde aquella
le dio una onza narigona [519].

A tal regalo quedó
el alcaide agradecido,
y cumplió lo prometido
tal cual como lo ofreció:
pues, el jueves santo, yo,
en San Juan, me acuerdo que
al ver a Luis me acerqué,
y echando mano al bolsillo
cogí un medio *cordoncillo* [520],
y en un plato se lo eché.

Muchas limosnas le dieron;
pues, al verlo allí sentao
tan joven y encadenao,
todos lo compadecieron.
Ansí, esa tarde tuvieron,
para disfrutar los presos,
mucho pan, tortas y quesos,
güevos, manzanas, membrillos,
atados de cigarrillos;
y en plata ¡sesenta pesos!

Para el alcaide, un encanto
fue lo que Luis entregó,
ansí a San Juan lo volvió
a mandar el viernes santo:
y en ese día otro tanto,
o algo más que el anterior,
trajo el dichoso juidor;
y desde ya [521] el carcelero
lo destinó a limosnero
al astuto saltiador

---

519 *Onza narigona*: onza de oro sellada. *(N. del A.)*

520 Medio *Cordoncillo*: moneda de medio real acuñada, a diferencia de la macuquina que era batida y sin cordoncillo

521 *Desde ya*: desde entonces. *(N. del A.)*

– XXXVI –

El cacique en Chascomús. – Indulto. – El comandante complacido. – Berdún capitán.

  Ya dije antes que Berdún,
después que la orden cumplió
con prender en la Salada
al Mellizo saltiador
y dejar muerto a Vizcacho,
con los Indios se topó
luego en esa madrugada,
cuando al cacique rindió.

  Ya ustedes saben también
que el teniente regresó
esa tarde a Chascomún
a rendir su comisión.

  Ahora me falta contarles
que en la villa se encontró
Genaro con su Azucena,
quien su casa abandonó
la noche antes que pegaran
los salvajes su malón;
pues por fortuna a la moza
un Blandengue que pasó,
trayendo el parte a la villa
que avanzaba la invasión,
que disparara a Azucena
ese hombre le aconsejó.
Ansí, asustada esa noche
Azucena disparó,
del modo que su marido
al dejarla le encargó;

y por eso en Chascomún
con Genaro se encontró
en medio de los festejos
a que el pueblo se entregó,
después que la Blandengada
a los Indios *redotó*.
Bueno pues: voy a contar
el cómo se presentó
Genaro con su sobrino,
a su vuelta, ante el señor
comendante general;
y cómo lo recibió
don La Quintana esa vez
al teniente Vencedor.

  Antes de ver a su esposa,
Genaro fue y se bajó
en la Comendancia, adonde
con su sobrino dentró,
y en seguida al comendante
a Manuel le presentó.

  Don Quintana, al ver un Indio
con Berdún, se sorprendió;
pero este, que la sospresa
del comendante notó,
para sacarlo de dudas
de esta manera le habló:

  —Vengo a darle parte a usía,

como es de mi obligación,
de que ya completamente
la orden que usía me dio
he cumplido: y además
vengo a pedirle, señor,
que para este Indio aparente
me conceda su perdón;
y me permita llevarlo,
porque no es pampa, sino
hijo de aquel valeroso
capitán Sotomayor,
que ahora más de catorce años
la Indiada lo asesinó
en la villa de los Ranchos;
cuando cautiva cayó
mi hermana, la Lunareja,
la única que se salvó
con este hijo de dos años...

EL COMENDANTE

¡Es posible!

BERDÚN

Sí, señor:
pues ese día funesto
hasta mi madre murió
a chuzazos por los Indios;
y, como antes dije yo,
sólo mi hermana y este hijo
de esa matanza salvó,
gracias a que Cocomel
el cacique la libró.

EL COMENDANTE

Cierto es, dijo el comendante,
y hasta ahora lamento yo
la muerte de ese oficial,
que indefenso lo mató
la Indiada, porque postrao,
por desgracia, lo encontró
en la cama, de resultas
que el capitán se quebró
la pierna en una rodada
que el caballo lo apretó,
por una fatalidá...
¿No fue así?

BERDÚN

Es verdá, señor
como es cierto que chiquito
a este solo hijo dejó,
que es mi sobrino, sin duda;
y es cristiano como yo;
pues lo vide bautizar
poco después que nació,
en la iglesia de los Ranchos,
adonde se cristianó:
y además, su cara dice
que es mi sobrino; y si no,
ahora que aquí está presente
tan cerquita, mireló
usía, y verá el retrato
del finao [522] Sotomayor.

EL COMENDANTE

Sin duda, es muy parecido.

BERDÚN

Además de eso, señor,
hoy mesmo de mañanita,
apenas Manuel me vio
en medio de la pelea,
al punto me conoció.
A la cuenta, allá mi hermana
de mí algún día le habló,
y de lo que me parezco
a ella, porque es como yo
Lunareja, ojos azules,
muy rubia y de mi color.

Pienso así, porque Manuel
hoy apenas me miró,
aunque andaba como furia,
al acercármele yo,

---

522 El *finao*: el finado. *(N. del A.)*

tirándose del caballo
humilde se me postró,
y más manso que asustao
por mi nombre me llamó,
y me dijo: «¡Lunareco;
tu hermana a mí me parió!»
¿Qué mas prueba para creer
que es mi sobrino?

EL COMENDANTE

¡Pues no!
Esas sensibles palabras.
demasiadas pruebas son
que este mozo es su sobrino;
y como tal, lleveló;
porque de eso y mucho más
es usté merecedor
por tanto, lo felicito;
y en cuanto a su comisión
usté la ha desempeñao
muy a mi satisfacción.
Ahora, quiero prevenirle,
de que hoy mismo supe yo
que este mozo su sobrino
es cacique y valentón,
y quien mandaba la Indiada,
hoy al venir el malón
de manera que ha hecho usté
una presa superior;
la cual pudiera servirnos
si usté aconsejandoló
lo reduce para que,
cuando llegue la ocasión,
también nosotros le demos
a la Indiada un madrugón;
y entonces de Cocomel,
que ya está muy vejancón,
quizá a Rosa la libremos...
¿Qué le parece?

BERDÚN

¡Ah, señor!

Usía en este momento
dice lo mesmo que yo
he pensao esta mañana,
al ver que Manuel lloró
acordándose de Rosa...
y creo, que hasta me dio
a entender lo mesmo que ahora
pensamos, usía y yo.

EL COMENDANTE

Bueno pues: usté y su esposa,
vayan preparandoló;
porque también le prevengo
el que, pronto, espero en Dios,
les daremos a los *Pampas*
tal susto y atropellón,
que al sur de la Cordillera,
o del infierno al rincón,
con su chusma y tolderías
irán del arrempujón.
Ahora, vaya a descansar,
porque tiene precisión
de reposo; y sepa usté
que a más de su comisión
ha hecho usté otro gran servicio,
que no he de olvidarlo yo.
Vaya, pues, con su sobrino.

BERDÚN

Mil gracias; adiós, señor.

EL COMENDANTE

¡Adiós, capitán Berdún!...

Y Genaro comprendió,
que ese adiós del comendante
no era una equivocación.

– XXXVII –

Azucena y su sobrino. – El abrazo. – ¡Que olor a potro!

Luego que se despidió
Berdún de su comendante,
con el sobrino al istante
medio al galope salió;
porque allí se anotició
que Azucena se encontraba
en la villa; y dónde estaba
le dijieron igualmente,
y que fuera prontamente
porque ansiosa lo esperaba.

El teniente se apuró
desde que con gusto y pena
supo que estaba Azucena
ansiosa aguardandoló;
pero, de ahí reflexionó
que no debía apurar
su caballo, a no llegar
de carrera y sosprender
redepente a su mujer,
y fiero hacerla asustar.

Pero esta, apenas sintió
que alguien llegaba a caballo
a su casa, como un rayo
trastavillando salió,
y por el zaguán corrió
pisándose la pollera
hasta la mesma *vedera*,
donde a Genaro abrazó

de firme, y se le quedó
prendida como collera [523].

Después, cuando se calmó
de ese arrebato amoroso,
recién al Indio garboso
lo vido, y se sorprendió
tanto, que le preguntó
a su esposo, ¿a qué venía
ese Pampa, y qué quería?
Y entonces al Indio aquel
le dijo Berdún: «Manuel,
dale un abrazo a tu tía».

Como era poco ladino
el cacique, no entendió
lo que Berdún le mandó,
hasta que Azucena vino
y cariñosa al sobrino
un fuerte abrazo le dio,
aunque la moza quedó
sin ganas de pegarle otro,
por el fiero olor a potro [524]
que al sobrino le tomó.

Luego, en la sala, al mirar
a Manuel tan lindo mozo,
y sobrino de su esposo,
dijo ella, lo he de curar
sin más que hacerlo sahumar

---

523 *Collera*: pieza formada por dos anillos de cuero unidos por una soga o prendedor que se utiliza para acollarar animales

524 *Olor a potro*: lo tienen los Indios salvajes, porque comen sólo potros y yeguas. *(N. del A.)*

con alhucema, y poner
brotos de álamo a cocer,
y que de esa agua olorosa
beba, porque es santa cosa;
en fin, veremos a ver.

   Después allí lo vistieron
lindamente a lo paisano,
y al otro día temprano
para la estancia se fueron;
donde por fortuna vieron
que no les faltaba nada
pues, si por allí la Indiada
pasó *a la juria* [525] al *malón*,
pior juyó al arrempujón
que le dio la Blandengada.

   Con todo eso, le tenía
Azucena a ese lugar
tal odio, que sin cesar
a Genaro le pedía
seguido, día por día,
que buscase otro rincón
en cualesquier situación,
y fuera como se fuese,
por tal que la complaciese
mudando de población.

   Finalmente, con Manuel
tantos extremos hicieron
que muy pronto consiguieron
hacerse estimar por él
y nunca amigo más fiel
tuvieron, hasta que allá,
por una casualidá
se hizo el sobrino perdiz [526];
y, de ese caso, un feliz
desenlace resultó.

---

525 *A la juria*: rápidamente. *(N. del A.)*
526 *Hacerse perdiz*: desaparecer de pronto,
    sin saber cómo. *(N. del A.)*

– XXXVIII –

El centinela Masramón. – La seducción astuta.
– Los abusos del soldao. – El vicio.

Volvamos ahora al presidio,
donde el Mellizo quedó
recomendao al alcaide
don Silvestre Lobatón
por doña Estrella en persona,
a la cual le prometió
ese mesmo don Silvestre,
que en adelante al juidor
lo mandaría salir,
ansí como lo mandó
el jueves y viernes santo,
cuando en San Juan recogió
tanta plata, de la cual
la mitá se bolsiquió [527]
el alcaide, porque luego
esa pascua *pelechó* [528]
y muy currutacamente
anduvo de levitón.

Alvierto que don Silvestre
era un viejo socarrón [529],
como que fue presidario
sus seis años de un tirón
decían que solamente
por la amorosa razón,
de que en tres años no más
cuatro veces se casó
con diferentes mujeres,
y de ninguna enviudó...
Háganse cargo, qué *peine* [530]

seria el tal Lobatón!

Luego, el Mellizo... no piensen
ustedes que se turbó
el viernes santo en San Juan;
pues también se solivió [531]
del plato unos doce riales,
para cierta operación
que esa mesma tarde allí
astuto la maniobró.

Oigan cómo: el viernes santo,
cuando el Mellizo salió
del presidio a limosniar,
dir al cuidao le tocó
de un soldao que parecía
por lo grande un fantasmón
mata siete [532], pero en suma
era todo un bonachón
maturrango [533], veterano
hablantín y preguntón
tan sumamente curioso,
que, al istante que salió
del presidio, ya al mellizo
el soldao se le *aparió*;
y sin andar con rodeos
lueguito le preguntó,
¿por qué siendo tan muchacho
estaba en esa prisión?

---

527 *Bolsiquiar*: embolsillar, guardar para si
528 *Pelechó*: mudó de pelo, o de modo de vestir mejor que antes. *(N. del A.)*
529 *Socarrón*: astuto, bellaco y disimulado
530 *Qué peine*: qué pillo. *(N. del A.)*
531 *Soliviar*: levantar
532 *Mata-siete*: matón peligroso
533 *Maturrango*: hombre que no sabe andar a caballo. *(N. del A.)*

Luis, que ni un pelo tenía
de lerdo [534], le contestó:

—Me encuentro en este trabajo,
le asiguro ¡como hay Dios!
por nada más que porque
me desgracié [535] una ocasión,
que en el campo lastimé
a un Portugués pescador,
el cual muchos rebencazos
con un torzal [536] me pegó
porque le comí un pescao;
y de pura rabia yo
le di un tajo en las quijadas:
y como al hombre le entró
pasmo en la lastimadura,
esa noche se murió.

De ahí, sin más culpa ninguna,
la justicia me agarró,
y el alcalde que era amigo
del dijunto pescador,
sólo por ese motivo,
de Chascomún me mandó
por tres años al presidio,
adonde ya más de dos
y medio llevo pasaos,
sin tener, gracias a Dios,
la menor necesidá;
porque nunca me faltó
plata, ni buena comida,
y felizmente, señor,
cuando más de acá a tres meses
se acabará mi prisión

MASRAMÓN

—¿Y usté tiene quien lo asista
acá en el pueblo?

EL MELLIZO

¡Pues no;
si tengo acá a mi padrino,
que es un hombre ricachón
y el Gallego más rumboso [537]
de cuantos alumbra el sol!

MASRAMÓN

¿Que es gallego su padrino
me dice usté? Pues, señor;
entonces es mi paisano.

EL MELLIZO

Me alegro; pues trateló
en su casa, y cuando guste
francamente ocupeló
en cualquier necesidá;
verá un hombre servidor
y amigo de sus paisanos
sí, *aparcero*, crealó.

En fin, ya platicaremos;
dijo Luis, cuando llegó
al punto adonde el alcaide,
conforme se lo ofreció,
junto al Jesús Nazareno
la mesita le plantó;
y allí en una pobre silla
el Mellizo se sentó
con su morruda cadena
y el soldado de plantón.

A esa hora precisamente
ya el gentío principió
a pasar por esa calle;
por donde naides pasó
sin ver al preso tan joven
y tenerle compasión.

Ansí fue que a la media hora
después que allí se sentó,
tanta moneda le dieron
que de ella se *manotió*
seis pesetas colunarias [538]
que al soldao se las soltó,

---

534 *De lerdo*: de tonto, imbécil. *(N. del A.)*
535 *Me desgracié*: cometí un asesinato, o un gran crimen. *(N. del A.)*
536 *Torzal*: cordoncillo de tientos trenzados
537 *Rumboso*: adornado, desprendido
538 *Pesetas colunarias*: «columnarias de mundos y mares» monedas de plata que tenían en el anverso dos mundos coronados en medio de dos columnas

diciéndole: —Tome, amigo;
remédiese, pues que Dios
que amanece para todos
hoy para usté amaneció.

   Sin hacerse de rogar
el centinela agarró
el *mono* [539], y dando las gracias
agradecido trató
de hacer buena aparcería
con Luis, a quien ofreció
servirlo cuando quisiera
ocuparlo en la prisión
para cualquier diligencia;
y para una precisión
le hizo allí saber su nombre,
diciéndole: —Amigo, yo,
desde que me cristianaron
me llamo Cruz Masramón,
soldado de la primera
del segundo Batallón
de fusileros del Fijo [540].
Ansí, con satisfación
ocúpeme, pues ya sabe
que soy siempre asistidor
a las guardias del presidio.

   —Ya lo he visto; ¡cómo no!
dijo el Mellizo; y ya sé
que usté es hombre servidor,
desde que una portaviandas
de comida me alcanzó;
pues de casa diariamente
me las traen, y a veces yo,
por no poder recebirlas,
no les tomo ni el olor.
Ansí, cuando usté las vea,
si acaso, hágame el favor
de trairmelas, y tendremos
con qué hacer boca los dos;
si puede ser, aparcero.

   —¡Pues no he de poder, señor!
no sólo eso, pues si gusta,
hasta de vino carlón [541]
puedo traerle una vejiga [542],
con la reserva mayor,
si es que me fía el pulpero.

   —Eso, amigo, dejeló
a mi cargo; porque siempre
tengo a mi disposición
cuatro pesos que gastar,
el Mellizo respondió.

   Ansí pues, desde ese día,
siempre que de guardia entró
en el presidio, las viandas,
recibía Masramón,
y para el vino el Mellizo
la *cháguara* [543] le aflojó
ansí el soldado se puso
algo más que barrigón,
porque cerca de tres meses
la pitanza le duró.

   Entre tanto el presidario
seguía cebandoló
y dejando trajinarse;
porque el soldao abusó
muy mucho de la confianza
que el preso le dispensó;
esperando que algún día
al confiado Masramón
le ajustaría las cuentas;
pues luego que le notó
que Cruz a empinar el codo [544]
tenía más que afición,

---

539 *El mono*: el dinero. (N. del A.)
540 *Fusileros del Fijo*: batallón de infantería destacado en Buenos Aires
541 *Carlón*: vino ordinario, de mucho cuerpo, muy común antiguamente en la campaña.
542 *Vejiga*: los presos introducen la bebida ocultamente sirviéndose de vejigas secas. (N. del A.)
543 *Cháguara*: cuerda con que los muchachos hacen bailar el trompo. (N. del A.) *Aflojar la cháguara* es equivalente a *dar soga*, tentar facilitando aviesamente las cosas al principio
544 *Empinar el codo*: beber mucho. (N. del A.)

dijo el Mellizo entre sí
déjate estar, borrachón,
que si te gusta chupar
¡ya chuparás de mi flor! [545]

---

[545] *Chupar de mi flor*: beber de todo mi gusto, de lo mejor que puede darse.

– *XXXIX* –

El patroncito. – La visita al presidio. – La orden del tribunal. – La astucia del Presidario. – La codicia del alcaide.

   Como dos meses después
que a la Estancia de la Flor
doña Estrella y don Faustino
se fueron juntos los dos,
y que sólo el patroncito
en la ciudá se quedó
cursiando en el Simenario
un domingo que salió
a *pasiar* por la mañana,
al presidio se *largó*;
solito, como otras veces,
allí fue y lo socorrió
a Luis, dejándole auxilios
de toda *laya* y valor.

   Por supuesto, la visita
don Silvestre no extrañó
ansí fue que al señorito
muy cortés lo recibió
con el bonete en la mano;
y al istante le ofreció
una silla, que don Ángel
esa vez no le almitió,
porque, dijo, que venía
apurado y alegrón [546].

   Ansí, de la faltriquera,
luego el mocito sacó
un papel, y muy contento
al viejo se lo pasó,
diciéndole: lea, amigo,
y alégrese como yo.

   Don Silvestre, algo tembleque,
los antiojos se plantó,
y en el papel escrebida
la orden siguiente leyó.

   «Al alcaide del presidio
don Silvestre Lobatón.
—Sáquesele la cadena
al preso Luis Salvador;
y con grillete, al trabajo
de las calles mandeló
con los demás presidarios,
cuando hubiese precisión [547]».

   —Me alegro, dijo el alcaide,
con todo mi corazón;
ansí, mañana temprano
antes de que salga el sol,
le haré quitar la cadena;
porque hoy, usté ve, señor,
que es domingo, y no se puede.

   —Sí, sí; tiene usté razón:
pero, si hoy fuere posible,
he de agradecerle yo,
le entregue esta encomiendita...
Y al alcaide le soltó

---

546 *Alegrón*: muy contento. *(N. del A.)*
547 *Precisión*: necesidad

un paquetito pesao,
pidiéndole por favor
de parte de doña Estrella,
que en persona, Lobatón,
le diera ese regalito
como albricias al *juidor*;
porque, entre dos meses más,
saldría de esa prisión.

—Lo creo, dijo al istante
el avariento *sobón* [548]:
pues usté estará siguro...

—Y bien siguro, señor:
porque el virrey, mi padrino,
en persona hoy me entregó
la orden esa que usté ha leído:
y también me asiguró
esta mañana temprano
lo que a usté le afirmo yo;
cuya noticia padrino:
en el *Fuerte* [549] me la dio,
cuando le fui como siempre
a pedir la bendición.
Vea usté, pues, don Silvestre,
si estaré siguro o no;
con que, será hasta otra vista,
me voy; quede usté con Dios.

—Y vaya usté con la Virgen,
señorito, contestó
el alcaide, y a don Luis
a mi cargo dejeló,
que aquí se lo he de cuidar
como hasta ahora...

—Bueno; adiós:
dijo afable el patroncito
y del presidio salió.

Luego, la codicia al viejo,
mas que el deber lo tentó,

a registrar el bultito
aquel que se le dejó
para entregarle al Mellizo;
y al istante Lobatón,
por el peso y redondel
del bultito, conoció
que era ungüento de aquel mesmo
con que la mano le untó
la señora doña Estrella;
pero no se contentó
con esa crencia el alcaide,
porque luego le raspó
una orilla al paquetito,
¡y al mirar que amarilló
el ribete del *tortero* [550],
tamaños ojos abrió!
Y entre sí, echando sus cuentas,
dijo ufano: «estas son dos;
de las cuales una al menos
voy a trajinarme [551] yo».

Caliente ansí con el plan
del trajín que calculió,
antes de que se le enfriara
la cosa, determinó
que trajieran al Mellizo
custodiao, como llegó
a presencia del alcaide,
que a su cuarto lo metió
entrecerrando la puerta;
de suerte que se quedó
en el zaguán el soldao.

Luego a solas, Lobatón,
risueño le dijo al preso:
—Ya veo que esta prisión
no le prueba mal, don Luis:
pues, le afirmo, y crealó,
que lo miro a usté más gordo
que cuando recién entró.
Ya se ve, usté no trabaja
ni tiene acá más pensión

---

548 *Sobón*: fastidioso, pesado. (N. del A.)
549 *El Fuerte*: era el palacio del virrey. (N. del A.)
550 *Tortero*: originalmente la rodaja que se pone al huso y sirve para torcer las hebras. Por extensión cualquier disco o rodaja similar a una moneda grande
551 *Trajinarme*: embolsarme. (N. del A

que el hallarse detenido;
pero, ya a su conclusión
su acerca eso, porque pronto
saldrá usté, sepaseló;
por tanto, lo felicito
con todo mi corazón.

 —Se lo agradezco en el alma,
el Mellizo respondió:
y ya sé que en libertá
saldré pronto y...

 —¿Quién le dio
a usté esa buena noticia?
pues recién la supe yo,
hace una hora.

 —El changador [552]
ayer con la portaviandas
me trajo ese notición,
de parte del mayordomo
que en el Simenario habló
ayer con el patroncito,
cuando fue allí y le llevó
las cartas que le llegaron
de la Estancia de la Flor.

 —Pues, que sea enhorabuena,
don Silvestre repitió;
y antes de entregarle el mono,
mañoso le preguntó
y ¿de salú cómo está?

 —¿De salú? Luis contestó;
me siento muy de una vez
atrasao, desde que no
salgo a ningún ejercicio
y eso me tiene tristón,
y ansí como envaretao [553].

 —Vamos; esa es aprensión,
dijo el viejo: deje estar,

que en esta semana yo
lo mandaré, si usté quiere,
salir.

 —Veremos, señor:
pues el jueves a la tarde
la señora y el patrón
llegarán sin falta alguna
de la Estancia de la Flor;
y si yo lograra el viernes,
ir a casa ¡santo Dios!
A mi señora madrina
le daría un alegrón...

 —¿Cómo dice usté, don Luis
pues, si mal no entiendo yo,
doña Estrella es su madrina.

 —Y algo más, porque me dio
de mamar cuando chiquito,
hasta que me despechó
ansí es que con Angelito
de hermano me trato yo;
y hoy, como es día domingo,
estaba esperandoló.
¡Quién sabe si estará enfermo!...

 —No está enfermo, crealó
pues aquí estuvo hace un rato,
sintiendo mucho el que no
tenía tiempo de hablarlo;
pero, *velay*, me entregó
para usté este paquetito
tome pues, recibaló.

 Luis, sin mostrar interés,
el envoltorito abrió,
y, al ver que dos onzas de oro
del papel desenvolvió,
dijo con indiferencia:
—No sé para qué, señor,
me manda acá mi madrina

---

552 *Changador*: mozo de cordel. *(N. del A.)*
553 *Envaretao*: medio tullido. *(N. del A.)*

tanto dinero al *botón* ⁵⁵⁴;
si aquí nada me hace falta.
Ansí es que la plata, yo
la reparto entre los presos,
porque me da compasión
el ver que algunos no tienen
ni con qué comprar *jabón*.
Por lo tanto, don Silvestre,
le suplicó por favor,
el que de estas mojigangas ⁵⁵⁵
tomé usté una de las dos,
siquiera para mostrarle
cuánto le agradezco yo
los favores que usté me hace.

—No, amigo, esto sí que no
debo almitirle, porque
es usté muy regalón,
y eso puede hacerle falta.

—¡Qué me ha de hacer! no señor;
mientras tenga a mis padrinos,
que como mis padres son,
de nada he de carecer;
al contrario, y crealó,
que si salgo alguna vez,
ya verá usté la porción
de moneda y otras cosas
que le traigo a esta prisión.

Eso es si salgo; pues digo
que no he de salir, señor,
aunque de ganas me muera;
no he de salir, crealó,
desde que se niega usté
a tomarme por favor
esta onza, y me desprecea.

A tal decir, Lobatón,
Haciéndose el *desganao*,
medio ladiao ⁵⁵⁶ se arrimó
al costao del presidario;

de modo que el bolsicón
de la chapona⁵⁵⁷ y del viejo
quedase en disposición
de que el Mellizo *embocara*
con la onza, como embocó;
porque sin perder el tino
ahí no más se la soltó;
y después de esa gauchada
el presidario esperó
a verlo venir al viejo;
que al último le vendió
muy formal esta alcaldada ⁵⁵⁸
a manera de favor:

—Bien pues; el viernes sin falta
saldrá usté, pero antes yo
le haré sacarla cadena
para que usté ande mejor.

Solamente su grillete
no puedo quitarseló;
y un soldao con bayoneta
irá acompañandoló
hasta las tres de la tarde;
hora en que por precisión
estará usté aquí de vuelta,
si quiere que otra ocasión
le dé licencia más larga.
¿Está contento?

—¡Pues no!
y agradecido también;
dijo Luis, y se agachó
callao, hasta que el alcaide
le dijo: —Vaya con Dios;
y apróntese para el viernes.

Después de esto, Luis volvió
caviloso a la crujía ⁵⁵⁹,
en donde ya principió
a formar planes horribles,
propios de su corazón.

---

554 *Al botón*: sin necesidad, sin objeto. *(N. del A.)*
555 *Mojiganga*: cosa ridícula que aparenta burla
556 *Ladiao*: de costado. *(N. del A.)*
557 *Chapona*: chaquetón. *(N. del A.)*
558 *Alcaldada*: acción con afectación de autoridad y que da motivo a risa
559 *Crujía*: calabozo grande, para muchos presos. *(N. del A.)*

....

A este tiempo dio un bostezo
y les dijo el payador:
—Ahora me permitirán
suspender aquí mi cuento,
porque ya estoy soñoliento
conforme ustedes lo están,
Además, ahora serán
las doce, presumo yo;
y desde que oscureció
he hablao a troche moche [560];
y...

Mesmo: era la media noche,
porque el gallo la cantó.

---

560 *A troche y moche*: disparatada e inconsideradamente

– XL –

La requisa a los presos. – El cartelero. – Los reniegos. – Los planes del presidario.

    Por su turno al otro día,
que fue lunes, le tocó
venir de guardia al presidio
al grandote Masramón;
esa mañana también
después de nacer el sol,
lo mesmo que al patroncito
don Silvestre le ofreció,
el herrero del presidio
al Mellizo le sacó
la cadena, y un grillete
livianito le dejó.

    En el istante después
que el herrero se largó.
con la cadena en la mano,
ya el Mellizo principió.
a recibir parabienes
de los presos que al redor
se le juntaron, y entonces
Luis allí les afirmó
que en un mes, a más tardar,
salía de la prisión:
sigún promesa formal.
del tribunal superior.

    Al oír esto, un presidario
que estaba en la reunión
de los felicitadores
¡ché, ché! [561] dijo, y se riyó;
diciéndole a Luis: —Amigo,
podrán largarlo, si no
se les cuaja la memoria
a sus jueces, porque son
o se hacen olvidadizos;
ansí es, amigo, que yo
de esas promesas me río
desengañao; y ya no
hago caso de ninguna
desde que se me ofreció
hace un año el que saldría
en libertá, y ya van dos
y ocho meses há que sigo
apretao; y sabe Dios
si mi juez anda en el mundo
o el diablo se lo llevó.

    —Dice bien el compañero,
dijo otro preso *barbón* [562];
pues a mí que siempre tuve
empeños y protección,
mesmo, ansí, me han engañao.
fiero más de una ocasión;
por lo que estoy convencido
que todos los jueces son
¡unos hijos de la gran
pulida que los parió!
y ¡ah, malhaya, en los infiernos
los viese ardiendo en montón!

---

561 *Ché, ché*: oigan, oigan. *(N. del A.)*
562 *Barbón*: barbado

Oyendo tales reniegos
motivaos o sin razón,
decía Luis entre sí:
qué me importa, dejenlós
a esos diablos que me olviden;
lo que deseo es que no
se olvide de mí el alcaide;
y luego, a los jueces, yo
les sabré sacar el cuerpo [563]
el viernes; espero en Dios.

Don Silvestre en ese istante
a la crujía dentró,
otra vez con el herrero;
y que formase mandó
en fila a los presidarios
mandato que se cumplió
con la más pronta y humilde
obedencia a Lobatón.

Alviertan, que en el presidio
se hace ansí una vez o dos
por semana, y luego, en esa
repentina formación,
va el herrero registrando
si están limadas o no
las chavetas de los grillos,
o grilletes, porque son
muy diestros los presidarios,
tocante a esa operación
de sacarse las prisiones
en cualesquier situación.

Finalmente, don Silvestre,
la requisa [564] presenció,
y no hallando novedá,
para la puerta rumbió
en retirada; y entonces
junto al Mellizo pasó,
a quien sólo una mirada
de antoridá le pegó.

Esa seriedá al istante
el Mellizo la entendió,
pues, apenas don Silvestre
de la crujía salió,
Luis decía en sus adentros
«Andá, bellaco mandón,
que no pierdo la esperanza
de montarte *mansejón*». [565]

Esa mañana a las siete
o algo más se relevó
en el presidio la guardia:
y a las nueve le tocó
la centinela en un patio
al soldado Masramón,
que al ver a Luis sin cadena
el Gallego se alegró.

El Mellizo que con ansia
estaba esperandoló,
para hacerle una *tantiada,*
luego no más se arrimó
a Cruz y le dijo: —Amigo,
como se lo dije yo,
muy pronto voy a salir
en libertá, crealó
pues ya me ve sin cadena,
y el viernes, sepaseló,
que en compaña de un soldao
saldré a pasiar, sí, señor
sin falta...

—Pues, aparcero,
dijo ufano Masramón:
el viernes, precisamente,
acá de guardia entro yo;
de modo, que si usté gusta
el que salgamos los dos,
francamente, sin rodeos
desde *ahora* digameló
pues, sin tapujos le alvierto,
que con esa prevención

---

563 *Sacar el cuerpo*: huir, escaparse. *(N. del A.)*
564 *Requisa*: el registrar la prisión y los presos. *(N. del A.)*
565 *Mansejón*: aumentativo de *manso*, buey

del cabo [566] del primer cuarto,
a costa de un rial o dos,
o algo más si es necesario,
conseguiré, crealó,
que el viernes cuando usté salga
vaya en su compaña yo.
¿Qué le parece mi plan?

—Lindo, amigo; pero no
permitiré, dijo Luis,
que gaste usté cuando yo
siempre tengo algunos riales
aquí a su disposición.
Con que ansí, permitamé
aviarlo; y ya le entregó
una cocorita [567] rubia
de dos pesos de valor,
diciéndole: velay, tome
estos medios, gastelós;
y si acaso no le alcanzan,
¡qué Cristo! digameló
al trairme las portaviandas.
Ahora, separemonós,
y luego platicaremos,
si se presenta ocasión.
Con que, hasta luego, amigazo,
—Vaya, aparcero, con Dios,
dijo Cruz; y la comida,
ya usté sabe de que yo
se la llevo en el istante
que la trai el changador.

Dicho esto, se separaron
el Mellizo y Masramón.

De propósito, lueguito
Luis enfermo se fingió;
y, cuando las portaviandas
trajó Cruz, se las volvió
el presidario, y le dijo:
—Vaya, amigo, Masramón,
y disfrute con su cabo
de esa comida, pues yo
acá estoy medio encogido,
sufriendo un retorcijón
en las tripas, y no pienso
comer nada hasta que no
se me ablande la barriga
y se me pase el dolor;
para lo que le suplico
que me compre un rial de ron,
y acabando de comer,
si puede, traigameló.

Velay, tome una *peseta;*
el otro rial gasteló
en buen vino, y con su cabo
a mi salú bebanló.

Ansí fue; poco más tarde
Cruz con el Mellizo habló
otro rato, y por la reja
del presidio le escurrió
como chispa, ocultamente,
la vejiga con el ron,
del cual dos terceras partes
ya las *traiba* Masramón
en el buche, pues de veras
el hombre era chupador.

Ansí en chispa [568], dijolé
al Mellizo: —Pues, señor,
he comido con el cabo
y me ha *dao* un alegrón
al haberme prometido
y asigurado que yo,
el viernes cuando usté salga,
iré acompañandoló.

Ahora, pues, hasta ese día
temprano, creo que no
le veré a usté por acá,
por la siguiente razón...

---

566 *Cabo*: el cabo de guardia que entrara.
    (N. del A.)
567 *Cocorita*: una moneda de oro. (N. del A.)
568 *En chispa*: alegre por el alcohol

El miércoles a la tarde
de imaginaria [569] entro yo,
y en la cuadra del cuartel
pasaré de velador
la noche, sin pestañar;
y el jueves, por precisión
me lo llevaré durmiendo;
pero el vieres, crealó,
aquí de guardiá estaré:
no faltaré, no, señor.

Con que así, todo está dicho,
aparcero Luis, y adiós.
....
Y ya en no verse hasta el viernes
se conformaron los dos.

---

[569] *Imaginaria*: guardia del centinela nocturno

– XLI –

La pulpería. – La seducción. – La borrachera de Cruz. – Las entrañas del Mellizo.

El jueves, la más inquieta
noche atariada pasó
Luis, hasta que se limó
del grillete la chaveta,
y después la asiguró.

Maniobra que es muy sencilla,
cuando hecha la limadura,
la chaveta se asigura
con ponerle una estaquilla
abajo, en la ojaladura.

Pues toda barra en la punta
por donde pasa el grillete,
tiene un ojal, y ahí se mete
la chaveta, y se le junta
la estaquilla que la apriete.

Por fin, el viernes llegó,
y cuando la presería
salió al trabajo ese día,
el alcaide resolvió
mandar trair de la crujía

Al nene [570] Luis, y para eso
pidió a la guardia un soldao
veterano y *apropiao*,
como para fiarle un preso
que iba a salir custodiao.

Un cabo, luego, al istante
le presentó a Lobatón
en vez de un hombre, ¡un hombrón!
y el alcaide... ¡qué gigante!
dijo, al ver a Masramón.

Tan serio, tan bien plantao,
y que, a más de ser grandote,
las patillas y el bigote
le daban el engestao [571]
de un temible soldadote.

Ansí, don Silvestre se hizo
para sí esta reflexión:
«Este hombre de un manotón
hecho una plasta al Mellizo
lo mete entre el alzapón [572].

Eso, si Luis quiere juir;
pero ¿qué necesidá
tiene de juir, cuando está
de un día a otro por salir
en completa libertá?

Luego, yo; vamos a ver
por la orden que he recebido,
no dirán que no he cumplido
ni faltao a mi deber,
si hoy el Mellizo ha salido.

---

570 *Nene*: chiquillo, inocente. (N. del A.)
571 *Engestao:* aspecto
572 *Alzapón*: trozo de tela que tapa la parte anterior de algunos pantalones o calzones

No hay, pues, por qué no dejarlo
que salga el mozo un ratito;
y, además, que al patroncito
es preciso no engañarlo,
porque es muy buen amiguito.

Sí, sí; lo voy a llamar
a Luis, pues ya son las diez,
y desde ahora hasta las tres
de la tarde, puede andar
hoy por la primera vez.

Eso sí, de *limosnero* [573]
con una bolsa en el brazo
lo mandaré, por si acaso,
que busque si algún pulpero
le da aunque sea un *pan bazo* [574]».

Después que estas reflexiones
el alcaide concluyó,
y que la bolsa dentró
también en sus precauciones,
desde la puerta llamó...

—¡Cabo de guardia. —Señor!
contestó un cabo arrogante.
—Mande usté que en el istante
al preso Luis Salvador
me le pongan por delante.

Lueguito se presentó
Luis, al lao de Masramón,
y allí el viejo Lobatón
en la pareja miró,
a un poste, al lao de un horcón.

Entonces, con altivez
al soldado le ordenó
—Vaya usté, custodieló
a este preso, y a las tres
sin falta, traigameló...

—Corriente: señor alcaide,
dijo Cruz; aquí estaré
a esa hora en punto, porque
hasta ahora no dirá naide
que a mi obligación falté.

Ahora, a usté alvertirle quiero,
díjole a Luis Lobatón;
que cumpla su obligación,
pues sale de limosnero
por la primera ocasión.

Tome el *saco*: y salga ya,
sabiendo que son las diez;
y que sin falta, a las tres
de la tarde, aquí estará
puntualmente: vaya, pues.

Luis con la bolsa salió
diciendo entre sí: «¡A las tres,
viejo cochino, querés
que vuelva a verte! ¡pues no!
¡hi–juna–pú... ya sabrés!»
. . . .
Tan fresco el viernes entró
Masramón a su servicio,
que, ni a despuntar el vicio [575]
con un trago se animó
«Pues temprano, dijo, no
será bueno ni prudente,
que borracho me presente
al alcaide, de acá un rato;
y ese diablo que no es *ñato* [576]
me tome olor a aguardiente...
Pero, si Cristo clavao
en la cruz bendita y santa
pidió mojar la garganta,
¿qué haré yo, pobre soldao,
estando desgañotao
como estoy por la *sequía* [577]?

---

573 *Limosnero*: en aquel tiempo, del presidio todos los viernes mandaban uno o dos presos con grillete que salían a pedir limosna para el presidio, escoltados para ello sin más arma que la bayoneta. *(N. del A.)*

574 *Pan bazo*: pan el más inferior. *(N. del A.)*
575 *Despuntar el vicio*: tomar temprano un poco de algún aguardiente. *(N. del A.)*
576 *Ñato*: de nariz corta
577 *La sequía*: la sed. *(N. del A.)*

De la cual me aliviaría,
si ahora lograse, por suerte,
tomar algo chirle [578] y fuerte,
aun cuando fuera lejía.

O si pudiera largarme
hasta el boliche, allá en frente,
con dos dedos de aguardiente
quizás podría aliviarme;
pero, no debo meniarme
de aquí, para no arrejar
a que me mande llamar
el alcaide redepente,
y si no voy prontamente
ponga a otro hombre en mi lugar».

En esta lamentación
triste se hallaba el soldao,
al tiempo que fue llevao
delante de Lobatón,
quien con un tono mandón
al Mellizo le entregó,
diciéndole: «Llleveló,
bajo la conformidá
de que usté responderá
por el preso. Entiendaló».

Cuando apenas se largaron
del presidio puerta afuera,
al llegar a la primera,
boca calle, la doblaron;
y lueguito se apariaron,
después de haber *calculiao*
Masramón, por decontao,
en empinar pronto el codo:
y el Mellizo en pagar todo
hasta *mamar* al soldao.

Este, cuando se arrimó
al costado del Mellizo,
diciendo: «¡No te preciso!»
la bayoneta envainó;

y luego dijo: —Esto, yo,
aparcero, francamente,
lo hago ansí, porque la gente
no crea que voy llevando
a un preso, sino de que ando
con un amigo o pariente.

Luego, usté trai tan cubierto
su grillete, que no hay Cristo
que pueda háberselo visto:
por Dios, que me caiga muerto [579]!
Pero sepa, que ahora alvierto
a modo de un retorcido
de tripas, que me ha venido,
sin duda alguna, porque
a el alba me levanté,
y hasta ahora ni agua he bebido.

—Pero, ¡qué casualidá!
dijo Luis; porque yo siento
en este mesmo momento
igual incomodidá.
Siendo ansí, bueno será
que a una pulpería entremos,
donde solos nos sentemos
y como buenos amigos,
sin mirones ni testigos,
la mañana tomaremos.

Porque es pesada molienda
estar frente al mostrador,
de parao, cuando es mejor
sentarse en cualquier trastienda;
aunque el pulpero nos venda
lo que valga dos, por tres,
muchísimo mejor es,
en la trastienda sentarse,
tomar allí sin cansarse
y salir en paz después.

—Bueno, pues: dijo impaciente
el soldado, por chupar;

---

578 *Chirle*: condición de líquido, como opuesto a espeso
579 *Que me caiga muerto*: lo juro por Dios.
    (N. del A.)

sígame, vamos a entrar
a esa trastienda, allí enfrente,
donde afortunadamente
es mi amigazo el pulpero,
porque fuimos compañeros
en un mesmo regimiento;
y en su trastienda contenta
nos recebirá, aparcero.

Convenidos, se apuraron
desde luego a caminar,
y al istante de llegar
a la trastienda dentraron;
y allí al patrón lo encontraron,
el cual, viendo a Masramón
—¡Ché! le dijo, ¡en qué ocasión
se te ha ocurrido venir!
Pues ahora acabo de abrir
un barrilito de Ron.

—¡Qué suerte! Pues, camarada,
le dijo Cruz al pulpero;
traime acá un vaso, ligero...
—Amigo, un vaso no es nada,
dijo Luis; de una sentada
yo me lo pienso secar [580].
Siendo ansí, ¿a qué hemos de andar
con vueltas? Tráigase el frasco,
patrón; pues naides le hace asco
al ron, cuando es rigular.

El pulpero, ¡qué más quiso!
dos vasos luego llenó,
por los cuales le pagó
una peseta el Mellizo;
pero, a Cruz no fue preciso
decirle: pruebe, aparcero;
porque del beso primero
que a su vaso le pegó,
en el buche se lo echó
como en un resumidero.

Después de eso, Masramón
le dijo a Luis: —Digamé,
aparcerito, ¿por qué
lo veo medio tristón?

—Amigo, es por la razón,
le dijo Luis, de que ayer
como no lo pude ver,
ni usté tampoco me vio,
no pude decirle yo
lo que ahora le haré saber.

Ayer, como siempre, vino.
trayéndome la comida
el changador, y en seguida
me dijo, que mi padrino,
por estar fiero el camino,
y pantanoso un bañao,
el hombre se ha demorao,
y que sólo llegaría
el domingo a mediodía;
por eso estoy disgustao.

Pues usté se acordará
que por hoy, si yo salía,
derecho a casa quería
que fuésemos: ¿no es verdá?
Pero, hoy ¿a qué? ¡si no está
allí más que el cocinero
y otro viejazo portero,
que nada nos pueden dar!
Ansí, iremos a pasiar,
si es de su gusto, aparcero;

O, al *Güeco de Cabecita*
vamos, a la pulpería
que tiene una hermana mía;
adonde alguna cosita
nos ha de dar mi hermanita:
como ser un buen asao,
güevos fritos o pescao;
en fin, allá comeremos,

---

[580] *Secar*: beberlo todo. *(N. del A.)*

y puede ser que logremos
algún matambre arrollao.

—Pues, justamente, aparcero,
dijo Cruz; por ahí cerquita
al Güeco de Cabecita,
tengo un pariente chanchero,
diaonde, si vamos primero
que a casa de su hermanita,
yo llevaré otra cosita,
de lo de mi amigo viejo:
¿sabe lo qué? ¡un vino añejo
que a los muertos resucita!

—Pues bien, amigo; rumbiemos,
si usté quiere, desde acá,
y comeremos allá,
aunque dos pesos gastemos;
y allí entonces probaremos9
ese resucitador
vino añejo superior,
después que ahigamos pelao
un costillar adobao,
que es bocado ¡de mi flor!

—Listo, dijo Masramón,
vamos; pero necesito
para abrir el apetito
otra *cañita* [581] de ron.
Pues, alcáncele, patrón;
díjole Luis al pulpero,
que no anduvo tan ligero
en llenarle a Cruz el vaso,
como este en doblar el brazo
y echárselo al tragadero.

Cuando entre los dos vaciaron
el frasco hasta la mitá,
dijieron; vámonos ya,
y la trastienda dejaron
desde adonde enderezaron
de acuerdo a la panchería;
y al dejar la pulpería
para largarse a comer,
apenas podrían ser
las once y media del día.1

---

581 *Otra cañita*: otro vasito. (N. del A.)

– XLII –

El hueco de cabecita. – La plaza nueva. – La agonía
de las ollas. – La hambruna. – La canchería. – Los
asesinatos. – La fuga.

Iban por la Plaza nueva,
cuando ya Luis maquinó
encender un cigarrillo
en un candil que miró
prendido y relampaguiando,
arriba del mostrador
de una de aquellas esquinas,
a la cual Luis se metió
con su aparcero, y le dijo
¡Eh, pucha, que hace calor!
Ansí, aquí de buena gana
tomara un refresco yo,
si usté gusta acompañarme.

A eso Cruz le contestó
—¿Refresco dice? No, amigo:
tome usté solo; que yo
tengo por vicio y *virtú*
el ser hombre *seguidor*
de lo que empiezo a tomar.

El Mellizo comprendió,
porque con una *sangría* [582]
pidió un vasito de ron,
que, ni bien se lo pusieron
arriba del mostrador,
cuando el Gallego, de una *hebra* [583]
entero se lo embuchó.

¡La pu...janza, qué garganta,
tenía el tal Masramón!

Cuando salieron de allí,
el hambre los apuró,
porque eran las doce en punto;
pues San Nicolás [584] tocó
la agonía de la ollas [585],
y ya en *chaucha* Masramón
iba escupiendo unas *babas,*
a manera de almidón,
y echándoselas encima
él mesmo, por *distración*;
que sufría en el encuentro,
ansí es que de cuando en cuando
pegaba su *tropezón.*

Por fin, galguiando el soldao
y cuasi ciego llegó
a la esquina del chanchero,
que era viejo barrigón,
llamándose casualmente
don Cirilo Tinajón.
Además, era achacoso
a causa de un burujón [586]
que sufría en el encuentro
desde un golpe que se dio
al caer en un albañal,

---

582 *Sangría*: refresco que se hace de vino
  tinto, con agua y azúcar. (N. del A.)
583 *De una hebra*: de un golpe seguido. (N.
  del A.)
584 *San Nicolás*: en una iglesia parroquial
  de Buenos Aires. (N. del A.)
585 *La agonía de las ollas*: como en Buenos

Aires antiguamente se comía a las do-
ce del día, cuando en las iglesias toca-
ban esa hora, los vecinos o el vulgo a
ese toque le llamaban la agonía de las
ollas. (N. del A.)
586 *Burujón*: chichón, bulto que aparece
  en el cuerpo luego de un golpe

cierta noche que salió
de rezar una novena,
porque era muy santulón.

Por fin, era el don Cirilo
pariente de Masramón,
un maturrango infeliz,
trajinista, bonachón,
medio sordo o sordo y medio;
pero un hombre tan collón [587]
que de todo se asustaba.

Luego, era muy dormilón,
pues ya estaba morronguiando
allí atrás del mostrador,
y por echarse a dormir,
al tiempo que Masramón
conociendo la sordera
del viejo, se le metió
a la esquina y de cerquita:
¡Buenos días! le gritó.

El chanchero sospendido
los ojos se refregó;
y después, con buen agrado,
cuando a Cruz lo conoció
como acostumbran los sordos,
bajito le replicó
—¡Qué buenos días, pariente,
viene a darme; si ya son
las doce y media! Adelante
¿Diaónde sale; ya comió?
—A eso es a lo que venimos
acá, dijo Masramón,
con este amigo, que es mozo
platudito y gastador;
a quien le he dicho que usté
tiene un vino superior,
y también buenos bocaos...
—Ya se ve, por el olor,
dijo Luis también a gritos;
y, si nos deja el patrón

que entremos a la trastienda,
allá sí, con gusto yo
estos riales gastaré:
y encima del mostrador
le puso dos pesos fuertes,
diciéndole: —Guárdelos,
patrón viejo, como suyos;
porque, de su casa yo
no me de ir sin redetir[588]
esos tejos [589] y otros dos
si es preciso, a fin que usté.
nos quiera hacer el favor
de darnos para comer
de lo bueno... lo mejor.
—¡Dos duros! dijo el chanchero
entre sí... Muy bien, señor;
comerán perfetamente
entren pues... Y les abrió
paso para la trastienda,
que era un rancho del grandor
de siete varas en cuadro,
sin enladrillao [590], y no
tenía más que una puerta
a la calle, que la abrió
don Cirilo cuando entraron
el Mellizo y Masramón,
por otra puertita chica
que usaba el viejo patrón
para pasar de la esquina
al cuarto del *bodegón*.

En ese cuarto, la *yunta*
de Luis y Cruz se sentó;
y en una mesa estrechita
se acomodaron los dos,
sentándose frente a frente
en un banco Masramón
y en otro igual el Mellizo;
que, ni bien se acomodó,
cuando muy afable al viejo
chanchero se dirigió
a gritos, diciendolé:

---

587 *Collón*: tonto, cobarde
588 Sin *redetir*: sin derretir, sin gastar. *(N. del A.)*
589 *Tejos*: pesos fuertes. *(N. del A.)*

590 *Enladrillado*: piso de ladrillos

—Vamos a ver, pues, patrón
para principiar, le pido
que nos haga por favor,
una fritada de *güevos*
con chorizos y jamón:
luego, un costillar de adobo,
pan blanco, vino carlón,
aceitunas, dos chicholos [591],
queso fresco... y... Se acabó.

Con esta *balaca* [592] el viejo
muy contento se largó,
puso un *anafe* a encender
con virutas y carbón;
y para no perder tiempo,
mientras el fuego prendió,
junto a la mesa el chanchero
del cuerpo se desató
su delantar, que tenía
más cochambre [593] que algodón,
y a la moda de su tierra
en la mesa lo tendió.

Luego, sobre el delantar,
como pudo, acomodó
dos cucharas de metal,
la una de cabo *rabón*,
la otra aujereada en el medio,
pero no cosa mayor:
después, dos vasos de estaño,
y de su vino carlón
medio frasco hasta el gollete,
y al mesmo tiempo un porrón
de agua fresca, que al mirarlo
hizo un gesto Masramón;
pero, que no hizo lo mesmo
el Mellizo, cuando vio
que el viejo puso un cuchillo
de una tercia de largor,
puntiagudo como alesna,
aunque medio *gastadón*.

Cuando el viejo todo aquello
en la mesa colocó,
a poco rato después
que los güevos se frió,
se vino con dos hogazas [594]
y en la mesa las soltó;
y, echando pringues de grasa,
al mesmo tiempo plantó
el sartén con la fritada
de unos veinte o veintidós
güevos, con cuatro chorizos;
pero, ni bien colocó
el sartén sobre la mesa,
cuando ya lo levantó
más limpio que una patena [595];
porque el buitre Masramón
a cucharadas los *güevos*
se los tragaba de a dos...
¡Qué buche! ¡Barbaridá!
Y ¡qué pipa! ¡santo Dios!

Ansí, luego el medio frasco
con los güevos se acabó;
y, a que le pidieran otro,
el chanchero no esperó,
porque lo trujo al istante;
de lo que Luis se alegró,
reparando que bebía
ahugándose Masramón.
Últimamente, el adobo,
y todo cuanto pidió
Luis que trujiera el chanchero,
lo trajo, y ahí se quedó
de parao junto a la mesa
jipando [596] de cansadón.

Entonces le dijo Luis:
—Pero, siéntese, patrón,
aquí junto con nosotros,
y descanse; si es que no
le debo algo por el gasto,

---

591 *Chicholos*: o *ticholos*, tableta de pasta de guayaba envuelta en chala
592 *Balaca*: fanfarronada. *(N. del A.)*
593 *Cochambre*: suciedad, mugre. *(N. del A.)*
594 *Dos hogazas*: dos panes grandes. *(N. del A.)*
595 *Patena*: platillo de metal en el cual se apoya la hostia en misa
596 *Jipando*: respirando con fatiga. *(N. del A.)*

—Ya estoy pagado, señor,
si usté no pide otra cosa,
el chanchero respondió.

—Nada más se nos ofrece,
el Mellizo replicó;
y, si no le molestamos,
eso sí, permitanós
acabar nuestra comida;
y, apenas sean las dos
de la tarde, nos iremos
con mi amigo Masramón.
Con que, vaya a descansar
a su gusto, y dejenós.

El chanchero, que en su vida
ni una siesta perdonó
sin dormir, dijo: —Muy bien:
voy a sentarme... Y salió
renguiando [597] para la esquina,
donde *cansao* se sentó;
y sigún su maña vieja,
recostao al mostrador,
al istante de sentarse,
como un tronco se quedó.

En el momento que al viejo
los ronquidos le sintió,
y al mesmo tiempo que Cruz
a cabeciar principió,
bajo las asentaderas [598]
el Mellizo se escondió
el cuchillo de la mesa.

A ese tiempo, Masramón
estaba ya como una uva,
o lo mesmo que un pichón
de loro, que la cabeza
menea bamboleador:
porque aquel su ponderao
vino resucitador
era puro aguardientazo,

mezclado con ¡qué sé yo!...
de suerte que, a lo infinito,
el pobre Cruz se apedó
y a bostezar soñoliento
por la tranca principió.

A eso de la una y tres cuartos,
cuando el sueño lo apuró,
y después que enteramente
hasta el buche se llenó,
el soldao le dijo a Luis,
en un tono secarrón
—Aparcero, es tardecito,
vamos retirandonós.

—¡Qué tarde ha de ser, amigo!
el Mellizo contestó;
le parece a usté no más
nos iremos a las dos,
ansí que medio asentemos
los chorizos...

—No, señor,
no me parece: que es tarde,
el soldado replicó;
y el presidio está lejazos
no embrome, pues; vamonós,
y, por su madre, no me haga
faltar, a mi obligación...
Pero se dejaba estar
en su banco Masramón.

Todo el volcán del infierno
Luis entre el cuerpo sintió,
al conocerle al soldao
la firme resolución
de arriarlo para el presidio,
diciéndole: «vamonós,
y no me haga, por su madre,
faltar a mi obligación».

Las entrañas al Mellizo,

---

597 *Renguiando*: cojeando. (N. del A.)
598 Las *asentaderas*: las nalgas. (N. del A.)

cuando ansí Cruz lo apuró,
le comenzaron a hervir,
y le ardía el corazón
al fuego de los istintos
feroces de saltiador;
pero su ira y su despecho
un istante sofrenó
para decirle al soldao:

—Bueno, amigo, vamonós;
déjeme armar un cigarro...
Pero, ¡ahi–juna! lo que armó
fue medirlo bien a Cruz,
pues que ni tiempo le dio
para levantarse nunca,
porque el Tigre le prendió
una sola puñalada
tan mortal y tan feroz
que le rompió dos costillas,
y al lado del corazón
¡hasta la mesma virola [599]
el cuchillo le sumió!

Ni ¡Jesús! dijo el soldao:
solo apenas se ladió,
y allí sin dar un suspiro
muerto en el suelo quedó.

El chanchero, aunque era sordo
como un tapial, dispertó
por su desgracia al istante
en que Masramón cayó,
muerto allí junto a la mesa,
adonde se agazapó
junto al dijunto el Mellizo,
esperando a que el patrón
se arrimase sin gritar,
para trajinarseló.

Ansí fue; el viejo renguiando
a la mesa se arrimó;
luego que dos bultos vido

abajo, y se presumió
que allí Luis y su pariente
mamaos estaban los dos,
sin poderse levantar...
Pero ¡ah, Cristo! cuando vio
que estaba muerto el soldao,
el viejo sólo exclamó:
¡Virgen mía del socorro!
cuando ya Luis lo cazó
del pecho de la camisa;
pero el tiempo le faltó
para matarlo parao;
pues, tan fiero se asustó
el viejo, al verle los ojos
al Tigre, que se cayó
de espaldas acidentao;
y en las uñas le dejó
las tiras de la camisa.

Ansí mesmo el saltiador,
bajo de un sobaco al viejo
el cuchillo le enterró
puñalada que el chanchero
entonces no la sintió,
porque, mas muerto que vivo,
fue que antes se desmayó.

La puerta de la trastienda
entonces Luis la cerró,
y saliendo por la esquina,
de abajo del mostrador,
donde tenía su cama
el chanchero, le robó
el cuchillo, un poncho lindo,
veinte riales del cajón,
un buen rebenque, un yesquero;
y en pago, allí le dejó
el dijunto y el grillete,
diciendo: «Ahora, vamonós».

Era el rigor de la siesta,
cuando el Mellizo salió

---

599 *Virola*: anillo que tienen los cuchillos
en el mango. *(N. del A.)*

a la calle apresurao,
y disierta la encontró,
de modo que a *bocha-libre* [600],
a medio correr, llegó
luego al *güeco* de los Hornos,
donde por fortuna vio
a un caballo *atao a soga* [601]
con bozal y maniador,
cuyo animal se colige
que sería de algún pión
que allí estaría durmiendo;
porque Luis fue y desató
el caballo, sin que naides
saliera a impedirseló.

Ansí no más con bozal,
en pelos se le sentó
más livianito que un gato;
y entonces recién salió
en camisa y calzoncillos
un hombre que le gritó
«¡Suelte, amigo, ese caballo!»
Cuando ya Luis se largó
sobre el *pingo* echando chispas
como *cuhete* volador
pues, en colmo de su dicha,
el flete era superior.

---

[600] *A bocha libre*: sin dificultad ninguna. (N. del A.)

[601] *Atao a soga*: sujeto a una estaca clavada en el suelo con una soga larga para que pueda pastar a gusto

– XLIII –

Los apuros. – El lego limosnero. – Las costillas de San Antón. – Los difuntos. – El susto. – Los socorros. – La justicia.

   Ahora para no enredarme,
dijo el viejo payador,
del Güeco de Cabecita [602]
no debo salir, sino
cuando aquí haiga relatao
todo lo que allí ocurrió,
después de muerto el soldao,
y de que se acidentó,
boca arriba junto al muerto,
el chanchero barrigón.
Luego saltaré al presidio,
aonde esa tarde se vio
en grandísimos apuros
el alcaide Lobatón.

   Voy pues. por la canchería
a empezar... Y *ansí* empezó.

   Como a las tres esa tarde
por allí se apareció
un donao [603] de San Francisco,
que en ese día salió
a recoger la limosna
y el chanchero Tinajón
los viernes, para el convento
tenía la devoción
de darde una longaniza [604];
y allí sobre el mostrador
solía darle al donao
una gutifarra o dos,
junto con una limeta
de aquel su añejo carlón.

   Todo esto le daba al flaire
don Cirilo el bonachón,
en pago de las reliquias
que el donao nunca cesó
de trairle a su amigo viejo
el chanchero santulón;
a quien el flaire engañaba
tanto, que un día cogió
unas costillas de oveja
que en la basura encontró,
y envueltas en tres papeles,
sucias no más se las dio,
diciéndole de rodillas
a su amigo Tinajón:
—Tome, hermano, rece-les
a estas costillas, que son
las reliquias milagrosas
del glorioso san Antón,
que fue como usté chanchero;
y hasta ahora, con su lechón
está el santo en un altar
de San Roque [605]... Crealó:
y don Cirilo le creiba
todo al lego trapalón [606].

---

602 *Hueco de Cabecita*: una de la plazas actuales en Buenos Aires. *(N. del A.)* Plaza Vicente López
603 *Donado*: sirviente de orden religiosa que asiste en ella con cierto hábito religioso pero sin hacer profesión
604 *Longaniza*: pedazo largo de tripa relleno con carne de cerdo picada y condimentada
605 *San Roque*: capilla contigua al convento de San Francisco. *(N. del A.)*
606 *Trapalón*: embustero

Pues bien, ese mesmo flaire
con sus alforjas se entró
a la esquina del chanchero,
pero no encontrandoló
como siempre lo encontraba
allí atrás del mostrador,
como tenía confianza
con el viejo, se coló
a la trastienda a buscarlo;
pero, ni tres pasos dio
adentro del cuarto aquel,
cuando peló un refalón
y con alforjas y todo
de costao luego cayó
sobre la panza del viejo.
Chanchero, que relinchó
al golpe de aquella carga;
y nada más, pues siguió
medio muerto en su desmayo.

El lego, apenas se alzó
con las manos embarradas
de sangre y de cosa pior,
siempre refalandosé,
fue todo asustao y abrió
la puerta de la trastienda,
porque ya se presumió
que había gato encerrao
adentro del bodegón.

Pero, ¡ah, Cristo! al darse güelta,
y que difuntos miró
dos cristianos en el suelo,
tal julepe [607] se pegó
el flaire, que apresurao
ahí no más se arremangó
el hábito hasta el cogote,
y las alforjas dejó
para salir a la calle,
aonde a gritar comenzó
¡Socorro!; ¡misericordia!
¡vengan, hermanos, ¡por Dios!

¡que aquí hay dos muertos dijuntos
y mataos sin confisión!
¡Auxilio, Virgen del Carmen!

Cuasi se desjañotó [608]
pidiendo auxilio el donao
hasta que luego llegó
puntiando [609] el teniente alcalde,
y el boticario dotor
médico del vecindario,
que al chanchero principió
por echarle en las narices
agua juerte, o qué sé yo;
y entonces que estaba vivo
el viejo gordo se vio.

Por último, la justicia,
registrando allí, encontró
el grillete del Mellizo;
y entonces se conoció
que el asesino era un preso.

Finalmente, resultó
muerto del todo el soldao;
de suerte que a la oración
ya estaba en San Nicolás [610]
enterrado Masramón,
y en el hospital también
el chanchero Tinajón.

Al sonar las cuatro en punto
tocadas por el reló
de la torre del Cabildo,
y que el preso no volvió
al presidio, ni el soldao
a don Silvestre le entró
mucha inquietú, y la barriga
del todo se le aflojó.

Ansí, lleno de sucidio [611],
a calcular empezó
qué podría sucederle

---

607 *Julepe*: susto grande
608 *Desjañotó*: vulg. de desgañitarse, vocear con todas sus fuerzas
609 *Puntiando*: adelante de todos. *(N. del A.)*
610 *San Nicolás*: iglesia parroquial de Buenos Aires, en la cual, como en todas, había cementerios entonces. *(N. del A.)*
611 *Sucidio*: sobresalto, inquietud. *(N. del A.)*

si se le iba el saltiador,
y entonces sobre su tema
de esa mañana volvió:
—pero... ¿por qué me han de hacer
nada, dijo, cuando yo
creo que en nada he faltao
tampoco a mi obligación?
Sí, pues; y vamos a ver...
Y de le mesa agarró,
para leer de nuevo, aquella
orden que se le mandó
y le trajo el patroncito,
la cual, renglón por renglón
para tomarle sustancia,
sin apuro, ansí leyó...

«Al alcaide del presidio
don Silvestre Lobatón..».

Ese soy yo.
«Sáquesele... la cadena...
al preso Luis Salvador..».

Se le sacó...
«y con grillete al trabajo..».

Se le dejó...
«de las calles mandeló..».

Estornudó...
«con... los demás presi...». Cacá...
cacá, dijo Lobatón;
ya veo que la embarré,
porque el Mellizo salió
sólo como limosnero,
y no con la reunión
de los demás presidarios,
que hoy a trabajar salió
por las calles, ¡mire el diablo!
¿Qué haré pues?... ¡Válgame Dios!
¡Cómo me fui a descuidar!
¿Por qué no lo mandé yo
juntó con la presería
que esta mañana salió
a tapar ese pantano,
aonde ayer cuasi se ahugó
el virrey en carricoche?...
Cuando de San Juan salió
y apenas la plaza grande [612]
por entre un barrial cruzó
causado por las carretas
que allí están siempre en montón
con los güeyes desuñidos;
y cuando de allí tomó
el virrey para el Retiro [613],
ni tres cuadras caminó,
porque frente a la Mercé [614]
ahí no más se empantanó;
y gracias a que la guardia
del Piquete [615] lo auxilió
y lo sacaron de allí,
que por eso salvó.

Pero, eso ¿a mí qué me importa?
Lo que ahora pienso es que yo
me voy a ver en trabajos,
si se me va el saltiador,
por bruto no más que he si...

En esta meditación
hallábase don Silvestre,
cuando el cabo se le entró

---

612 *La plaza grande*: llamábase entonces la actual Plaza de la Victoria, donde en aquel tiempo se paraba un enjambre de carretas de campaña tiradas hasta por seis bueyes cada una, y así pasaban varios días en la plaza cargando y descargando, pero con los bueyes atados a las ruedas de la carreta. *(N. del A.)* Hoy plaza *de Mayo*
613 *El Retiro*: la actual plaza de Marte. *(N. del A.)* Hoy plaza *San Martín*
614 *La Mercé*: la iglesia que existe hoy y que entonces era convento. *(N. del A.)*
615 *El Piquete* se llamaba a un edificio de ladrillo, pero de una sola pieza larga como para acuartelar un piquete de soldados de caballería que allí estaban, y ese edificio se hallaba situado en la plaza del 25 de mayo, frente a la puerta lateral del teatro de Colón existente. *(N. del A.)* Se refiere al primer Teatro Colón (1857-88), ubicado en la esq. SO de las actuales calles Rivadavia y 25 de Mayo

trompezando en la alcaldía,
y ahí mesmo, de sopetón
le dijo: —¡Malas noticias!
oiga, y no dude, señor,
que el Mellizo se ha escapao,
y lo ha muerto a Masramón
y a otro viejo...

 —¡Jesucristo!
dijo asustao Lobatón;
pero... ya... si... deje estar,
y espere, cabo, que yo,
voy ligero... Y olvidando
las botas y el levitón,
echó a correr del presidio,
y hasta ahora esperandoló
está el cabo; pues se dijo,
que esa tarde se embarcó
el alcaide, y puede ser;
pero, ni el cuento dejó;
y hasta hoy, naides ha sabido
para dónde se largó.

– XLIV –

EL PARANA. – SIXTO BERÓN EL CHANÁ. – EL ROBO DE LA MONTURA. – LA CHINA MELCHORA. – EL RASTRO DEL LADRÓN. – LA ISLETA DEL TALAR.

Como una hora o poco más,
antes de ponerse el sol,
la justicia en la *ciudá*
con espanto se informó
de aquellos asesinatos,
y fuga del malhechor.

Al vuelo la Polecía
a *raja cinchas* [616] mandó
chasques y requisitorios
a la campaña, y soltó
partidas a todo rumbo.

Luego, el Cabildo ordenó
que de todo el virreinato
no se dejase un rincón
sin escrebirle, diciendo:
que aonde quiera al saltiador
vivo o muerto lo prendieran;
órdenes que las llevó
el correo a las provincias,
con el nombre y filiación
del asesino; y también,
la orden decía el color
del caballo en que se fue.

Ahora, Luis que disparó
el viernes a media tarde,
al otro día pasó
a la seis de la mañana

el arroyo de Pabón.
¡Vaya unas asentaderas
de gaucho disparador!

Entonces, del Paraná
a la costa se arrimó,
conociendo que ya estaba
su caballo pesadón;
pues más de sesenta leguas.
en quince horas se tragó,
hasta que frente a la güelta
de Montiel se le aplastó.

No había en aquel entonces,
por allí, más población
que una estancia en San Vicente,
aonde hace el campo un rincón
a este lao del Paraná
que corre allí en un cajón
de barrancas, y las cuales,
ya se sabe de que son
a *pique* como tapiales
de a nueve brazas de altor.

Allí pues, en ese campo,
a la entrada del rincón,
estaba entonces la estancia
del *chaná* [617] Sixto Berón
hombre gaucho, alegre, guapo,
mano abierta [618] y servidor;

---

616 *A raja-cinchas*: a carrera de caballo. *(N. del A.)*
617 *Chaná*: nacido en las islas. *(N. del A.)*
618 *Mano abierta*: generoso

ansí todos le tenían
respeto y estimación,
porque en aquellos parajes
no tan sólo era Berón
el alcalde del partido,
sino diablo y rastriador.

 Pues, en esa rinconada
fue donde Luis se metió
en el monte, y cuatro días
matreriando se aguantó,
hasta que una nochecita
a la estancia se allegó
a pie no más, y de allí
el apero le robó,
quién sabe de qué manera,
nada menos que a Berón.

 Al rato después que Luis
con el recao se largó,
una china de la casa
vino a mostrarle al patrón,
que de por allí cerquita
le traiba un *sobrepellón* [619]
que le parecía el suyo.

 —¡Barajo! Dijo Berón;
esto quiere decir algo.
Y ansí fue, porque buscó
su apero en donde solía
dejarlo, y no lo encontró.

 Entonces dijo el chaná:
—Me lo han robao, sí, señor;
¿pero, quién? Vamos a ver.

 Y a la cocina rumbió,
adonde estaban sus piones
en rueda junto al fogón
platicando sosegaos.

 Allí pues, se convenció
el chaná de que, sin duda,
era foráneo [620] el ladrón.

 Con esa siguridá,
de la cocina llamó
a sus piones, y les dijo:
—Vengan, muchachos, que yo
preciso cojer a un zorro,
y para eso del galpón
vayan a trairme tres cueros,
aunque es bastante con dos,
como sean de novillo.
Vayan, pues, traiganmelós,
y con ellos busquenmé
por ahí atrás del galpón,
adonde me encontrarán.

 Luego a la china llamó
y le dijo: —Andá, Melchora,
a trairme pronto el farol
encendido, y te vendrás
lueguito, para que vos
me amostrés en qué lugar
alzaste el sobrepellón.

 Había ya oscurecido
cuando la china volvió;
y alumbrándole al chaná
hasta pasar del galpón,
como a diez o doce varas,
dijo Melchora: —Patrón,
velay, es acá mesmito
donde alcé el sobrepellón.

 —Bueno, pues, dejate estar
quietita, dijo Berón;
dame la luz, eso sí.
Y apenas con el farol
dio una *güeltita* el chaná
agachao, luego pidió
que le alcanzaran los cueros,
con los cuales, solo a un *pión*,

---

619 *Sobrepellón*: cierta pieza de la montura que se coloca sobre el asiento del recado para adornarlo y ablandarlo; al sobrepellón se le llama también sobrepuesto. (N. del A.)
620 *Foráneo*: forastero. (N. del A.)

le dijo que le ayudase
a tapar, como tapó,
solamente el retacito
del suelo aquel, donde vio
el rastro de un hombre a pie;
y luego se enderezó,
diciéndoles a sus piones
riyéndose: —Pues, señor:
en cuanto salga la luna,
que ha de ser como a las dos,
bien *montaos* [621] de acá saldremos
a *rastriar* en el rincón
al zorro ese que les dije;
que es un *foranio* ladrón,
que me ha robao el *apero*
anoche: sepanseló.

Y no es ningún *camilucho* [622];
pues, por lo que he visto yo,
no debe ni ser rotoso,
ni tampoco *pisador*
de barro para ladrillos,
porque no es gaucho *patón*;
pues, por el rastro, sus pieses,
puedo asigurar que son
más grandes los de Melchora.

¡Habrase visto, bribón!
¿Diaónde demonios será
ese alarife [623]?

—Señor,
le diré ahora que me acuerdo,
díjole entonces un pión;
el sábado de mañana,
cuando ya picaba el sol,
de lejos vide a un jinete
en pelos que se metió
en la isleta al tranco largo;
pero, al verlo pensé yo

que fuese algún *montaraz*
de aquellos que hacen carbón,
y que andaría buscando
en el talar del rincón
leña buena y...

—¡Las botijas! [624]
El chaná le respondió;
te engañaste, Rudesindo:
¡qué leña ni qué carbón,
ni montaraz ha de ser
el que viste en el rincón,
el sábado de mañana
cuando te picaba el sol!

Nada de eso: y ¡voto a cristas! [625]
Ahora, recién caigo yo,
sigún la orden que ayer mesmo
del Rosario [626] me mandó
el alcalde don Cipriano;
que, el hombre a quien vistes vos
es, sin duda, un presidario
que el viernes se difuntió,
a la siesta de Buenos Aires,
al soldao que lo sacó
del presidio, y a un pulpero
y que luego se escapó
en pelos, en un caballo
con bozal y maniador.

Por eso en pelos lo vistes,
Rudesindo, creemeló;
y respóndeme también:
¿No era zaino el mancarrón,
y pingo de buena laya [627]?

—Mesmamente, dijo el pión;
aunque de lejos lo vide
cuasi al tiempo que se entró
en la isleta, a la derecha

---

621 *Bien montaos*: en buenos caballos. (N. del A.)
622 *Camilucho*: gaucho despreciable. (N. del A.)
623 *Alarife*: pícaro. (N. del A.)
624 *Las botijas*: interjec. de opinión negatriva, eufemismo por «las bolas».
625 *Voto a cristas*: juramento, donde cristas no significa nada para no caer en blasfemia
626 *El Rosario*: entonces era un pueblito, y hoy es una ciudad en la costa del Río Paraná. (N. del A.)
627 *De buena laya*: caballo de linda presencia. (N. del A.)

de la entrada del rincón.

    —Pues, velay, dijo el chaná;
ese mesmo saltiador
me ha robao aquí el apero,
a pie, porque acá llegó
con el caballo cansao,
y en pelos, como salió
juyendo de Buenos Aires,
apurando el mancarrón,
hasta que aquí al otro día
el rocín se le aplastó;
de suerte que acá no más
debo agarrarlo: ¡pues no!
Si tengo orden de matarlo
como a perro cimarrón,
porque tiene más delitos
que Judas y el mal ladrón;
ansí es que pienso mandarlo
a que le dé cuenta a Dios
mañana, por la mañana.
Ahora, retiremonós
vayan a aprontar sus armas;
porque, a la una y media, yo
tendré el caballo ensillao.
¿Han oído bien?
—Sí, señor
a la una en punto estaremos
prontos, esperandoló,
los seis piones respondieron...
Y el chaná se retiró.
....
Ansí, con perdón de ustedes;
díjoles el payador,
me voy a echar a dormir;
pues que ya las doce son.
Con que, será hasta mañana.
—Si Dios quiere, contestó
Juana Petrona; y lueguito
apagaron el fogón.

– XLV –

El maturrango. – El cazador. – La cerrazón. – Las
ilusiones. – El jabalí. – El zorrillo. – El Paraná. –
El desesperado.

La costa del Paraná,
donde vivía Berón,
era sólo barrancosa
y sin montes, pues que no
tenía más que una isleta
o *talar* [628], donde se entró,
con su caballo cansao,
a esconderse el saltiador.
El talar era tupido,
y cuando se entra al rincón
queda a la mano derecha
después, las barrancas son
llanuras como la pampa,
con uno que otro albardón;
pero escasonas de montes,
hasta allá, a la imediación
del río *Colastiné* [629],
donde ya las costas son
hasta el *Chaco*, sigún dicen,
montes, sin ponderación,
que empiezan por el Naciente
y acaban donde entra el sol;
pues ansí lo aseguraba
el capitán Pascualón,
que no sabía mentir
aunque mamando aprendió.

Pero, dejando eso a un lao
volviendo al saltiador,
vamos a ver cómo y dónde

le echó las mansas [630] Berón
con toda la inteligencia
de un gaucho buen rastriador.

Esa noche que el chaná
a dormitar se tendió,
tan cuajao estaba el cielo
de estrellas, que el resplandor
era como el de la luna
en menguante, que empezó
a subir a la una larga,
y medio turbia subió
al tiempo que el viento sur
enteramente calmó,
y una especie de ñeblina
a levantarse empezó
la mesma que a poco rato
se volvió una cerrazón
de aquellas que no permiten
a veces ver un galpón
a una cuadra de distancia.

Ahora: ¿cómo es, digo yo,
que en esas mesmas ñeblinas
se ve una contradición
tan notable? Pues si un hombre
no alcanza a ver un galpón
a distancia de una cuadra,
sucede alguna ocasión
que al mesmo hombre lo alucina

---

628 *Talar*: monte de talas, árbol espinoso de madera blanca y muy fuerte. *Celtis Spinosa*
629 *Colastiné*: río de la provincia le Santa Fe. *(N. del A.*
630 *Mansas*: yeguas que en campo abierto amadrinan a los caballos impidiendo que se desbanden

esa mesma cerrazón,
que a una distancia cortita
aumenta tanto el grandor
de los bultos en el campo,
donde cualquier chapetón
suele ver en ocasiones,
pongo por caso, a un ratón
y lo toma por carnero,
o a un venao por mancarrón
o a un cuervo por avestruz;
ansí, a mí me sucedió,
cierto día de ñeblina,
que la vista me engañó,
pues fui a cojer un peludo.
y en sapo se me trocó.

El santiagueño Tolosa
la carcajada soltó;
y Juana también de risa
cuasi se descostilló;
pero, ahí no más Santos Vega
les dijo de buen humor
¿Se ríen?... pues, oigan esta
más fiera equivocación
a causa de la ñeblina.

Por la primera ocasión,
sin conocer la campaña
de Buenos Aires, salió
a cazar un maturrango.
por esos laos de Morón,
a *pata* y con garabina;
cinco leguas caminó
matando, algunas gaviotas
y chimangos que encontró,
hasta que, medio empampao,
una espesa cerrazón
redepente al *Uropeo*
en el campo lo agarró.

No sabiendo aónde rumbiar,
en el suelo se sentó

con su garabina al lao;
y en esto, el hombre creyó
a una distancia cortita
ver a un chancho cimarrón,
del tamaño de un ternero.
¡Cómo! dijo el chapetón
¡Un jabalí! ¡qué fortuna!...
Y en el istante
agarró su garabina, a la cual
tres balines [631] le metió,
porque solamente estaba
cargada con munición
y ¡zas, tras! al jabalí
un tiro le cerrajó.

El animal en seguida
dando saltitos juyó,
y viendo eso el maturrango,
a la cuenta presumió
haberle quebrao las patas
al chancho y ya se *largó*
a cogerlo; pero, cuando
al animal se acercó,
dijo el hombre: ¡cómo es esto,
que el chancho que he visto yo
aquí se ha vuelto conejo...!
Pero, en fin, no es de lo pior
para hacer un buen guisao;
y en seguida se agachó
a levantar al conejo,
y ahí mesuro se le volvió
un zorrillo, que del chorro de
orines que le soltó,
desde la punta del pelo
hasta el cuadril lo bañó
de pestilencia insufrible,
y tal que lo atolondró;
y a revolcarse en el suelo
el Uropeo empezó
hasta quedarse desnudo,
porque allí mesmo tiró
la montera, la *chapona* [632],

---

631 *Balines*: balas de plomo pequeñas. *(N. del A.)*
632 *Chapona*: el chaquetón. *(N. del A.)*

la camisa, el pantalón,
los calzoncillos, las botas...
y desnudo se quedó.
Después, más de siete días.
lo tuvo enfermo el *jedor*,
hasta que para soltarlo,
el hombre se *rasquetió*.

Vean, pues, todos los chascos
que causa una cerrazón.

Ahora, voy a proseguir,
dijo Vega el payador,
como les iba diciendo
del chaná Sixto Berón.

A eso de la una y tres cuartos,
cuando el caballo ensilló,
era espesa la ñeblina,
pero, ansí mesmo el patrón
al ratito dijolés
a sus piones: Vamonós;
y luego cuando me traigan
difuntiao al saltiador
y mi *recao*, les prometo
que a gusto les daré yo
a ustedes, para los seis,
un novillo, o su valor
que son nueve riales justos;
y allá repartanselós
de a rial y medio cada uno.
Ya saben pues: vamonós;
pero no se me retiren
de atrás, por la cerrazón
que nos viene de perilla [633].

De ahí, viendo al suelo siguió,
porque era como de gato
la vista del rastreador.

Ansí marchaban al tranco
hasta que el chaná llegó

a un arroyo pantanoso,
que atraviesa aquel rincón
de costa a costa, y no da
paso a ningún chapetón
sin que dejé allí enterrao
en el barro al mancarrón,
no yendo al paso preciso
que es adonde fue Berón.

Echaron pie a tierra allí,
y apenas vio el rastriador
la orilla de la barranca
del arroyo ese, llamó
a sus piones y les dijo:
—Vean; aquí se sentó
a descansar ese diablo
que el recao me manotió;
velay adonde lo puso
hasta que se levantó
para pasar el arroyo,
dejando como dejó
esta rayita en la arena;
y esta raya la formó
con la argollita que tiene
en la punta mi cinchón;
porque, desde aquí el recao
en los brazos lo llevo;
pero, luego, a la cabeza
al pasar se lo cargó.
Y este arroyo, estoy seguro
lo conoce el saltiador,
como cualquiera de ustedes,
o quizá mucho mejor.

Ahora, muenten, y pasemos
el arroyo, y luego yo
les diré cómo y adónde
se ha dirigido el ladrón.

Ansí fue; imediatamente
que el arroyo atravesó,
bajándose del caballo

---

633 *De perilla*: como por encargo, perfectamente adecuado

en el suelo se fijó,
y a los piones dijolés
—Ayer tarde ese bribón
hasta aquí vino con botas;
pero acá se las sacó,
para pasar el arroyo
a pie, y descalzo siguió
hasta casa, cuando fue
y el *apero* me robó.
Luego anoche, tardecito,
acá vino y repasó
el arroyo, y al talar
siempre descalzo siguió,
pues las puntas de sus pieses
miran a la dirección
de la isleta; no me engaño,
ahí debe estar, creanló.
Ahora les digo también;
que de aquí no se apuró
a caminar, pues primero
con cuchillo se raspó
el barro de las canillas,
y ansí se desembarró,
dejando como virutas
el barro que se sacó;
en esto no tengo duda,
velay está, veanló.
En fin, vamos a pillarlo...

    Dijo el chaná, y ya *surquió* [634]
ojo fijo sobre el rastro,
aún cuando la cerrazón
seguía, pues ni por esas
al gaucho se le apartó
de la vista un sólo istante
el rastro del saltiador.

    Serían como las tres
cuando a la isleta enfrentó.
el chaná, y cuando la luz
de la luna se mezcló
con la que a soltar la aurora
a ese tiempo principió.

    El rastriador bien sabía
aonde estaba, aunque no vio
de tres cuadras al *talar*,
causa de la cerrazón;
pero, ansí mesmo a su gente
hacer alto le mandó,
y al punto que se pararon,
serio, les dijo Berón:
—De aquí no se mueva naides,
hasta que no vuelva yo
con Rudesindo... Y allí
el chaná se desmontó,
y que se apiara también
ahí mesmo le dijo al pión.

    Dejando allí los caballos,
a pie rumbiaron los dos
para el talar, donde anduvo
algunas cuadras Berón
por la orilla de la isleta
que mira para el rincón,
a lo largo, nada más;
y por allí se agachó
unas tres o cuatro veces
hasta que le dijo al pión
—Ya he visto lo suficiente,
Rudesindo, vamonós.

    Por supuesto, se volvieron,
y al llegar el rastriador
adonde estaba su gente,
en el istante montó
a caballo y dijolés
—¿No se lo decía yo
no ha salido del talar
todavía ese ladrón;
pero pronto va a salir
de por fuerza, creanló
como el que saldrá rumbiando
a la entrada del rincón

---

634 *Surquió*: marchó, abrió camino. (N. del A.)

para pasar el arroyo
por donde anoche pasó,
si no quiere empantanarse
junto con su mancarrón.
En seguida, si pasara
el arroyo ese bribón,
y se escapara de que
las bolas le prienda yo,
o cualesquiera de ustedes,
rumbiará por precisión
para el Chaco [635], sin remedio
ni más escape, pues no
ha de volver para adentro,
donde persiguiendoló
ya andarán por todas partes.
Con que, ansí, esperemosló
abajo de la barranca
del arroyo, porque no
tiene otro paso por donde
salirse de este rincón,
y ahí se nos ha de acercar
mucho por la cerrazón.
Vámonos pues, que ya viene
el día apurandonós.
Y apenas se dieron vuelta,
cuando de atrás *relinchó*
a lo lejos un caballo.

    Entonces dijo Berón
—Ahi viene; ¿no se lo dije
pero, por la cerrazón
no nos ha visto; sigamos
a emboscarnos, dejenló
y hagan lo que yo les mande.

    Lueguito no más llegó
al arroyo con sus piones
y la barranca bajó,
adonde se apeñuscaron
esperando al saltiador.

    Allí, más formal que nunca

volvió a decirles Berón:
—Aquí estamos, bien lo saben,
en el centro del rincón;
y, como va a disparar
cuanto nos vea el ladrón,
no lo dejen arrimarse
a la isleta, cortenló
los que están más bien montaos;
por ejemplo, ustedes dos
Salazar y Barrionuevo.

    Usté Gil, y Calderón,
sálganle por la derecha,
mientras Rudesindo y yo
con Almansa lo apuramos
por el centro; y dejenló
que se embolse en la manguera;
pero les pido que no
le tengan lástima alguna
el que pueda... *mateló*
apenas lo agarre a tiro.

    Ni bien el chaná acabó
allí de darle a su gente
las órdenes que les dio,
cuando el Mellizo a la orilla
de la barranca llegó,
y luego como avispero
redepente le salió
la emboscada del arroyo.

    Sorprendido el saltiador,
dio güelta el pingo al istante
para juir, y se ofuscó
entonces tan fieramente,
que, al primer hombre que vio,
dijo: ¡Es Berdún!... y furioso
maldiciéndolo juyó.

    Salazar y Barrionuevo,
como el chaná les mandó,
le ganaron la derecha,

---

[635] El *Chaco*: el gran bosque que habitan los Indios salvajes. *(N. del A.)*

porque el malevo intentó
arrecostarse al talar;
pero, cuando se encontró
atajao por la derecha,
a la zurda se ladió,
donde también lo cortaron
listos Gil con Almirón.

No teniendo más escape,
por el centro del rincón
corriendo Luis se embolsaba,
y en esto, de atrás Berón...
¡tumb! ¡tumb! ¡tumb! a un mesmo tiempo
tres tiros le cerrajó,
de los cuales una bala
al Mellizo le llevó
con media oreja el sombrero.

Entonces Luis se creyó
cuasi del todo perdido,
y dijo entre sí: «¡valor!
el hombre cruje y no llora;
aquí no me rindo yo,
aunque me arranquen de raíz
los bofes y el corazón;
y finalmente ¡qué Cristo!
mi vida y mi salvación
voy a fiársela a un abismo».

Con esta resolución,
antes de rendirse allí,
para el fondo del rincón
lo mesmo que una centella
al caballo enderezó;
y en el trance postrimero
de su desesperación,
cuando a tiros lo quemaban,
y cuando al borde llegó
de la barranca, al caballo
con el poncho le tapó
la cabeza hasta el hocico,
de modo que lo cegó,

y el animal infeliz
ciego se desbarrancó
de quince varas de altura
y en el Paraná se hundió,
sin salir más sobre el agua;
pero el Mellizo salió,
nadando corriente abajo;
y ansí mesmo le largó
otros tiros la partida;
y al último el saltiador
pegando una zambullida
se les desapareció,
sea porque el Paraná
torrentoso lo llevó
al recodo que hace el río
en la punta del rincón,
diaonde el Mellizo no estaba
lejos cuando zambulló
herido, o sea porque
duraba la cerrazón.

A pocos días después
que al Paraná se azotó
el Mellizo, una chalana [636]
de montaraces halló
en las islas de San Pedro,
mucho antes de la oración,
a un ahugao, solo con botas;
que naides lo conoció
con siguranza, porque
desnudo se le encontró
allí entre los ñapindaces [637],
aonde el ahugao se prendió;
porque esos árboles tienen
unas espinas que son
como anzuelos, o más bien
como las uñas de un lión.

Ansí fue que al muerto allí
ni una hilacha le quedó
en el cuerpo; y además,
era tanta la hinchazón,

---

636 *Chalana*: chalupa, lanchón chato. *(N. del A.)*
637 *Napindaces*: grandes arbustos que nacen a orilla de los ríos, y cuyas ramas y raíces que flotan en el agua están cubiertas de espinas corvas y muy agudas. *(N. del A.)*

la desnudez, los araños,
y la desfiguración
del ahugao, que al verlo allí
naides lo reconoció:
y aunque muchos se creyeron
que el muerto era el saltiador
escapado del presidio,
otros decían que no.

Con todo eso, a los tres días
en Buenos Aires salió
una gaceta diciendo:
«Luis el Mellizo se ahugó
en el Paraná juyendo,
cuando el alcalde Berón
en la vuelta de Montiel
a perseguirlo salió,
el día que ese asesino
al Paraná se lanzó».

Entonces, ya en la provincia
ninguna duda quedó
de la muerte del Mellizo:
noticia que la creyó
aún la mesma doña Estrella,
y una misa le mandó
decir en Santo Domingo,
aunque tanto la ofendió.

– XLVI –

El desaparecido. – El gran malón. – El terror. – Los incendios. – Los fugitivos. – Las apreturas.

    Que Dios lo haiga perdonao
debemos desiarle a Luis,
supuesto que el infeliz
se dice que murió ahugao:
mientras sigo yo enredao
para concluir mi argumento;
pero, no dudo un momento
que lo desenredaré,
y feliz me contaré
si al fin les gusta mi cuento.

    Para esto, voy desde acá
a volverme a Chascomún
donde lo dejé a Berdún
lleno de felicidá;
voy, pues, a buscarlo allá,
y no he de perder el tino;
pues con Berdún, el sobrino
y la Lunareja, espero
probar que fue justiciero
de Dios el poder divino.

    A que agarró en la Salada
Berdún al finao Mellizo,
y de más hazañas que hizo
esa mesma madrugada,
hasta hoy, van de una tirada
cuasi tres años; ¡pues no!
Como há que Berdún tomó
prisionero a su sobrino;
y ahora verán el destino
con que ese mozo nació.

    Entonces fue la sabliada
y aquella *redota* fiera
que junto a la cordillera
obligó a juir a la Indiada:
y como allí sosegada
tres años se dejó estar,
ya naides volvió a pensar
que los Indios, ni soñaran,
cuanti-más el que pensaran
con los cristianos peliar.

    Esa crencia ilusionó
a alguno que otro hacendao
que del norte del Salao
pasó al sur y se pobló:
y uno de estos le ofreció
a Genaro un buen campito,
que le gustó, y que lueguito
con Azucena arregló
el mudarse, y se mudó
al rincón del Cardalito [638].

    Genaro, naturalmente,
llevó a su lao al sobrino
que ya era mozo ladino,
como atento y complaciente;
y además inteligente

---

638 *Cardalito*: campo inmediato al Río Salado. *(N. del A.)*

que hasta escrebir aprendía;
y ansí mesmo no podía,
por más que disimulaba,
ocultar de que abrigaba
alguna melancolía.

   Ansí, una ocasión llegó
a decir «mi madre ha muerto
de pesar en el disierto,
luego que le falté yo».
Y Berdún le dijo: —No
te desesperés, Manuel;
pues se acerca el día aquel
en que iremos a buscarla,
siguros de libertarla
del cacique Cocomel.

   Prepárate, pues, sobrino;
porque pronto, espero en Dios,
para el disierto los dos
estaremos en camino:
pues conmigo ansí convino
el general La Quintana,
hace más de una semana,
que en la expedición vendrás,
y que nos ayudarás
a libertar a mi hermana.

   Esa fortuna esperó
Manuel sus dos años largos;
y muchos ratos amargos
esperándola sufrió;
Ansí mesmo, se aguantó,
como un hombre agradecido,
sin juirse, habiendo podido;
pero apreciaba a su tía,
y a Genaro no quería
dejarlo comprometido.

   Siguros de esa lealtá,
en la casa lo querían
y cada vez le tenían
más cariñosa amistá:
y fue una felicidá
para Berdún, el primero,
haber hecho prisionero
a un caudillo en quien halló,
cuando el caso se ofreció,
un amigo verdadero.

   Como al año de poblarse
Genaro aonde se mudó,
redepente comenzó
la cosa medio a enturbiarse [639];
pues principió a susurrarse
por allí entre los paisanos
que unos malditos cristianos,
que con los Pampas andaban,
de hacerlos unir trataban
con los indios Araucanos.

   Y mientras otros decían
«ya no vuelven los infieles»,
hasta los indios Ranqueles
con los Pampas se entendían
pero en Chascomún no hacían
caso las autoridades,
diciendo: «Esas novedades
son mentiras, y más nada;
porque, ni sueña la Indiada
en esas barbaridades».

   Pero, bien suelen decir
que tiene resultas crueles
el soldao que, en sus laureles
primeros, se echa a dormir,
cuando debe proseguir
batallando sin fatiga,
hasta el día en que consiga
a su enemigo ultimarlo,
y no entrar a despreciarlo,
echándose de barriga.

   En fin; llegó una forzosa

---

[639] *Enturbiarse*: trastornarse la tranquilidad de la campaña. *(N. del A.)*

necesidá en que Berdún
tuvo que ir a Chascomún
acompañao de su esposa;
y, creyendo demorosa
su vuelta del pueblo aquel,
dejó en su estancia a Manuel
como haciendo de patrón;
pues, con sobrada razón,
tenían confianza en él.

A los tres días de estar
allí en la villa Berdún,
el jefe de Chascomún
de priesa lo hizo llamar;
y apenas lo vido entrar
le dijo; —Me han informao
que los Indios han lanzao
ayer a la madrugada
una partida avanzada
a esta banda del Salao.

Esta es una novedá,
capitán, algo alarmante;
y que yo estaba distante
de tenerla por acá;
pero hoy no dudo que ya
la Indiada está reunida
y a pasar tan decidida,
que ayer mesmo tempranito
al rincón del Cardalito
lanzó su primer partida.

Y por allí han corretiao [640]
a muchos que dispararon,
y no sé a quién se llevaron
al repasar el Salao.
Esto me han participao
en un parte mal escrito:
y por eso necesito
que esta tarde marche usté
con diez hombres, a ver qué
sucedió en el Cardalito.

Luego, al toque de oraciones,
he mandao que estén montadas
otras partidas, formadas
de Blandengues y Dragones,
que a distintas direciones
para el Salao marcharán;
y si los Indios nos dan
de tregua tan solamente
cuatro días, ciertamente
muy pocos escaparán.

Pero, esta vez se engañó
el general, y muy fiero;
porque en su triunfo postrero
haber concluido creyó
con la Indiada, y despreció
los rumores que corrieron,
y a gauchos que le dijieron
que la Indiada se venía,
«no lo crean» respondía,
hasta que lo sorprendieron.

Pues la gente que mandó
para atajarle a la Indiada
los pasos [641], de disparada
a Chascomún se volvió;
en donde luego trató
todo vicho el guarecerse
en un fuerte, y defenderse
cuatro días sin comer,
pues, ni pudieron meter
carne para mantenerse.

Sólo Berdún consiguió
hasta su casa llegar,
adonde tuvo el pesar
que el solo pión que encontró
sollozando le contól
que allí los Pampas vinieron,
y en cuanto lo conocieron
a don Manuel, lo abrazaron

---

640 *Corretiao*: corrido y perseguido. *(N. del A.)*

641 *Los pasos*: los puntos para vadear el Salado. *(N. del A.)*

y luego se lo llevaron;
pero, que daño, no hicieron.

—Por último, dijo el pión;
don Manuel aquí me dio
un abrazo, y me encargó
el decirle a usté, patrón,
que siempre en el corazón
su sobrino llevaría
a su tío y a su tía:
para quienes dejó aquí
su *vincha* [642] y su *quillapi* [643]
hasta volver, algún día.

Genaro desconsolao,
al ponerse en retirada,
le dio una triste mirada
a la costa del Salao;
y al ver de polvo un ñublao,
que en la costa se extendía,
conoció que ya venía
la salvajada avanzando;
y fue en ese istante cuando
Berdún al pión le decía:

«Nos vamos a retirar;
venga conmigo, Roballo;
vaya pues, muente a caballo,
y vámonos a poblar
aonde Dios nos dé lugar.
Muente, no cierre la puerta;
déjela no más abierta,
que ansí mesmo, si usté pasa
mañana junto a esta casa,
ni con la tapera acierta».

Como el Cardalito estaba
retirao de Chascomún,
la partida de Berdún
fue la última que llegaba,
cuando allí también entraba

el vecindario juyendo;
pues los Indios destruyendo
a sangre y fuego venían,
y de Chascomún se vían
al sur los ranchos ardiendo.

Dos mil Indios solamente
a Chascomún *circuliaron*,
y tres mil más avanzaron
al norte como un torrente.
Ansí es que por San Vicente
y la Guardia de Luján,
hasta ahora se acordarán
de esa funesta invasión,
y su horrible destrución
en la vida olvidarán.

Tres días sólo duró
de los Indios ese arrojo;
pues pronto y como *rastrojo*
media campaña arrasó,
y al disierto se volvió
por distancias separadas,
llevando inmensas arriadas
yeguarizas y vacunas
y cautivas, como algunas
ciento treinta desgraciadas.

Pues, cuando mil veteranos
que por acá reunieron
y tras los Indios salieron
con trescientos milicianos,
ya los Pampas y Araucanos
como los indios Ranqueles,
sin dormirse entre laureles,
trotiaban al otro lao
de la costa del Salao
al son de sus cascabeles [644].

Por fin, dijo el payador;
en esa invasión terrible

---

642 *Vincha*: ancha cinta de lana con la cual los Indios se fajan el pelo. *(N. del A.)*
643 *Quillapi*: manta cuadrilonga hecha de pieles de guanaco que les sirve de abrigo a los Indios. *(N. del A.)*
644 *Cascabeles*: los Indios se ponen cascabeles en los brazos y piernas y se los ponen también a sus caballos en la frente. *(N. del A.)*

fue la destrución sensible
de la Estancia de la Flor:
¡con qué furia y qué rigor
los salvajes la incendiaron,
cuasi entera, y la robaron!...
Sin estar por suerte en ella
el patrón ni doña Estrella
que con tiempo se salvaron.

   Ansí, humiando una por una,
las poblaciones halló
Genaro cuando volvió
a su estancia, sin ninguna
esperanza de que alguna
casa por allí existiera,
y que entonces no estuviera
completamente robada,
y finalmente quemada
desde el suelo a la *cumbrera*.

   Cenizas sólo encontró
Berdún por donde pasaba;
pero cuando se acercaba
a sus campos, se almiró,
y a su pión le preguntó
desconfiando: —Digamé,
Roballo, ¿eso que se ve
son ranchos, o es ilusión?
Y entonces díjole el pión:
—¡Esa es la estancia de usté!

   A pesar de eso dudó
Berdún, hasta que llegaron
a su casa y la encontraron
lo mesmo que él la dejó;
pero, en una cruz miró
que al pie tenía un papel
donde, escrebidas, Manuel
estas palabras dejó:
¡Dios me ayudará, pues. Yo
llevo una esperanza en él!

– XLVII –

La Vitel.[645] – Los asilados. – El terror. – La pobreza
de Berdún. – El Cupido. – El ramo fatal.

 Después de aquella avanzada
horrible de los salvajes,
las gentes de esos parajes
del sur, aterrorizadas,
dejaron abandonadas
ardiendo sus poblaciones,
y en distintas direciones
al norte se guarecieron,
donde ansí mesmo vivieron
llenas de tribulaciones.

 Porque la ensoberbeció
tanto ese triunfo a la Indiada,
que un año envalentonada
dando malones siguió;
de suerte que se llevó
hasta el ultimo ternero:
siendo a Berdún el primero
que las vacas le robaron,
y hasta la cruz le quemaron
sin dejarle otro letrero.

 Y gracias a que escaparon
de allí Azucena y Berdún,
a pesar que a Chascomún
cuasi desnudos llegaron;
pues tal madrugón pegaron
y juyeron tan de prisa,
que salieron en camisa;
y, cuando Berdún volvió

a su casa, no encontró
más que un montón de ceniza.

 Sólo su *marca* encontró
y el pobre cargó con ella:
siendo esta la marca aquella,
que al verla se santiguó
Santos Vega, cuando habló
con Rufo la vez primera
que lo topó en la tapera,
donde se dieron la mano,
y le vido al rabicano
fresquita esa marca entera.

 Después del contraste aquel,
con su Azucena Berdún
muy cerca de Chascomún
se guareció en la Vitel:
y del sobrino Manuel
poco o nada se acordó;
pues solamente pensó
en reparar sus quebrantos;
y a pesar que fueron tantos
no se descorazonó.

 Tan atrasao [646] se escapó
Genaro del Cardalito,
que en un estrecho ranchito
en la Vitel se metió;
y medio se acomodó

---

645 *La Vitel*: nombre de una laguna de la
 campaña del sur. *(N. del A.)*
646 *Atrasao*: pobre, arruinado. *(N. del A.)*

con *trastes* ⁶⁴⁷ que le prestaron;
pues los suyos los quemaron
los Indios, con casa y todo,
robándolos de tal modo,
que en pelota ⁶⁴⁸ lo dejaron.

En la Vitel, Azucena
únicamente tenía
la siguiente trastería:
dos sillas, una alacena,
una mesa medio buena,
una tinaja rajada,
una olla *pata quebrada* ⁶⁴⁹,
un asador, un mortero,
un catrecito de cuero,
una batea... y más nada.

Con todo, nunca quejosa
de la suerte se mostró:
al contrario, prosiguió
con Berdún más cariñosa;
y estaba tan linda moza,
que todos cuantos la vían
tan bonita, se *lambian*
por decirle, tan siquiera
¡Ay, mi alma! ¡quién mereciera!
pero, no se le atrevían.

Mas, un refrán muy formal
dice, que «en el campo, al fin
siempre la oveja más ruin
es la que ruempe el corral;»
ansí un mocito fatal,
de quien luego trataré,
tuvo gran parte en lo que,
con muchísimo pesar,
aquí les voy a contar
ahora no más: oiganmé.

Berdún también soportaba
la vida penosa aquella
en que estaba, y salir de ella

de un día al otro esperaba;
pero, para eso faltaba
asigurar la frontera,
a fin que se contuviera
de los Indios la arrogancia;
pues al sur no había estancia
que repoblarse quisiera.

Pero, en vano se afanaban
acá en reunir soldaos;
pues estos, de resabiaos,
cuando a diez acuartelaban,
catorce se resertaban;
es verdá que eran los piores,
mientras que de los mejores
sólo en los campos se vían
las partidas que salían
a perseguir resertores.

Más de un año se pasó
en esas preparaciones,
y la Indiada sus malones
entre tanto menudió:
y cuando se consiguió
el volverla a escarmentar,
Azucena, de un pesar
terrible que la asaltó,
loca de atar se volvió
y la tuvieron que atar.

Celos que fingidamente
Genaro le dio a su esposa,
de esa locura furiosa
fueron un antecedente
y a la moza infelizmente
tantas penas le acarriaron,
que a lo último le costaron
el estar encarcelada
inocente y desgraciada,
porque un crimen le achacaron.

Fue por broma, y no otra cosa,

---

⁶⁴⁷ *Trastes*: trastos, utensilios
⁶⁴⁸ *En pelota*: sin camisa, desnudo del todo. *(N. del A.)*
⁶⁴⁹ *Pata quebrada*: una pierna rota. *(N. del A.)*

que Berdún se le fingió
celoso, pues no dudó
nunca de su fiel esposa:
cuando Azucena preciosa
seguía cada vez más;
y ningún hombre jamás
al respeto le faltó;
hasta que a eso se atrevió
un mocito muy audaz.

    Pues si mentao fue Genaro
por guapazo y generoso,
de *Cupido* [650] y de tramposo
más fama tuvo un Alfaro,
el mozo de más descaro
que en ese tiempo privaba;
porque ese no respetaba
ni casada ni soltera,
a quien no se le atreviera
sin tener ningún reparo.

    De la Vitel donde estaba
el ranchito de Berdún,
la villa de Chascomún
tan cerquita se encontraba,
que con frecuencia bajaba
Genaro con su mujer,
a ese pueblito, por ver
y visitar a una tía,
que nunca le permitía
salir de allí sin comer.

    Allí también visitaba
ese trapalón Alfaro,
y allí también con Genaro
cuasi siempre se encontraba
de intento, pues lo esperaba;
y en cuanto Berdún venía,
allí Alfaro se metía;
y de Azucena al costao
se estaba como pegao
sin moverse todo el día.

    Genaro disimuló
esa pesadez cargosa,
y hasta un día que a su esposa
Alfaro un ramo le dio:
que Azucena lo tomó
sin ver que allí acomodao
venía en papel picao [651],
con muchísimo primor,
una décima de amor
en tono desvergonzao.

    En la décima decía
Alfaro, muy claramente
«que a Azucena ciegamente
apasionao la quería,
y que ya le parecía
el que la moza pudiera,
o más claro, el que quisiera,
por cariño o compasión
buscar alguna ocasión
en que lo correspondiera».

    Azucena ni miró
la bestial décima aquella;
pero, luego dio con ella
su marido y la leyó.
En seguida resolvió
sin agraviarse el guardarla,
solo pensando *jaliarla* [652],
sin tener otra intención
que en chanza y por diversión
a su mujer embromarla.

    La tarde esa que salió
Berdún de lo de su tía,
se vino a una pulpería
con Azucena, y compró
yerba [653], que se la envolvió
el pulpero en un retazo
de Gaceta... Y es del caso
que pronto les cuente yo,
en cuánto contribuyó
a una desgracia ese acaso.

---

650 *Cupido*: de enamorado. (N. del A.)
651 *Picao*: vulg. picado, labrado con picaduras o sutiles agujeritos puestos en orden con fines decorativos.
652 *Jalearla*: darle broma, fingirle celos. (N. del A.)
653 *Yerba*: el té que produce el país, con el cual se toma el mate. (N. del A.)

La ante-víspera del día
último en que a Chascomún
con su mujer fue Berdún
a visitar a su tía,
la viejita los había
en la Vitel visitao:
y sufrió un trance *pesao*,
pues ahí se le defondó
la silla en que se sentó,
sin haberla calentao [654].

Ahí no más la veterana,
por desdicha y suerte, a gatas
boca abajo, en cuatro patas
cayó en figura de rana:
ansí la alzaron sin gana
de sentarse en la otra silla;
porque viendo la polilla
que la primera soltó,
diría: «No quiero yo
romperme aquí una costilla..».

De allí, quien la levantó
fue Azucena, que al momento
como no había otro asiento
en su cama la sentó,
pero la anciana sintió
tal dureza en el colchón,
que en confianza, y con razón,
díjole a su sobrinita:
—¡Qué colchón tan flaco, hijita!
más lana tiene un *pellón* [655].

Esto me da mucha pena;
ansí, al fin de esta semana,
yo voy a mandarte lana
y lienzo, cosa muy buena,
para que hagas, Azucena,
un colchón; no te aflijás,
pues también recebirás
entonces otra cosita:
y, Dios sabe, sobrinita,
que no puedo darte más.

Ahora, dijo el payador,
no piensen que he *paroliao* [656]
al ñudo, y descaminao
del asunto; no, señor,
no he dicho aquí la menor
palabrita y circustancia,
que no tenga concordancia
con esta parte del cuento;
y ahora, dentro de un momento,
verán la concomitancia.

---

654 *Sin haberla calentao*: ni bien se sentó
655 *Pellón*: cuero seco de carnero sin haberle cortado la lana. *(N. del A.)*
656 *Paroliao*: vulg. hablado

– *XLVIII* –

Los celos. – La gaceta atrasada. – Don Pedro Corbata. – Don Domingo Paniqueso. – El ahogado. – Los recuerdos. – La entristecida.

 A la media hora después
que Vega se levantó,
vino a proseguir su cuento;
pero al istante que entró,
antes que tomara asiento,
Juana Petrona *codió* [657]
al Santiagueño, y le dijo
que venía el payador
desalentao y que traiba
el semblante muy tristón.

 Tolosa, viendo lo mesmo
que Juana, le preguntó
al viejito si sentía
alguna indisposición.

 Santos Vega, sin rodeos,
su congoja confesó,
diciéndoles al sentarse:

 —Siempre que relato yo
lo que ahora voy a contarles
con amargo sinsabor;
desde que recapacito
sobre aquello que pasó
de afligente en aquel tiempo,
reciamente al corazón
me estrujan esos recuerdos;
y de allí creo que son
las lágrimas con que mezclo

esta triste narración,
que, a pesar de ser memorias
de un siglo que ya pasó,
no hay día en que no me sean
una mortificación
de pesadumbre, y por eso
ahora estoy medio tristón.

 Ansí mesmo, a continuar
voy, para hacer relación
de aquello que en la Vitel
infaustamente ocurrió,
esa noche en que Azucena
del todo se enloqueció.

 Pues, como dije endenantes,
cuando la moza volvió
con Genaro aquella tarde,
la última en que visitó
a su tía en Chascomún,
antes de ponerse el sol
vino a su rancho, y entonces
en un jarro colocó
con agua fresca las flores
que Alfaro le regaló.

 Después que ansí puso el ramo,
sin tomarle ni el olor,
al poco rato Berdún
entre las flores miró

---

657 *Codió*: le tocó con el codo. *(N. del A.)*

el papelito *picao*,
y al istante presumió
fuese algún atrevimiento
del Cupido trapalón.

　Por ese pensar, Genaro
el papelito sacó
de entre el ramo; y ya sabemos
la décima que leyó,
como ya saben que luego
al bolsico se la echó,
para fingirse celoso,
y después por diversión
embromar a su mujer
sin ninguna otra intención.

　Como a su casa llegaron
temprano, allí se trató
de tomar mate, y al punto
que la agua se calentó,
Genaro trajo el cartucho [658]
de yerba, y se lo pasó.
a su mujer, que en un tarro
de hojalata lo vació;
y el pedazo de Gaceta,
en que esa yerba envolvió
el pulpero en Chascomún,
Azucena lo guardó.

　Al concluir de tomar mate
era más de la oración,
y como estaba escurito
luego la moza encendió
una vela, que en la mesa
la puso, y ahí se sentó
enfrente de su marido,
que al sentarse le soltó
desdeñoso una mirada
y ni palabra le habló:
desden en el que Azucena
poco o nada se fijó,
porque Genaro tenía

sus ratos de mal humor,
como debía tenerlos
un hombre en su situación.

　Fue pues, en ese momento,
que Azucena se acordó
del pedazo de Gaceta,
que allí lo desarrugó
para lerlo, no teniendo
más medio de distración.

　La Gaceta era viejaza,
y el pedazo, que leyó
la moza, era de la cola,
en donde sólo encontró
unos cuatro o cinco avisos,
siendo los primeros dos
graciosamente *imprentaos*
por el siguiente tenor:

....

Año de mil ochocien...
Buenos Aires... Marzo dos...
Aviso risible.
　... Ayer
diez y nueve, se escapó
del hospital de Belermos,
aonde estaba en curación,
don Pedro Corbata, el loco,
quien saltando el paredón
del fondo del campo-santo,
desde el bajo disparó
hasta el güeco de la Yegua,
adonde lo desnudó,
como a las diez de la noche,
un pillo que le dejó
solamente la corbata;
y ansí en pelota lo halló,
a las once, una patrulla
que al hospital lo volvió
tapado con una estera,
pero con su *corbatón*.

....

---

658 *Cartucho*: envoltorio de papel

Y *va de locos*.
    ... El jueves
diez y siete, se salió
don Domingo Paniqueso,
poco antes de la oración,
de la Cuna [659] en donde estaba,
y desde allí enderezó
apurao por el Retiro;
mas, luego se le ocurrió
irse al Treato, adonde fue
a sentarse en el portón,
poco antes que comenzara
la comedia que se dio
del *Licenciado Vidriera*
y como no consiguió
don Domingo entrar de balde,
allí afuera se quedó
mirando entrar a la gente
por la cochera o portón,
que es la entrada principal
del Treato, donde miró
que, abajo de la escalera
de las mujeres, metió
toda su fruta el *puestero*
que vende allí en el portón
sandías, duraznos, naranjas:
todo lo que arrinconó
al empezar la comedia.

    Entonces se *solivió*
muy fresco, el tal Paniqueso,
el más morrudo melón,
que lo menos tres cuartillos
era su justo valor.

    «Pero, dijo don Domingo,
me lo voy a chupar yo
a la salú del puestero».

    Ansí se lo manotió,
y a la *Zanja de Matorras*
fue a dar a comerseló;
pero, de la mesma zanja
el puestero lo sacó
a tirones de la leva [660],
y después que le atracó
una rigular paliza,
don Domingo se escapó
por la calle del Correo [661]
que toda se alborotó;
pues hasta la Ranchería [662]
todo el mundo disparó
y las puertas se cerraron,
porque un muchacho gritó:
¡Ahí viene un perro rabioso,
disparen, que es mordedor!

    «¡Pobre don Domingo!» dijo
Azucena; y prosiguió
dando güelta la Gaceta
al otro lado, aonde vio
con letra gorda imprentao:

....

Aviso oficial.
    ... Llegó
de San Pedro, ayer temprano,
un oficio que mandó
el alcalde de aquel punto,
diciendo, que allí salió
en una isla frente al pueblo
un ahugao, que se encontró,
después de reconocerlo,
no ser como se pensó
que fuese el joven Alfaro,
pues luego se averiguó
que Alfaro esta en Chascomún
con salú y de emprendedor.

    El muerto es un presidario
llamado Luis Salvador,
por otro nombre el Mellizo
de la Estancia de la Flor;
el que, al juirse del presidio
la otra semana, mató
a un soldado y a un chanchero
ese día, y se escapó
a la siesta, en un caballo
famoso que lo robó
en el Güeco de los Hornos.

    Ese Luis fue el saltiador
más terrible de estos tiempos,

---

[659] *La Cuna*: nombre de la casa de detenidos por deudas o pequeños delitos. (N. del A.)

[660] *Leva*: la levita o levitón. (N. del A.)

[661] *Calle del Correo* se llamaba la actual calle del Perú. (N. del A.)

[662] *La Ranchería*: el mercado actual. (N. del A.)

y era joven, porque no
tenía veinte y cuatro años
cumplidos, cuando se *ahugó*
a los cuatro o cinco días
que del presidio juyó,
y fue a dar junto al Rosario;
aonde el alcalde Berón
en la vuelta de Montiel [663]
con siete hombres le salió
a prenderlo, y el Mellizo
en su desesperación
por no poder escaparse,
herido, determinó
antes de rendirse allí
perecer, y se lanzó
a caballo al Paraná,
siendo allí donde se ahugó
y a las islas de San Pedro
la corriente lo arrastró.

   Habiendo leído este aviso,
Azucena se quedó
sumamente enternecida;
y después que *redamó*
algunas lágrimas dijo:

   —¡Alabado sea Dios!
¡cómo se nos pasa el tiempo!
pues, sólo pensaba yo
que hiciera, a lo más un año
a que el pobre Luis murió;
y sigún esta Gaceta,
veo que hacen más de dos,
y que fue en los mesmos días
en que Manuel nos dejó.

   Entonces Berdún le dijo
de un modo medio burlón:
—No te aflijas, Azucena,
mientras no te deje yo,
o que me dejes a mí;
porque, ya creo que vos
estás algo fastidiada
de tu rubio, y con razón;

pues que los hombres sin plata
tienen siempre mal olor.

   —¿Te has vuelto loco, Genaro?
Azucena replicó.
¿Qué quieres darme a entender
con ese modo gauchón
de explicarte? ¿Estás borracho?

   —No, ingrata, lo que estoy yo
es viendo que en mi pobreza
ha venido a verte Dios,
trayéndote en mi lugar
un auxilio superior
en Alfaro, que ya tiene
cabida en tu corazón...

   —¡Jesús! ¡Qué barbaridá,
o qué maldita ilusión!
dijo la moza agraviada...

   Y de allí se levantó
para acostarse a dormir,
como luego se acostó
callada hasta el otro día.
Ansí esa noche no habló
con Berdún ni una palabra;
ni Genaro le volvió
a decir cosa ninguna,
pero continuar pensó
su broma al día siguiente...
y bien caro le costó.

---

[663] *Montiel*: gran monte, o bosque de la provincia de Entre-ríos. *(N. del A.)*

– XLIX –

El huracán. – El rancho sin puerta. – La olla pata quebrada. – La mazamorra. – La separación.

  Era de otoño a la entrada,
esa noche que Azucena
se acostó con mucha pena
por los celos disgustada;
ansí, triste y desvelada
algunas horas pasó,
pero por fin se durmió;
y, no siendo rencorosa,
al otro día la moza
tranquila se levantó.

  Entre su rancho hizo fuego,
pues ni cocina tenían
ni levantarla querían
pensando en mudarse luego,
y por no tenerle apego
a ese lugar donde estaban,
como que allí lo pasaban
con mucha incomodidá:
pero por necesidá
las molestias soportaban.

  Luego, entonces ya no había
de Chascomún al redor
donde anidarse mejor,
pues la gente que acudía
a ese punto, no cabía;
y hubo familia completa,
que con sólo una maleta
y algunas jergas⁶⁶⁴ pasó,

el tiempo que allí vivió,
adentro de una carreta.

  Después de esa disgustada
noche, que pasó Azucena,
muy fresquita y muy serena
fue la nueva madrugada
no habiendo en el cielo nada
que una tempestá anunciase,
ni temor de que se alzase
redepente una tormenta,
tan furiosa y tan violenta
que los ranchos arrancase.

  Pero, a las nueve del día.
poco más, o poco menos,
fue cuando se oyeron truenos;
y que al poniente se vía
un nubarrón que subía
el horizonte cubriendo
de oscuridá, pareciendo
lo mesmo que resultó,
pues luego eso reventó
en un huracán tremendo.

  Media hora no más duró
la furia del ventarrón,
que árboles y una porción
de ranchos arrebató;
pero Berdún consiguió

---

664 *Gergas*: mantas de lana que dobladas se ponen sobre el lomo del caballo abajo de la silla o montura. *(N. del A.)*

de que al suyo bamboleando
le dejase el viento, aun cuando
al principio le arrancó
la puerta, y se la llevó
muy lejos revoletiando.

    Cuando sin puerta se vio
Genaro, con un hijar [665]
esa noche el remediar
aquella falta logró;
ansí en el marco amarró
el cuero con unos tientos,
lo que hizo pocos momentos
antes de echarse cansao:
porque había trajinao
a quedarse sin alientos.

    Entre tanto, su mujer,
pasao el primer conflito,
a las tres un asadito
sólo hizo para comer:
y gracias que pudo hacer
eso la pobre Azucena,
después que tuvo la pena.
en su triste situación
de mirar que el ventarrón
le maltrató su alacena.

    Cuando el huracán pasó,
esa tarde hasta las tres
lloviznó, pero después
muy lindo el tiempo siguió:
porque de nuevo salió
el sol, y esa tardecita
ni una sola nubecita
en todo el cielo quedó;
de suerte que continuó
la tarde muy serenita.

    Estando pronto el asao,
junto al fogón se pusieron
a comerlo, y lo comieron
en el asador clavao;
luego el asador pelao
ahí quedó junto al fogón,
que hacían por precisión
en el rancho aonde dormían,
desde que allí no tenían
más cocina ni galpón.

    Ya estaban por levantarse
al acabar de comer,
porque debían hacer
algo para resguardarse
del frío, cuando allegarse
miraron a un carretón,
que le traiba una porción
de cosas para Azucena,
con la prometida y buena
lana para otro colchón.

    Entró pues a descargar
el pión las cosas aquellas;
siendo la primera de ellas
un buen sobrecostillar
con cuero: además, un par
de gallinas, y un *atao*,
aonde había maíz pisao,
yerba, azúcar, y a más de eso
un hermosísimo queso
perfeutamente amasao.

    Su tía, en fin, se portó
muy lindo en esa ocasión;
pues para el nuevo colchón
ni del lienzo se olvidó;
y para el fuego mandó
unos postes recortaos
en tres trozos bien rajaos:
cosa que necesitaban,
pues ya de leña se hallaban
en la Vitel apuraos.

    Al ver Azucena al pión

---

[665] *Hijar*: trozo cuadrado muy sobado de cuero crudo de potro, pieza del recado que se colocaba plegado entre las dos caronas o por encima de ellas y desplegado se usaba como toldo de emergencia

que entró al rancho con su lana,
le dijo: «Aquí, hasta mañana
déjela en este rincón;
retirada del fogón
póngamela desatada;
pero bien arrinconada,
que luego yo la ataré;
y al volverse llevelé
a mi tía su frezada».

Después que allí concluyó
el pión su descarga aquella,
se fue por la mesma güella,
que hasta la Vitel surquió:
adonde algo churrasquió,
porque estaba sin comer;
y como él tuvo que hacer
su churrasco, retardó
la vuelta, y cuando salió
las nueve debían ser.

Antes de la retirada
del pión para Chascomún,
ya la mujer de Berdún
andaba algo acoquinada [666]
por el frío de una helada
que se había descolgao
estando el tiempo templao,
cuando naides la esperó,
y esa noche los pilló
con el rancho algo estropiao.

Ansí apurada Azucena
por el frío, se acordó
del maíz pisao que guardó
poco antes en la alacena,
y dijo: «con leña buena
como tengo en la ocasión,
puedo dejar el fogón
ardiendo, y de mañanita
de mazamorra [667] tiernita
tener una provisión».

Para eso determinada,
entró la moza a pensar,
cómo podría parar
a su olla pata-quebrada,
no teniendo allí más nada
por lo pronto en qué poner
su mazamorra a cocer;
pero luego se amañó
y el pie a la olla le suplió
como lo van a saber.

Las ollas que los Ingleses
nos traín, para en los fogones
meterles fuego en tizones
abajo, tienen tres *pieses*
que hacen de *trebes* [668] las veces;
pero, en llegando a faltarle
una pata, para hallarle
acomodo en el fogón,
debajo, por precisión,
una piedra hay que atracarle.

Pero Azucena no usó
de piedra ni de ladrillo,
encontrando más sencillo
el modo con que pensó
parar la olla, cuando vio
su marca que estaba allí,
cuya marca era una Y,
con la cual la olla calzó
por el fondo, y la dejó
firme, y bien parada ansí.

Entre tanto, su marido
trajinando continuó,
hasta que medio tapó
ciertas rendijas que vido
entre el rancho, sacudido
ese día como fue,
con tanta violencia, que
cuando paró el ventarrón

---

666 *Acoquinada*: acobardada *(N. del A.)*
667 *Mazamorra*: maíz pisado que se pone a hervir hasta que se hace jaletina. *(N. del A.)*
668 *Trebes*: trébedes, utensilio de cocina.

les hizo allí una porción
de aujeros en la paré.

   Cuando Genaro acabó
su tarea, muy cansao
vino al fogón y sentao
callado un rato pasó,
hasta que se le ocurrió
por broma, viendo el montón
de lana allí en el rincón,
el decir: —¿Quién será el mozo
bien querido y muy dichoso
que estrenará ese colchón...?

   —Debe ser el aturdido,
dijo Azucena impaciente,
el grosero, el imprudente,
o el loco de mi marido,
el que, cuando esté concluido
mi colchón, lo estrenará;
pero, desde ahora hasta allá,
le juro, que no ha de ver
a su lao a su mujer,
y que solo dormirá!...

   Luego, dejando el fogón;
un poncho blanco agarró
Azucena, y se envolvió
marchando para el rincón
donde encima del montón
de lana, toda encogida,
se acostó tan resentida,
que, aunque Genaro trató
de acariciarla, lo echó,
y al fin quedose dormida.

   Genaro desengañao
de lo inútil que sería
rogarle a quién no quería
pasar la noche a su lao,
como estaba tan cansao
y era tarde se acostó;
pero en el fuego dejó
a la mazamorra hervir,
y en cuanto se echó a dormir
como un tronco se quedó.

....

Ya no puedo proseguir
por ahora, dijo el cantor;
y les pido por favor
que me permitan dormir;
porque, principio a sentir
una triste desazón,
que, siempre en toda ocasión,
en esta parte del cuento,
me causa tal sentimiento
que me duele el corazón.

– L –

El asesino. – La fantasma. – El hombre marcado.
– La fuga.

 En esa separación
como tres horas pasaron;
de ahí dormidos se quedaron
cada cual en su rincón,
y de todo se olvidaron.

 Por supuesto, allí dejó
Azucena, abandonada
su mazamorra desiada,
que al fin se le *redamó*
alla al ser de madrugada:

 Cuando ya estaba en sazón,
riquísima, porque hirvió
hasta el alba que duró
sin apagarse el fogón,
y hecho ascuas amaneció.

 Pero a el alba ya era escasa
la llama que el fuego hacía,
pues la ceniza cubría
de cada tizón la brasa,
que ardiendo siempre seguía.

 De manera, que el fogón
a esa hora sólo soltaba
la llama que se escapaba
de alguno que otro tizón,
que el fuego reconcentraba.

 Mucho después de la una
de la noche, apareció
resplandeciente y subió
a medio cielo la luna,
y la pampa iluminó.

 El campo en tranquilidá
por la Vitel todo estaba;
pero, a el alba se escuchaba
de cuando en cuando a un chajá,
que lejos al sur grazniaba.

 Lo mesmo a los *teruteros*
apenas se les oía
de lejos la gritería;
pero son tan noveleros,
que eso poco suponía.

 Las tres Marías [669] a esa hora,
algo separadamente
una de la otra, al poniente
antes de nacer la aurora
bajaban lucidamente.

 Mientras que con desconsuelo,
entonces, todas aquellas
tan luminosas estrellas
del Naciente, ya en el cielo
no brilla ninguna de ellas:

---

669 *Tres Marías*: las estrellas del Cinturón
 de Orión, Alnitak, Alnilam y Mintaka,
 muy visibles en el hemisferio Sur

Cuando la luz refulgente
del sol antes de nacer
las viene a empalidecer,
y luego completamente
las hace desparecer:

A esa hora pues, sin ningún
ruido, un gaucho se bajó
del caballo, y se arrimó
al ranchito de Berdún,
y sin puerta lo encontró.

Con curiosidá prolija
luego el gaucho procuró
por donde *vichar,* y halló
en la puerta una rendija
que el *cuero* abierta dejó.

Y aunque adentro de la casa
no hacía candil prendido,
seguía el fuego encendido;
y por esa luz escasa
el gaucho en un catre vido:

Durmiendo profundamente
al hombre que iba a buscar;
y en el momento al hijar
le cortó muy suavemente
los tientos para dentrar;

Pero antes de eso metió
la cabeza solamente,
a ver si había más gente,
y como a naides más vio,
entrose resueltamente.

Y al catre se dirigió
lo más pausado que pudo;
pero, iracundo y ceñudo,
cuando a la cama llegó
llevaba un puñal desnudo.

Esa tarde por casual,
Genaro para abrigarse
del frío, y por no resfriarse,
su chaqueta de oficial
tenía hasta al acostarse.

Ansí, el infeliz, cansao,
se había acostao vestido,
y boca arriba dormido
estaba despechugao,
cuando el gaucho forajido...

Con una furia infernal
en cuanto se le arrimó,
en el pecho le enterró
cuasi entero su puñal,
y allí al juir se lo dejó:

Pues cuando quiso el bandido
sacarle el puñal, sintió
que del brazo lo agarró
como tenaza el herido,
y un rato lo sujetó.

Antes, una exclamación
tan fuerte Berdún soltó
cuando la herida sintió,
que Azucena en su rincón
confusa se despertó:

Y el poncho en esa sentada
se lo metió por el cuello,
cuando del fuego a un destello
fugaz, en una mirada
vio la infeliz todo aquello.

Y le fue tan comprensible
todo lo que entonces vio,
que al istante resolvió
una venganza terrible;
pero el furor la cegó:

Pues, cuando gatiando vino
al fogón para agarrar
el asador y ensartar
por la espalda al asesino,
sólo atinó a levantar...

La marca que había puesto
al dejar apuntalada
a su olla pata-quebrada;
y la marca, por supuesto,
se mantenía caldiada.

Ansí, al sacarla volcó
la olla encima del fogón;
y, entre el vapor y el montón
de ceniza que se alzó,
una fantasma o visión

Vio el gaucho tan sorprendido,
cuando Berdún lo soltó,
que para juir procuró
la puerta despavorido...
por la fantasma que vio:

Y, en ese oscuro camino,
en la espalda al ir saliendo
del rancho, de un modo horrendo,
Azucena al asesino
le plantó la marca ardiendo.

Cuando el fierro lo quemó
al gaucho, dio un alarido
y disparó persuadido
que la fantasma que vio
¡el demonio habría sido!

Ansí, espantado juyó;
y al fin, la espalda completa
del justillo y la chaqueta
la marca allí le arrancó,
al quemarlo en la paleta.

– LI –

La loca ensangrentada. – El puñal. – El sargento
asustado. – El malón. – El incendio.

Al disparar el bandido,
recién Azucena vio
que había agarrao su marca
por cojer el asador;
y después de maldecir
esa su equivocación,
una vaga y triste idea
solamente le quedó
de haber sentido chirriar
la espalda del malhechor.

Como el rancho quedó oscuro,
porque el fuego se apagó
en cuanto la mazamorra
encima se le volcó,
una vela, ansiosamente,
medio temblando encendió,
y a socorrer a su esposo
llorando a gritos corrió.

Genaro estaba dijunto,
asigún le pareció
a la desolada esposa
cuando el puñal le arrancó,
y la sangre a borbollones
por la herida le saltó.

Al ver eso, atribulada
Azucena se sacó
una media, y dobladita
con una faja la ató
sobre la herida, y entonces
la sangre se le estancó;
pero Genaro no hablaba,
ni Azucena consiguió
el hacerle abrir los ojos;
y cuando allí lo besó
en la cara, el frío helao
de la muerte le sintió.

Entonces desesperada
y fuera de su razón,
con el puñal en la mano
ensangrentada salió
al campo a pedir socorro:
cuando errante se encontró
casualmente a una patrulla
que pasaba a la sazón
por allí cerca del rancho,
y andaba en persecución
de unos soldaos *resertores*
por aquella imediación.

De esa patrulla, el sargento
al istante se avanzó
a la viuda, cuando daba
fuertes gritos de clamor.
Naturalmente, el sargento
lueguito le preguntó,
lleno de curiosidá,

¿diadónde y por qué razón,
vestida a la madrugada,
tan llena de confusión
salía con un puñal?

Azucena contestó
fuera de sí: —¡Porque han muerto
a Berdún!...

—¡Cómo! exclamó
el sargento. ¿A qué Berdún?
—A mi esposo, respondió
la viuda, temblando de ira;
y al sargento se acercó.
—Pero, ¿dónde esta el dijunto?
venga usté a mostrarmeló.
—Ahí está; en ese ranchito,
bien cerquita; vealó.
—Y ¿quién ha muerto a su esposo?
—¡El demonio! O qué sé yo
si no habrá sido usté mesmo,
el maldito matador...
Sí, sí; ya no tengo duda,
usté ha sido el malhechor.
—¡Cómo dice!... ¿Está borracha?
—Es usté el muy borrachón,
y asesino...

—¡Voto al diablo!
dijo el sargento... Y mandó
amarrarla en el momento:
lo que apenas se logró;
porque, furiosa Azucena,
a un soldao que se arrimó
para agarrarla del brazo,
con el puñal lo embistió
al tiempo que otro soldao
de atrás vino y la abrazó,
y entonces con mucho riesgo
el puñal se le quitó.

El día estaba naciendo
al tiempo que esto ocurrió,
y cuando al rancho el sargento
con dos soldaos se metió,
lo vido muerto a Berdún;
pero naides lo tocó,
porque en ese mesmo istante
otra patrulla pasó,
disparando a media rienda
y gritando: «¡Vamonós
a reunir, que ya viene
la Indiada *cercandonós!*»

Ansí, al alba los *chajases*
anunciaban el *malón*;
y también los teruteros
gritaban en confusión;
pues de lejos les tomaron
a los Indios el olor:
y eso fue precisamente
cuando la aurora apuntó.

Mesmamente; a poco rato
ya la algazara se oyó
tan cerca de la Vitel,
que la patrulla juyó
con Azucena en las *ancas*
de un soldao que la cargó,
y de allí hasta San Vicente [670]
el sargento la llevó,
adonde al juez del partido
al istante la entregó
atada, y con el puñal
que al prenderla le quitó.

A las cuatro, esa mañana,
en la Vitel no quedó
del ranchito de Berdún,
más que un escaso montón
de ceniza, y nada más:
ni siquiera un chicharrón [671]
de Genaro pudo hallarse,
por más que se registró.

---

[670] *San Vicente*: pueblito de campaña. *(N. del A.)*
[671] *Chicharrones*: residuo tostado de la grasa fina de cerdo frita. En sentido fig. cualquier cosa muy quemada.

Ansí, al dijunto, decían
que el fuego lo consumió;
y su muerte todo el sur
mucho tiempo lamentó,
sin poderse averiguar
nunca quién lo asesinó:
pues, no se pudo *rastriar*
a naides, porque dejó
una infinidá de rastros
la Indiada, cuando quemó
los ranchos en la Vitel,
y de allí se retiró
arriándose como siempre
todo el ganao que pilló.

Por fin, como iba diciendo,
la partida disparó,
y esa tarde a San Vicente,
poco después de las dos,
vino a entregar a Azucena;
y, al punto que la entregó
al alcalde y que le vido
el ceño amenazador
a la moza, y como estaba
de ensangrentada, mandó
ponerla en el calabozo,
en incomunicación,
pero que la desataran
al mesmo tiempo ordenó.

Luego, el alcalde al sargento
a declarar le obligó,
el cómo, el cuándo y adónde
a la mujer agarró.

El sargento, como es ley,
antes de todo juró
que diría la verdá,
y a declarar principió
diciendo: Que, muy al alba,
esa mañana topó
con Azucena en el campo,
juyendo; y que la encontró
vestida, y con el puñal
con que a la cuenta mató
ella mesma a su marido;
pues que el sargento lo vio
recién muerto en su *ranchito*;
y que su gente rondió
por allí toda esa noche,
y que a naides se miró
junto al rancho del finao,
hasta la hora en que salió
como a escaparse Azucena:
cosa que no consiguió,
porque parecía estar
borracha cuando cayó
en medio de la patrulla,
y al sargento le achacó.
la muerte de su marido;
y que, cuando se trató.
de asigurarla, a un soldao
con el puñal lo embistió,
felizmente al mismo tiempo
que otro soldao la abrazó
por detrás, hasta quitarle
el puñal, que lo soltó
a fuerza de *tironiarla*;
y que entonces se fingió
la loca para entregarse.

Por último declaró
el sargento, que la Indiada
allí cuasi lo agarró,
y que a Chascomún no pudo
meterse, por la razón
que los Indios lo cortaron
cuando a ese lao disparó.

Y después de ese chorizo
de mentiras que ensartó
con verdades y aparencias,
su declaración firmó.

Dos soldaos de la partida
también su declaración
hicieron ante el alcalde,
más o menos al tenor
de aquella que dio el sargento:
que esa tarde se *largó*
a Cañuelas [672] con su gente;
y Azucena se quedó
tirada en el calabozo,
diaonde luego la llamó
el alcalde a que le diese
también su declaración.
Para eso, descoyuntada
la infeliz se presentó,
loca rematadamente,
cosa que el juez no creyó.
....

Santos Vega iba a seguir
hablando, pero alvirtió
que estaban Juana Petrona
y su marido, los dos,
lagrimiando tristemente;
y temiendo el payador
que a la moza allí le diera
otro mal de corazón
y empezara a *pataliar*,
a Vega le pareció
prudente el no proseguir
el cuento; y lo suspendió
al istante en que por suerte
o casualidá cuadró
que el gallo *medio-nochero* [673]
las doce en punto cantó.

---

672 *Cañuelas*: pueblito más inmediato a Buenos Aires. *(N. del A.)*
673 *Gallo medio-nochero*: gallo que adquirió la costumbre de cantar de noche

– LII –

La villa de San Vicente. – La prisionera. – El calabozo. – El juzgado de campaña. – El alcalde tilingo. – El interrogatorio. – La reyerta.

Ahora verán la reyerta
que en esa triste ocasión
entre el alcalde *tilingo* [674]
y Azucena se *trenzó*,
la tarde que en San Vicente
el sargento la entregó.

Era alcalde en esa villa
un Montañés [675] fanfarrón
muy porro [676], y cuasi redondo
como bala de cañón,
desasiao en su persona,
pero medio bonanchón.

Yo lo conocí, y me acuerdo
que, cuando se festejó
la jura de Carlos cuarto
en Buenos Aires, se armó
una comedia, de puros
comediantes de afición;
en la cual a dicho alcalde
hacer de Rey le tocó,
mostrándose enamorao
de una *Turca*, o qué sé yo.

El mestro [677] de la comedia
tres semanas trabajó,
lidiando con el alcalde
día a día con tesón,

para enseñarle a poner
la mano en el corazón,
y ansí decirle a la Turca
al mostrarle una pasión:
¡Tengo en el pecho un volcán!

Mas, cuando el caso llegó
de que saliese al tablao,
las liciones olvidó,
o no sabiendo el Monarca
lo que era un volcán, salió
su *saca-rial* [678] —*majestá* –
medio azorao, y gritó
con la mano en el *gañote*
¡Tengo en el pecho un *balcón*!...

La Turca soltó la risa
y de babas le llenó
la cara al Rey *pescuecero* [679],
y el auditorio salió
a la calle a carcajadas,
y el primero que puntió [680]
entonces fue don Faustino,
que de reírse se enfermó
lo mismo que otros puebleros;
de suerte que se acabó
la comedia el empezarse,
y solito se quedó
su majestá en el tablao

---

674 Tilingo: tonto, torpe. *(N. del A.)*
675 *Montañés*: originario de las montañas de la provincia de Burgos, en Castilla
676 *Porro*: torpe, rudo y necio
677 *El mestro*: el maestro director. *(N. del A.)*
678 *Saca-rial*: saca real, por ser gordo como una saca y personificar al rey
679 *Pescuecero*: caballo que tirando mucho del pescuezo arrastra otro con la collera. *(N. del A.)*
680 *Puntió*: salió adelante, en la punta. *(N. del A.)*

como piedra de mojón.

Pues bien, ese fue el alcalde
mulita [681] que le tomó
a la infeliz Azucena
su primer declaración.

Para eso, del calabozo
un soldao se la llevó
en ayunas, como estaba,
porque allí no se le dio
ni agua a beber ese día
que hizo un terrible calor.

Ansí, sumamente débil,
el tal soldao la obligó
a ir al cuarto del alcalde
adonde Azucena entró
sollozando, y desconfiada
con la vista registró
del lugar en que se hallaba
hasta el último rincón.

Luego, con gestos y muecas
de extrañeza, reparó
que atrás de una mesa grande
parecida a mostrador
estaba sentao el juez,
muy tieso, y con su bastón,
en una silla de suela
adonde cabrían dos.

Al mirar eso, Azucena
en su delirio creyó
que aquel hombre era barbero,
o a lo menos pescador,
porque tenía una caña
de tres varas por bastón.

Una triste risotada
con esa crencia soltó;
pero, otra vez lagrimiando

Azucena se agachó
para ver bajo la mesa,
donde con asco miró
que el juez estaba en chancletas [682]
y con medias de *pisón* [683].
De ahí, frunciendo las narices,
dijustada se sentó.

El alcalde, que en silencio
estuvo desde que entró
la loca, a quien él miraba
con muy prolija atención,
esperando verle ansí
el fondo del corazón,
cuando la vido sentarse
tan confiada, le gritó:
—¡Cómo es eso! paresé
ligero, porque aquí no
se sienta preso ninguno...

Azucena se riyó,
y altiva díjole al juez:
—Pues, aquí me siento yo,
y no quiero levantarme
ni entrar en conversación
con usté, señó barbero
chancletudo, sepaló;
pues no me gusta su traza,
y le tomo fiero olor,
porque usté nunca se lava
los pieses. Laveselós,
y hágase cortar los vasos [684]:
eso le será mejor
que encerrar a una mujer
desdichada como yo,
después de ser usté el mesmo
que a mi esposo asesinó.

—¡Esta, sí, que es taculona [685]!
¿si estará loca?... Aunque, no
dijo el alcalde entre sí.
Esta gaucha veo yo

---

681 *Mulita*: torpe, ignorante. (N. del A.)
682 *Chancleta*: alpargata vieja que se usa sin calzar. Calzado sin talón.
683 *Medias de pisón*: calcetas de lana ordinarias. (N. del A.)
684 *Los vasos*: las uñas, a las cuales por ironía los gauchos llaman vasos. (N. del A.)
685 *Es taculona*: esta sí que es gran osadía, o atrevimiento inesperado. (N. del A.)

que es una desorejada [686],
astuta de profesión,
que pretende hacerme *crer*
que ha perdido la razón,
haciéndome comulgar
con ruedas de carretón [687].

No me equivoco, y consiento
en mostrarme bonanchón,
hasta ver adónde van
sus maquines [688]: veamosló...

Bueno, pues: déjese estar
sentada, el juez replicó;
pero, a decir la verdá,
prepárese, porque no
le han de valer fingimientos,
ni muecas, ni esa porción
de suspiros, lagrimeos
y gestos, que todos son
maquines; y nada más.
Aquí lo que quiero yo
es que hable usté la verdá
como delante de Dios,
¡porque yo soy la justicia!

—Pues, oiga, le contestó
Azucena; yo lo creiba
un barbero, o pescador;
pero ahora veo que tiene
facha de ajusticiador,
o verdugo, que es lo mesmo;
por eso usté me amarró
hoy, cuasi a descoyuntarme,
y hasta que me desató
al meterme en ese cuarto
jediondo [689], aonde me encerró...
Pero... deje estar no más:
todo se lo diré yo
a Gena... Y en ese istante
la lengua se le anudó.

—Esta es cómica..., entre sí
dijo el juez, y la dejó
proseguir la pantomima
que el Montañés presumió
que estaba haciendo Azucena;
pero cuando se paró
pálida, desmelenada
y convulsiva, temió
el juez no hallarse siguro:
y de miedo, a precaución,
el puñal que estaba encima
de la mesa, lo agarró
a un descuido de Azucena
y con llave lo guardó.

Luego, en seguida el alcalde
suavemente le mandó
que tranquila y sin recelo
diera su declaración,
para mandarla a su casa
esa tarde a la oración.

Azucena, a tal oferta
algo se tranquilizó;
pero, siempre sollozando,
nuevamente se sentó.

En ese momento el juez,
lo primero que le habló
fue preguntarle su nombre.
—Isabel, le contestó.
—Vamos, vamos, dijo el juez;
no es ese su nombre, no,
mire que aquí la conocen.
Hable la verdá: si no,
tendrá usté que padecer;
y eso no deseo yo.
Usté se llama Azucena.
¿No es verdá esto?

—No, señor:
eso no es cierto, *velahí*;

---

686 *Desorejada*: prostituta. (N. del A.)
687 *Comulgar con ruedas de carretón*: tragar (creer) cualquier cosa intragable (increíble)
688 *Maquines*: maquinaciones
689 *Jediondo*: hediondo, pestilente. (N. del A.)

a mí se me bautizó
con el nombre de Isabel
eu Chascomún: crealó.
—Bueno: y ¿diaónde viene usté?
—Del cuarto aonde me encerró
usté mesmo, ¿no se acuerda?
Y, ¿por qué ansí me trató,
supuesto que me conoce?
—Vamos, eso ya pasó.
Ahora la voy a tratar,
creo que mucho mejor,
si usté me contesta bien.

   Azucena se cubrió
la cara para llorar,
y sus lágrimas secó
sirviéndole de pañuelo
la manga del camisón.

   —Dígame, dijo el alcalde:
¿en qué parte la prendió
hoy al alba la partida?
—¡Qué prender, ni prendedor!
A mí naides me ha prendido;
fui, por mi desdicha, yo
que topé a esos malhechores
en mi desesperación.
—Y ¿diaónde venía usté
cuando a esos hombres topó?
—¡Diaónde vine! De mi rancho,
donde muerto se quedó
mi desgraciado marido...
—Pero; allí, ¿quién lo mató?
—Eso ha de saberlo usté
que es tan averiguador.
—Ya lo sabré; deje estar,
el alcalde replicó;
pero, siga respondiendo:
¿a qué horas se recogió
usté anoche?...

   —No me acuerdo.

—¿Ni de con quién se acostó
no quiere acordarse aquí?
—Con naides me acosté yo.
—Entonces, ¿durmió solita?
—Dormí sola, sí, señor.
—¿Y, por qué durmió solita?
—¡Qué! ¿es usté mi confesor?
No sea tan majadero:
¡vaya un hombre preguntón!
Cuando ya siento que aquí
me duele hasta el corazón.
—¿Por qué, pues, durmió solita
—Porque la gana me dio;
y no sea fastidioso...
ya basta; porque, si no,
ahí lo dejaré sentao
detrás de su mostrador,
y me mandaré mudar:
de otro modo, a la oración
no podré estar en mi casa,
pues ya va a ponerse el sol,
y si piensa entretenerme
usté, con mala intención,
puede dirse a los infiernos,
y al diablo entretengaló.

   —¡No sea desvergonzada!
el alcalde le gritó
con tal furia, que Azucena
del grito se intimidó,
mucho más cuando el alcalde,
levantando su bastón,
le dijo: ¡Respetemé,
como debe! Pues, si no,
vuelvo a mandarla encerrar
sin más consideración.
Respunda atenta, si quiere
que la suelte a la oración;
pero, diga la verdá
¿a qué hora se levantó,
esta madrugada, usté,
vestida como salió

y armada a pedir socorro?

    Azucena recordó
aquel aciago momento,
y llorando contestó:
—¿Qué quiere que le respuenda?
¡Cómo pude saber yo
a qué hora me levanté,
o más bien me dispertó
el doloroso quejido
que mi Genaro lanzó!
¡ay de mí! Cuando a la aurora
al lado mío espiró...
—Y, ¿cómo estaba vestida
usté? y ¿por qué madrugó
a oscuras? Respuendamé.
—Pero, por amor de Dios:
yo estaba vestida ansí,
como el día me agarró
con mis medias, la camisa,
las naguas y el camisón.
—Y ¿por qué para acostarse
usté no se desnudó?
y, ¿por qué de su marido
anoche usté se apartó?

—¿Qué le importa eso por qué...?
No quiero decirseló
a usté ni a naide; y tampoco
quiero más conversación:
lo que quiero es irme a casa...

    Y a salir se preparó.

—Pues basta, dijo el alcalde,
que de esa separación,
que hizo esté de su marido
cuando solita durmió,
no declare aquí el porqué
claro lo comprendo yo,
desde que al amanecer,
cuando su esposo espiró,
usté, queriendo escaparse,
ansí vestida salió
con el puñal en la mano...
¿no es verdá? Confieseló.
—¡Qué puñal! Yo nunca tuve
puñal ninguno, ¡por Dios!
—¡Cómo es eso! Dijo el juez:
¿niega usté que se le halló
este puñal en la mano?...
Y el juez se lo presentó
ensangrentao hasta el cabo,
diciéndole: ¡vealó!
y mírese usté esa sangre
que tiene en el camisón:
sangre con la que su esposo
el vestido le manchó,
cuando usté... sin duda alguna,
este puñal le clavó.

    —¡Ah, pícaro! Dijolé
Azucena... y se lanzó
como tigra sobre el juez;
pero, al vuelo, la agarró
el soldao que estaba atrás,
a quien furiosa mordió
la infeliz: y convulsiva
desmayada se cayó.

    Ansí mesmo, desmayada,
el juez de nuevo mandó
meterla en el calabozo.
Luego, el alcalde escribió,
hasta tarde de la noche,
con otro que le ayudó
a cumplir esa tarea,
y después que reunió
todas las declaraciones,
hizo un lío y lo pegó
con miga de pan *mascao*.

    Después, a un cabo llamó
y le dijo: —Aprontesé

para salir a las dos
de la mañana, sin falta,
con tres soldaos: busquelós
entre los de más confianza;
porque irá usté en comisión
a Buenos Aires derecho,
llevando con precaución
a una mujer criminal
que esta mañana mató
al marido en la Vitel.

   Estos los papeles son
con que usté la entregará;
pero, entonces, hagaló
después de tomar recibo,
y el recibo traigaló.
¡Cuidao con estos papeles!
no los pierda: tomelós.
A la presa llevelá
desde acá en el carretón
livianito, que ahí está
debajo de mi galpón;
pero, mande que le pongan
en el lecho una porción
de paja, o de pasto seco.
Ninguna conversación
le permita en el camino
con naides: entiendaló;
y con cerrojo y candao
cierre bien el carretón.
Ensillen buenos caballos,
y mañana a la oración
estará usté en Buenos Aires
sin falta. Vaya con Dios.

   Estas órdenes el cabo
puntualmente las cumplió;
ansí fue, que a la ciudá
al otro día llegó
a las siete de la noche,
y en la cárcel entregó
a la infeliz Azucena
tan loca, que, cuando entró,
el alcaide compasivo
al verla se conmovió;
y al istante, el que le dieran
algo qué comer mandó.

– LIII –

La encarcelada. – El médico Gafaró. – Pica–pica. – La rasquiña.

    Treinta y un años cumplió
la viuda en el mes aquel,
que Berdún en la Vitel
asesinado murió;
y poco desmereció
Azucena en su hermosura,
hasta que al fin la locura
en algo la quebrantó,
y ansí mesmo conservó
cuasi toda su *lindura*.

    En la mesura tarde aquella,
que a Buenos Aires llegó
Azucena, recibió
la noticia doña Estrella;
y don Faustino con ella,
de su casa, sorprendidos,
en el momento afligidos
a la cárcel se vinieron,
donde en la alcaidía fueron
cortésmente recebidos.

    La señora, atribulada,
al alcaide en cuanto entró
temblando le preguntó:
¿si era su querida ahijada
la presa recién llegada?
Y el alcaide, por no errar,
se redujo a contestar:
—Señora, yo he recebido
una presa que ha venido
del campo, y loca de atar:

    Y, aunque me ha dicho un soldao
que acá el juez la ha remitido
porque mató a su marido,
tanta lástima me ha dao,
que en un cuarto separao
ya está con toda asistencia;
pues creo en Dios y en concencia,
que, si llega a recobrar
la razón, ha de probar
su más completa inocencia.

    Mucho trabajo costó
para hacerla entrar aquí;
pero, delante de mí
la furia se le calmó:
es verdá que entonces yo
tan cariñoso le hablé,
que cuando le pregunté:
¿cómo se llama, amiguita?
llorando la pobrecita
dijo: Me llamo Azucé...

    Y el alcaide no acabó
el nombre, o palabra aquella,
cuando, al suelo doña Estrella
acidentada cayó;
y don Faustino salió

gritándole a su cochero
«¡Andá, Juan, traime ligero
al médico Gafaró!»
quien tan ligero asistió,
que se vino sin sombrero.

   En cuanto vio a la señora,
dijo el médico; «A sangrarla
voy al istante, y dejarla
que descanse aquí media hora;
pongámosla por ahora
aquí en este canapé;
pues cuasi no dudo que
esto pronto pasará;
luego, a su casa de acá
yo con ustedes iré».

   Ansí lo hizo; la sangró
al istante a la señora,
y esperando su mejora
allí el dotor se quedó;
entre tanto, le rogó
el patrón que ¿si podía,
y el alcaide consentía,
el médico allí *de paso*
darle a Azucena un vistazo,
a ver qué le parecía?

   Como el alcaide *ecedió* [690],
imediatamente fueron
con el médico, y abrieron
una prisión, aonde entró
el dotor y se encontró
con Azucena en cuclillas,
los codos en las rodillas,
muy arrinconadita,
y con las manos quietita
puestas sobre las mejillas.

   —Buenas noches, paisanita,
díjole con voz serena
el dotor; pero Azucena
lo miró muy tristecita.
¿No me conoce, amiguita?
Le repitió conmovido
el médico. —¡Sí! Usté ha sido,
contestó la loca, al que
en la espalda lo marqué,
cuando mató a mi marido...

   Y furiosa se paró,
amenazando lanzarse
al dotor, pero al pararse
como muerta se cayó.
Ansí la reconoció
el dotor calmadamente,
y dijo: —Ya es suficiente,
señor alcaide. Estoy cierto
de que esta loca no ha muerto
a naides, y está inocente.

   Pongámosla en su camita,
que pronto se dormirá;
y la luz llevemoslá,
porque no la necesita;
y luego, la pobrecita,
si con luz se levantase
disvariando, y se pasiase,
no sería cosa rara,
que a la vela se arrimara
la infeliz, y se quemase.

   De allí al istante volvió
el médico a la alcaidía,
y doña Estrella seguía
cuasi como la dejó;
entonces se resolvió
el que sería acertao,
el llevarla con cuidao,
bien abrigada en el coche,
a su casa, aonde esa noche
pasó el dotor a su lao.

   De la cárcel, al marchar

---

690 *Ecedió*: accedió, consintió. *(N. del A.)*

en el coche, a don Faustino
el médico le previno,
que un istante iba a bajar;
y ansí fue que, al enfrentar
a una botica, se apió;
pero, como algo extrañó,
allí le dijo al cochero
—Préstame, Juan, tu sombrero,
y andá no más, ya voy yo.

 El dotor en la botica
apurao compró un frasquillo
de agua de olor a zorrillo [691]
y un papel de *pica-pica*;
polvo que a quien se le aplica,
aunque sea en un talón,
luego le da comezón,
y le causa un rascadero
que se pasa el día entero
en aquella diversión.

 De ahí, el médico corrió
con la medicina aquella,
y sin habla a doña Estrella
estirada la encontró;
pero, en cuanto le arrimó
el frasquito a la nariz,
a manera de lumbriz
la señora se encogió;
y desde ya principió
su mejoría feliz.

 Volvió el dolor a arrimarse
y en las sienes la pulsió,
y la señora empezó
las orejas a rascarse...
¡Bueno! Ya va a mejorarse,
dijo el dotor muy ufano;
y al agarrar de la mano
al patrón para sentarse
a su lao, luego a rascarse
principió don Bejarano.

—¡Qué diablo de rascadero,
dijo el patrón, nos ha entrao!
A la cuenta hemos sacao
de la cárcel un pulguero;
¡sea por la Virgen! Pero,
¿qué piensa usté de mi ahijada?
—Que está loca rematada,
dijo el dotor tristemente,
y también que es inocente
de lo que viene acusada:

 Y que es de necesidá
la más precisa y urgente,
sacarla inmediatamente
del lugar en donde está;
mudanza que ordenará
en justicia el tribunal,
si el médico principal
reconoce la locura,
y pidiere con premura
la manden al hospital.

—No, amigo: eso no se hará,
dijo el patrón; si Azucena
fuese al hospital, de pena
mi esposa se morirá.
A nuestra casa vendrá,
y eso lo conseguiremos;
y en casa la cuidaremos
con esmerada asistencia;
pues también de su inocencia
ninguna duda tenemos.

 Lo que es necesario hacer,
y ya debemos tratar,
es, amigo, de engañar
a mi afligida mujer,
haciéndole comprender
por ahora, tan solamente,
que Azucena está demente;
y que en cuanto a su marido,

---

[691] *Zorrillo*: cuadrúpedo silvestre del tamaño de un conejo, pero muy pestilente cuando orina. (*N. del A.*)

de quién lo ha muerto o herido
no se sabe hasta el presente.

    Ansí mesmito lo hicieron;
en cuanto se mejoró
la señora, se creyó
todo lo que le dijeron;
y en ancas le prometieron,
que en su casa la tendría
a su ahijada en ese día,
lo más tarde a la oración
diligencia que el patrón
hacerla solo debía.

    Mas, a pesar de que el juez,
con la mayor y más buena
voluntá por Azucena,
tomó en su alivio interés,
sólo tres días después
de que a la cárcel entró,
su locura se probó;
y entonces, de aquel destino
a su casa don Faustino
llevar su ahijada logró.

    Larguísimo, y cosa dura
ahora sería el contar
los trabajos sin cesar,
los sustos y la amargura
que en dos años de locura
Azucena allí le dio;
hasta que al fin consiguió,
siempre a cariños con ella,
la señora doña Estrella
su deseo, y la curó.

    Entre tanto, del marido
de Azucena, ni se hablaba;
pues medio mundo afirmaba
que Berdún había sido
por el fuego consumido
el día que lo mataron,
y los Pampas le quemaron
su pobre ranchito, aquel
en la laguna Vitel,
aonde al difunto no hallaron.
....
Ahora, yo debo dejar
las cosas en este estao...
dijo el payador cansao
o con ganas de pitar;
porque voy a refrescar
un istanle la memoria,
sin tener escapatoria,
no queriéndome turbar
cuando estoy al rematar
de los Mellizos la historia.

– LIV –

Pacto con los indios. – El virrey Sobremonte. – Los misioneros. – Las cruces de palo. – Los cambalaches. – La paz.

En aquel malón funesto,
cuando al infeliz Genaro
su estancia del Cardalito
los Ranqueles le quemaron,
tambien a la de la Flor
solamente le dejaron,
las taperas y el ombú.

Era allí tanto el ganado
que tenía don Faustino,
que todo no se lo arriaron
esa ocasión los salvajes;
porque disparó asustado
a esconderse el novillaje
en las costas del Salado.

Luego, como las Indiadas
por espacio de dos años
siguieron dando malones,
el patrón don Bejarano
en repoblar a la Flor
no pensó, pues asustado
dispuso mudarse al norte,
donde tenía otro campo.

A esa mudanza resuelto,
trató de trair el ganado
que pudieran recogerle
en la costa del Salado,
adonde dejurarnente [692]

debería andar alzado [693],
pues a no cair al rodeo
ya se habría acostumbrado.

Como era hombre tan platudo
el patrón don Bejarano
todo lo facilitaba;
ansí, con plata y mandando
trujo su ganado aquel,
y consiguió aquerenciarlo
muy cerca del Pergamino
en las puntas de Ramayo [694],
y fue allí que se pobló
a inmediación del curato,
donde estaba el patroncito
de cura hacían tres años.

De allí a tres cuartos de legua,
siempre enfermo y atrasado
vivía el otro Mellizo,
Jacinto, el apostemado,
por el golpe que en el pecho
le dio la argolla del lazo,
aquel día que en la yerra
enlazó un novillo bravo
y se le rompió la armada
al tiempo de sujetarle.

Desde esa ocasión, el pobre,
Jacinto tuvo un atraso

---

692 *Dejuramente*: precisamente. *(N. del A.)*
693 *Alzado*: huyendo de la gente. *(N. del A.)*
694 *Ramayo*: nombre de un arroyo inmediato al pueblo del Pergamino. *(N. del A.)*

infeliz en su salú,
y quedó inutilizado
para seguir su trajín
de acarriador de ganado,
con el cual mucho agenciaba [695]
porque estaba acreditado [696].

Ya dije, y creo que ustedes
quizás no habrán olvidado,
que Jacinto y el curita
de un mesuro pecho mamaron,
y ese fue el de doña Estrella
cuando güerfanos quedaron
los Mellizos en la Flor,
y a su cargo los tomaron
don Faustino y la señora
y como a hijos los trataron.

Luego: como allí Azucena
era muchachita cuando
Luis, Jacinto y el curita
a caminar empezaron,
al ser algo grandecitos,
ya se trataban de hermanos
con Azucena también,
la más linda de los cuatro,
y la que les enseñaba
a rezar a sus seis años.

Por estos antecedentes,
citando infeliz y postrado
de salú se vio Jacinto,
era en un todo auxiliado
por don Ángel el curita,
y el patrón don Bejarano;
pero, ansí mesmo el enfermo
siempre trajinaba en algo,
y sin salir de su casa
se entretenía sembrando,
ayudao por su mujer
y su hijita de cinco años,
perla que se la envidiaba

¡Alma bendita! Genaro,
a quien no le dio Azucena,
en el tiempo de casado,
mas que dos hijos varones;
pero los dos no pasaron
del mal de los siete días;
y ya no tuvo más parto.

Ahora, dejaré a Jacinto
en su chacra trajinando,
donde pronto volveré
por necesidá a buscarlo;
pero, antes de eso preciso
todavía decir algo
de la loca en Buenos Aires,
para seguir mi relato.

Por supuesto, a doña Estrella,
en su casa el primer año,
de su locura Azucena
le dio sustos y trabajo,
hasta que a los trece meses
la loca empezó despacio
a recobrar su razón;
pero, allí de cuando en cuando,
de golpe se le aflojaba
la chaveta [697]; y, sin embargo
no era cosa de temerle,
sino que por el contrario
el oirla desatinar
divertía en ciertos casos.

Siendo el señor don Faustino
un hombre hasta emparentado
en la ciudá con la gente
más copetuda y de rango,
visitaban en su casa
los médicos y abogados,
los oidores [698], el obispo,
y el virrey recién nombrado
en ese tiempo, que fue
en mil ochocientos cuatro:

---

695 *Agenciar*: adquirir, lograr, obtener
696 *Estar acreditado*: tener buena reputación
697 *Aflojar* (o *perder*) *la chaveta*: actuar descontroladamente

698 *Oidor*: miembro de la Audiencia, consejo nombrado para dictar justicia en las colonias en nombre del *Consejo de Indias*

cuando al marqués Sobremonte
el rey de España ese cargo
le mandó y la facultá
(se dijo) de hacer un *pato*
de convenio con los Indios,
para comprarles los campos
que sin plata pretendían
trajinarles los cristianos;
enviándoles misioneros
con cruces y escapularios,
bendiciones, estampitas
y ofertas de bautizarlos.

A eso, en tropillas los padres,
aunque bien intencionados,
se largaban al disierto;
y como en un campo-santo
en las tierras de los Indios
plantaban cruces de palo,
y con bendecirlas creiban
el negocio terminado.

Pero los Indios querían
cruces de pesos cortados [699],
que había muchos entonces,
porque venían *situados*
de pura plata cortada
y de pesos colunarios.

Eso querían los Indios,
no santitos ni rosarios,
prendas que no conocían.
¡Pata en tierra, plata en mano!
por sus terrenos, decían;
o al menos cambalacharlos [700],
proponían los salvajes,
por aguardiente y tabaco;
u otras cosas, como ser,
bayeta, liencillo y paño;
que es lo que les dio el virrey,

pero ¡plata! ni un otavo [701].

Pues bien, ansí consiguió
tan de una vez contentarlos,
que luego en puntas los Indios,
apenas se firmó el pato
de la paz, confiadamente
con sus chinas [702] principiaron
a venirse de sus toldos
con mancarrones cargados
de jergas y ponchos pampas,
quillapices de guanacos,
plumas de avestruces, chuspas [703],
cueros de gama y venado,
cargas de sal en zurrones,
vendiendo o cambalachando
todo eso, hasta en Buenos Aires,
adonde muy sosegados
venían a sus trajines,
que hacían con los cristianos
en esa paz que duró
felizmente un tiempo largo;
y por eso las estancias
en el sur se repoblaron,
y algunas se establecieron
al otro lao del Salado.

Pues bien, a esa paz dichosa
sucedió luego un milagro
portentoso dijo Vega;
y muchos que desgraciados
para siempre se contaban,
fueron muy afortunados,
y felices de la vida
que hasta hoy están disfrutando.

Eso lo sabrán después,
porque ahora estoy en el caso
de darle otro giro al cuento,
pues hablar es necesario

---

699 *Pesos cortados*: piezas de moneda de plata hechas rústicamente con grandes cruces en una faz. *(N. del A.)* Se refiere a los Reales cortados: o moneda macuquina (ver nota 101)

700 *Cambalache*: trueque

701 *Octavo*: medida monetaria equivalente a un escudo ($1/_8$ de un *Real de a 8*)

702 *Sus chinas*: sus mujeres e hijas. *(N. del A.)*

703 *Chuspa*: Bolsón tejido de lana, que los indios penden del cinturón

de un truquiflor[704] muy reñido,
que en cierta noche jugaron
cuatro personas en casa
del patrón don Bejarano.

---

[704] *El truquiflor*: juego español al naipe, sumamente divertido y picante. *(N. del A.)* Truco

– LV –

El truquiflor. – El obispo. – El oidor. – El patrón. – Los gritones. – El gato asustado. – El pelado. – El vale cuatro. – Los reproches.

Pues que de un partido al truco
ahora voy a contar algo,
dijo el viejo Santos Vega,
empezaré recordando
un refrán gaucho, que dice
¡No hay hombre cuerdo a caballo!
A lo que yo añadiré...
¡No hay hombre serio jugando
al truquiflor! Esto es cierto;
y ahora voy a demostrarlo.

Cuasi todos los parientes
del patrón don Bejarano,
en el invierno de noche
venían de tortulianos [705]
y en su casa a la baraja
se entretenían jugando
a la biscambra [706], al tresiete [707],
y al truco de cuando en cuando;
juego en el que eran capaces
de asustar al mesmo diablo,
con los gritos que se daban
al calentarse trucando [708],
o al echarse un contraflor [709];
por supuesto, jaraneando,
pues, allí todos los que iban
eran de don Bejarano
como se suele decir

amigos de rancho y gancho [710],
y unos a otros se decían
bromas de todo tamaño.

A las siete, noche a noche,
y otras veces más temprano,
los *tahures* [711] de la partida
ya estaban allí orejiando
las cartas: pero, a las nueve,
apenas el campanario
tocaba en Santo Domingo
la agonía, bostezando
ya se iban los jugadores
a sus nidos trompezando.

El obispo y un oidor
eran muy aficionados
al truquiflor, y por eso
se venían muy temprano
a fin de hallar en la mesa
asientos desocupados.

Estos dos mesmos señores,
una noche que dentraron
a casa de don Faustino,
a la oración, lo encontraron
tan solo con doña Estrella
en la sala platicando.

---

705 *Tortulianos*: vulg. contertulios
706 *Biscambra*: Brisca: Juego de naipes.
707 *Tresiete*: tresillo, juego de naipes
708 *Trucando*: cantando para retar al bando contrario a aumentar el valor del truco a 2 tantos
709 *Echar un contraflor*: en el truco, Cantar flor (Tres cartas del mismo palo) al tiempo que se reta al bando contrario a hablar de nuevo. Al cantar contraflor se apuestan 3 tantos adicionales.
710 *Amigos de rancho y gancho*: vecinos y compañeros de rapiñas
711 *Tahures*: los jugadores, y a veces los fulleros. *(N. del A.)*

Su ilustrísima el obispo,
luego que le dio la mano
a besar a la señora,
preguntó por el estado
en que se hallaba Azucena,
y en su salú interesado,
pues que la apreciaba mucho
por haberla él confirmado.

El patrón y la patrona
lueguito le contestaron
que ya estaba cuasi buena,
como iba a verla el prelado,
porque Azucena venía
a la sala a cada rato.

—Pues, señor, dijo el obispo,
me alegro; y vamos armando
entre los cuatro un partido
al truco...

—Sí, señor, vamos,
dijo el patrón; y en seguida
en la mesa se cruzaron
doña Estrella y don Faustino
contra el oidor y el prelado,
quien siempre jugando al truco
gritaba a puño cerrado.
Para no olvidar el vicio,
cuando estuvieron sentados,
se tomó una narigada
de polvillo colorado
el obispo, y preguntó:
—¿Hasta qué pieza jugamos,
hasta el siete?...

—No, hasta el dos,
contestó don Bejarano.

—Me gusta, dijo el obispo.

—Pero bien ¿cuándo paramos?
doña Estrella preguntó
con su bolsita en la mano.

—¡Dos riales! dijo el oidor,
una peseta sacando
del bolsico, siendo un viejo
platudo y acaudalado.

—¡Dos riales! ¿tenés valor,
primo? No seas tacaño,
doña Estrella replicó;
al menos, juguemos cuatro.

—¡Cállate, mujer! ¿no sabes
que el dinero anda a caballo
hoy día? dijo el oidor.
No, prima mía, no paso
de dos riales. Aquí están
los míos...
De ahí, bolsiquiando
el obispo, don Faustino
y la señora, juntaron
la *parada* [712], y la pusieron
en un platito dorado.

Debo alvertir que el obispo
allí se había sentado
a la zurda del patrón;
quien de un naipe empaquetado
sacó los ochos y nueves,
y después de barajarlo
dio las cartas, y de muestra
echó el *Perico* [713] de bastos.

En esa primera dada,
el patrón, sin ser extraño,
le dio al obispo una flor [714]
con la *Perica* [715] y el cuatro,
y de yapa la espadilla [716]
que es truco superiorazo.

---

712 *La parada*: el dinero de apuesta reunido. (N. del A.)
713 *El perico*: es el caballo de triunfo. El rey sirve para cambiarlo por los triunfos de muestra. (N. del A.)
714 *Flor*: en el truco, tres cartas del mismo palo en la mano
715 *La perica*: en el juego del truco, a la sota de triunfo le llaman la perica. (N. del A.)
716 *Espadilla*: el as de espadas

En esa dada también
el mesmo don Bejarano
se dio otra flor infeliz
compuesta del rey de bastos,
que es decir, con el *Perico,*
un cinco y un cuatro falsos [717].

Luego que vido sus cartas
el obispo, siendo mano,
como que estaba a la zurda
de don Faustino sentado,
cantó... ¡Flor!

—Como la mía,
díjole don Bejarano,
al tiempo que doña Estrella
le hizo seña, que en la mano
el dos de triunfos tenía
felizmente asigurado.

—Flor chica, dijo el obispo.

—Pues críela con cuidado,
contestole don Faustino,
con intención de agarrarlo
en el truco y presumiendo
atracarle un vale cuatro,
o un retruco por lo menos.

Después de que se achicaron,
por delante la espadilla
jugó a su vez el prelado.

Como tenía el perico,
le trucó don Bejarano.

El obispo que guardaba
la perica con el cuatro
todavía de reserva:
—¡Quiero! dijo, esperanzado

en que la espadilla es triunfo.

Entonces con el caballo
le hizo la primera baza
el patrón, y... ¡háganse cargo!
con qué intenciones saldría
jugando su cinco falso...

A esta carta con un tres
salió el oidor apretando,
y al tres con el siete de oros [718]
la señora le dio palo [719].

Su ilustrísina que estaba
con dos triunfos en la mano,
a pesar que la señora
le venía forcegiando:
—¡Retruco! dijo el obispo,
dándole tal puñetazo
a la mesa, que del susto
echó a disparar el gato.

—No me lo asuste al morrongo [720]
ni a mi mujer... ¡Vale cuatro!
Y del grito que pegó
clon Faustino, disparando
con la cola entre las piernas,
el pelao [721] salió ladrando.

—¡Quiérole...! largó el obispo
lo mesmo que un cañonazo;
y al siete de doña Estrella
le metió ahí mesmo el prelado
su perica, y muy garifo
jugó en seguida su cuatro,
que al truquiflor, ya se sabe,
es un triunfo soberano.

Al ver tal triunfo en la mesa,
y que el patrón Bejarano,

---

717 *Falsos*: es decir ni de espadas ni de oros, que son *triunfos*
718 El siete de oros y el de espadas son cartas que matan a los treses en el juego del truco. *(N. del A.)*
719 *Dar palo*: derrotar
720 *Morrongo*: así llaman a los gatos. *(N. del A.)*
721 *Pelao*: perro de la raza o tamaño de los podencos, pero que nace sin un solo pelo en la piel y así vivo siempre. *(N. del A.)*

que fue el de la flor, no pudo
apretarla, y no contando
con su prima para nada,
gritó el oidor muy ufano:
—¡Que viva mi compañero!

—Primo, te has equivocado
y yo quiero corregirte,
díjole con mucho garbo
doña Estrella. Decí, primo:
¡que viva este dos de bastos!...
Y como una tapadera
lo puso encima del cuatro,
dejándolo a su pariente
con las quijadas colgando.

Al mirar ansí al oidor,
le dijo serio el prelado:

—No me siga haciendo señas;
usté, amigo, me ha engañado,
y me ha hecho perder el truco,
causa de haberme mirado,
abriendo ¡tamaños ojos [722]!
pues yo retruqué confiado
en que usté tenía el dos...

—¡Qué abiertos ni qué cerrados!
respondió luego el oidor;
no, señor; no hay que negarlo;
¡El truco lo hemos perdido,
porque no lo hemos ganado!

---

[722] Abrir y cerrar rápidamente los ojos es el modo o señal con que al truco se le indica al compañero el tener la primera carta de triunfo. *(N. del A.)*

– LVI –

Un acceso de locura. – Los ultrajes. – La mansedumbre del obispo. – Las visitas. – El bergantín volador. – Noticias de Bonaparte.

Como sucede en el truco:
cuando el obispo perdió,
sin pensar el *vale-cuatro* [723],
al istante se quedó
sin ganas de jugar más,
y un poco de mal humor;
pero, al ver que entró la loca,
su ilustrísima esperó
divertirse a costa ajena.

No fue ansí; la viuda entró
de luto muy rigoroso,
como que se lo estrenó
por primer vez ese día,
y eso la destornilló [724]
a la cuenta [725], pues de entrada
a ninguno saludó,
y al lado de su madrina,
medio inquieta se sentó,
apenas un istantito,
porque luego se paró
y a mirar de arriba abajo
al obispo principió
gruñendo medio entre dientes.

El prelado la miró,
y corro le conocía
las viarazas [726], sonriyó
diciendo con mansedumbre:
«Creo que esta noche yo

seré irremediablemente
el pavo de la función;
pero sufriré, y que sea
todo por amor de Dios».

Al decir esto el obispo...
—¡Qué suerte, dijo el oidor,
será que a mí no me saque
a bailar el pericón
esta loca, que me da
tantísima compasión!

La pobre loca seguía
de firme mirandoló
al obispo, y con los ojos
quería comerseló.

A pesar de eso, y siguro
completamente el patrón
que Azucena les daría
un rato de diversión...
—Dime, Azucena, le dijo,
¿no conoces al señor?...
señalándole al obispo.

—Sí; la loca contestó
con impaciencia notable;
sí, mi padrino, ¡pues no!
Lo conozco y lo aborrezco
a este viejo saltiador,

---

[723] *Vale cuatro*: lance en que se ganan o se pierden cuatro fichas. *(N. del A.)*
[724] *Destornillar*: (aflojar un tornillo) perder la razón.
[725] *A la cuenta*: a fin de cuentas, en conclusión
[726] *Viaraza*: capricho, cambios de propósito, inconstancia

aunque como mojiganga
se ha disfrazao de intención,
poniéndose la camisa
encima del levitón.
¡Condenao! ¡Maldito sea!
Este brujo asesinó
a Berdún en la Vitel...

   —No, Azucena: no fuí yo,
dijo el obispo riyendo;
pues todo el mundo se echó
a reír como reventando,
mientras la loca siguió
con su tema; hasta que allí
doña Estrella la sentó
muy cariñosa a su lado,
diciéndole: —Es un error
ese en que estás, Azucena
porque te asiguro yo
que este es el señor obispo
que a la estancia de la Flor
fue, a las fiestas que allá hicimos
cuando Ángel se bautizó
en Chascomún. ¿No te acuerdas,
que también te confirmó
el señor obispo allí,
y luego te regaló
un cartucho de confites...?

   Azucena se quedó
como en dudas, por un rato;
y, al verla en tal suspensión
—No dudes más, ahijadita,
la señora repitió;
porque si dudas me agravias,
cuando bien sabes que yo
te quiero, y nunca te engaño.
Puede ser que el matador
de tu marido esté aquí
en la sala; pero no
ha sido el señor obispo.
A ver; míralo al señor:

dijo en broma doña Estrella
señalándole al oidor:

   —¡Por la Virgen! No le digas
nada más, le suplicó
el primo...

   Pero Azucena
dijo: —Ni preciso yo
queme digan nada más;
porque díjole al oidor
ahora, sí, ya estoy sigura
que es usté el gaucho ladrón
que asesinó a mi marido.
¡So pícaro, malhechor!
De balde anda de casaca.
A ver; desnudenmeló,
y sáquenle la camisa;
verán la marca que yo
le puse cuando pensé
ensartarle el asador.
Ahora lo verán si es él
que no se escape ¡por dios!...
Y llorando les pedía
al obispo y al patrón
le ayudasen allí mesmo
a desnudar al oidor.

   Estando en ese delirio,
aletargada cayó
en brazos de doña Estrella,
que tristemente lloró.

   Felizmente en ese istante
el médico Gafaró
con oros tres caballeros
entraron de buen humor
a la sala, sin saber
nada de lo que ocurrió
antes de que ellos entraran;
y nada se les contó.

Cuando entraron, don Faustino
en general preguntó:
—¿Qué traín ustedes de nuevo?

—Algo traimos: respondió
el menos viejo de aquellos
llegados con el dotor.

—Vamos a ver, ¿qué nos cuentan
ustedes? Dijo el oidor.

—En las gacetas que ha traído
el bergantín Volador,
que con ciento ochenta días
de feliz navegación
desde Cádiz hasta acá
esta mañana llegó,
por ser barco muy velero,
nos dicen: que Napolión
Bonaparte es un tirano
hereje, y usurpador
horroroso, a quien la Uropa
le ha tomado un odio atroz,
porque se la va tragando
con insaciable ambición,
ahora que lo han coronao
haciéndolo emperador.
Ahí tienen lo que se dice
del franchuti[727] sabliador[728].

—Pues eso, dijo el obispo,
es poco en comparación
de lo que me han dicho a mí,
no hace mucho. Escuchenló.
Me han dicho, claro, en mi cara,
que yo soy un saltiador,
una mojiganga, un brujo
y un condenao matador...

—¡Virgen santa! ¿Quién ha dicho,
ilustrísimo señor,
todos esos sacrilegios?

Preguntaron a una voz.

—No está muy lejos de aquí,
el obispo respondió;
bien cerca está: que lo diga
mi compañero el oidor,
a quien le han dicho también
que es un gaucho malhechor,
aunque viste de casaca,
siendo asesino, ladrón,
y marcao en las espaldas...

—Vamos: ya conozco yo
a la infeliz que esas bromas
ha dicho, dijo el dotor,
riyéndose a su pesar.

A este tiempo levantó
Azucena la cabeza,
y al primer hombre que vio
de los que estaban allí,
fue al médico Gafaró.

—¿Cómo se halla usté, amiguita?
el dotor le preguntó.

A eso, con triste sonrisa
Azucena respondió,
dándole afable la mano:

—¡Cuánto me alegro, señor,
de verlo, y poder decirle
que sigo mucho mejor
día por día; a pesar
que hoy he tenido dolor
en la cabeza y modorra;
pero ya se me pasó
con dormir; aunque he soñado
cosas que quisiera yo
no recordarlas ni en sueños,
porque me causan horror
y, no sé, no sé, Dios mío!...

---

727 *Franchuti*: o *franchute*, despectivo por francés
728 *Sabliador*: que aplica sableadas (castigos)

En ese istante el patrón,
por distraela, dijolé
—Azucena, miraló,
aquí está el señor obispo.

—Ya lo veo, sí, señor;
y a besarle la sortija
al obispo se acercó.

El prelado conmovido
echole su bendición,
después que humilde la viuda
el anillo le besó;
y luego muy expresiva
diole la mano al oidor.

En seguida, atentamente
de todos se despidió,
y con su amable madrina
de la sala se marchó
abatida, pero linda
en todo, a la perfeción.

– LVII –

La arenga del patrón. – Los oidores roncadores. – La rabieta de don Faustino. – Cuatro verdades.

Como dije antes que de algo
le sirvieron a Azucena
sus locuras, a probarlo
ahora voy a la evidencia.
Váyanme, pues, escuchando;
dijo Vega a sus oyentes.

Después que se retiraron
de la sala doña Estrella
y su ahijada, se quedaron,
lo menos media hora larga,
sin jugar los *tortulianos* [729];
porque allí se les volvió
el patrón, gauchi-abogado;
y les soltó en una arenga
todos *los rollos* del lazo [730].

Quedáronse, como he dicho,
sin jugar los tortulianos
divididos en dos grupos,
compadeciendo y hablando
de la infeliz Azucena,
y de lo muy intrincado
que era probarle el delito...

—¡Qué es eso que están hablando!
No digan barbaridades.

¿Qué delito, ni qué diablos,
con permiso del Obispo,
dijo el patrón Bejarano,
piensan ustedes probar...?
Ustedes, digo, porque hablo
delante de tres oidores
por mi primo principiando,
que oye poco y ronca mucho
en el tribunal sentado,
donde duerme a pierna suelta;
a lo que están habituados
también el que tengo al frente
y este otro que está a mi lado
a quienes yo los he visto
que se largan bostezando
del tribunal, sin saber
de lo que allí se ha tratado,
y sin hacer más, por fin,
que escrebir un garabato;
cosa que hacen, cuando más,
dos o tres veces por año.
Esta es verdá: como es cierto,
que el preludio que he largado
es propio de mi caráuter;
no se anden pues cosquillando,
tengan paciencia y aguanten,
porque yo soy campuzano [731],

---

729 Tortulianos: tertulianos. *(N. del A.)*
730 Todos los rollos del lazo: un buen enlazador recoge su lazo de 15 brazas lo menos de largo, y lo reduce a muchos rollos que los toma con la mano izquierda, en la cual lleva también las riendas del caballo: pero al tirar el lazo para enlazar alguna bestia, con la mano derecha revolea la *armada* del lazo que es la gran lazada, y entonces es cuando por fantasía, de la mano izquierda suelta uno por uno todos los rollos del lazo a la distancia antes dicha. *(N. del A.)*
731 *Campuzano*: campesino, sin instrucción

pero, al clavar el rejón⁷³²,
ya sé los güeyes con que aro.

   Siendo ansí, escuchen con calma,
conforme yo he aguantado
el que ustedes, en la causa
de Azucena, haigan lerdiado⁷³³
para declarar que no hay
tal delito ni intrincado;
y hacen ya veintidós meses
a que siguen mañeriando⁷³⁴
y aburriéndonos a todos.

   No hay pues, tal enmarañado
en ese brutal proceso
que el alcalde embalconado⁷³⁵,
a quien todos conocemos
por hombre precipitado
a decir barbaridades,
como nos lo ha demostrado
en público, y ya sabemos
que ese hombre destornillado
en San Vicente a mi ahijada
le hizo alzar, mal informado
por un funesto sargento,
que los Indios espantaron
en la Vitel, al istante
en que hirieron a Genaro.

   El sargento ese fatal,
esa mañana asustado,
se encontró con Azucena,
por desgracia en un estado
de delirio o de locura
y dolor desesperado
por la muerte de su esposo:
ahí tienen el intrincado.

   Mi ahijada no estaba en sí
en aquel momento aciago;
y, porque al torpe sargento
de un modo desatinado

le dijo Azucena allí
lo que le ha dicho al prelado
y a mi primo, hace un momento,
el sargento atropellado
la hizo amarrar como a un Cristo,
sin conocer el estado
en que mi ahijada se hallaba
en aquel istante amargo.

   Después; amarrada ansí,
en las ancas de un caballo
la hizo montar, y de allí
salió el hombre disparando
a llevarla a San Vicente,
donde la entregó azorado;
y el alcalde del balcón
remachó por fin el clavo
de la locura en mi ahijada...
después de haberla encerrado
en un calabozo inmundo,
y de allí haberla sacado
más loca que cuando entró,
para hacerle el sainetazo
que hizo, levantandolé
el proceso que ha formado,
solamente porque allí
el sargento y dos soldados
de la partida asustada
por los Indios, declararon
diciendo: «Que en la Vitel
quedaba muerto Genaro»,
sin más averiguación;
porque, ni se le arrimaron
para ver si estaba muerto
o tan solo lastimado.
Me han dicho que únicamente
en eso que declararon
los dos soldaos y el sargento,
el alcalde se ha fundado
para achacarle a mi ahijada
el crimen de asesinato;
y también en que fue presa

---

732 *Rejón*: lanza de vara y media de largo para azuzar a los animales
733 *Lerdiar*: demorar, haraganear
734 *Mañerear*: andar con mañas, trabajar a desgano
735 *Embalconado*: por lo de «¡Tengo en el pecho un *balcón*!». ver pág. 205

con un puñal en la mano;
y además, en que tenía
todo el vestido manchado
con la sangre del marido
poco antes apuñaliado;
y que con tales indicios
estaba cuasi probado
que la viuda debe ser
quien lo había asesinado...
A juicio del Montañés.
Pero ¡por Dios soberano!
Esos no pasan de indicios,
y yo, sin ser abogado,
digo; que eso no es bastante
para que se le haga un cargo
tan infamante a mi ahijada,
porque no sería extraño
que el pobrecito Berdún
que fue siempre desgraciado,
y no pudo adelantar
en quince años de trabajo,
infatigable, juicioso
y completamente honrado,
hallándose reducido
al más pobrísimo extado,
después de que los salvajes
su propiedá le quemaron,
y que ni un solo ternero
en su estancia le dejaron;
y siendo además un hombre
puntilloso y delicado,
pues vivió toda su vida
del sudor de su trabajo,
y que a naides molestaba,
pues a mí, siendo mi ahijado,
ahora poco en su infortunio
muchas veces se ha negado
a recibir mis socorros;
¿qué tendría pues de extraño;
que en su triste situación,
demente o desesperado,
en un momento fatal

él se hubiera suicidado
con ese mesmo puñal
que a mi ahijada le encontraron?
O, ¿quién sabe si ese día
los salvajes no mandaron
algún Indio de bombero [736],
y ese Indio mató a Genaro?
porque en ese mesmo istante
de su muerte atropellaron
los Pampas a la Vitel
y su rancho le quemaron.

Puede esto haber sucedido,
y yo me siento inclinado
a crerlo; porque Azucena
se acuerda de haber quemado
con su marca al asesino;
y es un tema continuado
que, hoy mesmo, acá la infeliz
furiosa lo ha recordado
en presencia de mi primo
y delante del prelado.

Últimamente, señores;
yo, Faustino Bejarano,
asiguro por mi honor,
y con mi fortuna afianzo,
que mi ahijada está inocente;
pues, habiéndola educado
en nuestra casa, sabemos
sin duda, que hemos formado
una virtuosa mujer,
y una esposa que no ha dado
jamás el menor disgusto
a su esposo infortunado.

Y dijo más: ¡oiganló!
pues voy a explicarme claro,
aunque les haba cosquillas;
si hasta hoy no se ha declarado
de Azucena la inocencial
es porque siguen *lerdiando* [737]

---

[736] *Bombero*: espía de vanguardia. (*N. del A.*)
[737] *Lerdiando*: calmosamente. (*N. del A.*)

los jueces en ver su causa,
como están acostumbrados
a dormir sobre las otras;
pero, no tengan cuidado,
déjense no más andar,
porque yo hago poco caso
de las mañas de los jueces;
ansí es que, en este verano...
dígoles entre parientes
me mando mudar al campo
con mi mujer y mi ahijada,
si no me ponen atajo [738]
los chochos del tribunal,
y voy del todo confiado
en que curaré a mi ahijada;
y si la curo, me encargo
de trairla a donde me ordenen,
si ansí fuere necesario,
No tengo más que decirles.

—Sí: Faustino, andate al campo,
el día que se te antoje,
luego allí le contestaron
los tres oidores que estaban;
pero, esta noche aguardamos
que acá nos dés chocolate,
pues ya lo ves: cabeceando
nos ha dejao tu discurso,
y ya queremos *largarnos*
diciéndote al despedirnos:
andate, Faustino, al campo,
y por allá nos veremos,
si Dios quiere, este verano.

---

738 *Atajo*: impedimento. *(N. del A.)*

– LVIII –

La villa del Pergamino. – El veraneo. – El curato. – Los recuerdos de la Flor.

En Buenos Aires andaba
el rumor acreditao
que las paces, o el tratao
con las Indiadas, ya estaba
cuasi, cuasi terminao.

Y eso mesmo se pensaba
del campo en las poblaciones,
viendo ya lo mansejones
que en sus toldos se aguantaban
los Indios sin dar malones.

El verano principiaba,
cuando salió don Faustino
con su familia en camino
para su estancia, que estaba
cerquita del Pergamino.

Pero, ni apurando el coche,
no era posible el llegar
a la villa, sin pasar
en el camino una noche
para medio descansar.

Ansí fue, en Giles [739] pasaron
la noche cómodamente;
y de allí al día siguiente
al Pergamino llegaron.
con zozobra solamente:

Fijándose en que Azucena,
cuanti-más se amejoraba,
tanto más se acongojaba
día por día, y más pena
en su semblante amostraba.

Todo lo que era debido
a que la infeliz perdió
el juicio, al punto que vio
asesinao al marido;
y, como se enloqueció...

Aunque luego fue acusada
del crimen, a esa ocasión,
ofuscada en su razón
dos años vivió privada
de saber su acusación.

Pero, luego que se vido
en estao de comprender
su situación, y al saber
que acusada había sido,
principió a desfallecer;

Y, no queriendo afligir
a sus padrinos, sufría
su pena, y se consumía;
deseando pronto concluir
la vida que aborrecía.

---

739 *Giles*: pueblito de campaña. (N. del A.)

A la muerte de Berdún
dos años y un mes hacían;
y cada vez lo sentían
más y más en Chascomún,
donde tanto lo querían:

Pero, ninguna noticia
tocante a quien lo mató,
hasta entonces no llegó
con certeza a la justicia
por más que la procuró.

Sólo el juez de San Vicente
fue el único que mandó
aquel enriedo que armó,
cuando como delincuente
a la viuda procesó.

Mas, desde su *mocedá*
ese juez fue sin agüelo [740]
de cantimpla [741], y bajo el pelo
tenia la enfermedá
de pajaritos al vuelo [742].

Pues, ni debió suponer
que Azucena había sido
criminal, siendo sabido
que esa virtuosa mujer
adoraba a su marido.

Pensando ansí, el rastriador
Anselmo, aquel San-Juanino,
decía: «Que el asesino
del capitán Vencedor,
era su mesmo sobrino».

El caciquillo Manuel,
que agraviao se le escapó
a Berdún, que lo agarró
prisionero, «el día aquel

en que herido salí yo..».

Ansí, Anselmo se expresaba
al *ñudo* y de alabancioso,
muy *trompeta* [743] y rencoroso
cuando un crimen le achacaba
por venganza a un guapo mozo.

Siendo de alvertir al caso,
que *en regla peliandoló* [744],
ese Manuel le prendió
al San-Juanino un chuzazo,
y esto nunca lo olvidó.

Pero, voy perdiendo el tino:
dijo Vega el payador,
y por moralizador,
el viaje de don Faustino
he cortao a lo mejor.

Dispensen, pues la memoria
ya me va medio flaquiando;
bien que por fortuna es cuando
al remate de esta historia
mucho me voy acercando.

Prosigo, pues. —El patrón,
cuando de Giles salió
ese día, se apuró;
y después de la oración
cuasi loco se volvió.

Porque tuvo un arrebato
de alegría repentino,
cuando con su esposa vino
a bajarse en el curato
de su hijo en el Pergamino.

¿Y Azucena? Háganse cargo
del gozo que sentiría,

---

740 *Sin abuelo*: (sin abuela) expresión de censura a quien se alaba a si mismo
741 *Cantimpla*: tonto, ignorante. *(N. del A.)* Persona callada taciturna que suele romper su silencio soltando de repente la risa sin motivo aparente
742 *Pajaritos al vuelo*: accesos de locura. *(N. del A.)*
743 *Trompeta*: hombre ruin, despreciable. *(N. del A.)*
744 *Peliandoló*: combatiéndolo. *(N. del A.)*

cuando a ver feliz volvía,
después de un tiempo tan largo,
a quien tanto la quería:

 Pues Ángel nació en la estancia
de la Flor, donde se criaba
Azucena, y lo cargaba
al patroncito en su infancia,
y en la cuna lo arrullaba.

 ¡Cuánta sorpresa esa noche
de placer tuvo el curita,
y su familia todita!
Luego, al bajarse del coche,
¡qué extremos! ¡Virgen bendita!

 ¡Qué de abrazos se pegaron!
¡qué de cariños se hicieron
unos a otros! ¡cómo fueron
recebidos, y gozaron
los días que allí estuvieron!

 Pero, complacencia y pena
tuvo el bondoso curita,
cuando abrazó a su amiguita
la inconsolable Azucena,
¡y la miró tan marchita!...

 —No te aflijas, le decía:
pues Dios es justo y clemente,
y su poder no consiente
que la calunia o falsía
mortifique a un inocente.

 Consólate, pues ya estás
con nosotros, hermanita.
Aquí serás cuidadita
y todo lo olvidarás;
espero en Dios, amiguita.

 —¡Ángel! Quizá olvidaré
la muerte de mi marido,
pues así Dios lo ha querido;
pero, en vida, no podré
jamás echar en olvido...

 Dijo llorando Azucena,
que de esa muerte ¡acusada
he sido yo!... ¡La enlutada!
Esa amarguísima pena
podré olvidarla... ¡enterrada!

 A eso el cura repetía
lleno de esperanza y fe:
—No, por Dios; consuelaté.
Ya no está lejos el día
en que feliz te veré;

 Pues tengo el presentimiento
de que muy pronto serás
dichosa, como jamás,
porque Dios hará un portento
para eso: ya lo verás.

 —Si eso esperas, hermanito,
también debo esperar yo,
Azucena respondió;
porque tú eres un bendito...
Y las manos le besó.

 En esta conformidá
religiosa, se apartaron
a esperar, y no esperaron
mucho a la felicidá
tan completa a que llegaron.
....
Ahora, pues, permitanmé,
dijo Vega, el levantarme;
voy a medio refrescarme
y al momento volveré.

– LIX –

La estancia de los Milagros. – La fonda de los Mogollones. – Las buenas noticias. – La paz arreglada.

    Don Faustino y su familia
dos días no más pararon
en la villa, con el cura,
sin moverse del curato;
donde, por supuesto, fueron
diariamente visitados
por toda la gente honrada
que había en el vecindario;
y también por la familia
del Mellizo apostemado,
a cuya hijita el patrón
allí le hizo un buen regalo.

    Al tercer día después
que en el curato almorzaron,
contentos y cariñosos
del cura se separaron,
prometiéndole volver
de continuo a visitarlo;
y a las diez de la mañana
al Pergamino dejaron.

    La nueva estancia que al norte
pobló el patrón Bejarano,
se hallaba sobre una loma
en las puntas de Ramayo;
y por nombre le pusieron
«la estancia de los Milagros».

    No estaba del Pergamino
sino a dos leguas y cuarto,
de manera que de allí,
por paseo hasta el curato,
siempre día de por medio
de mañana en el verano,
el patrón y las señoras
se venían a caballo,
pues que para un galopito
era delicioso el campo,
y el trébol [745] recién nacido
soltaba olor delicado
luego que lo reventaban
las patas de los caballos.

    El caserío en aquella
estancia de los Milagros,
era, sin ponderación,
une especie de palacio...
digo yo, como el mejor
de los que he visto pintados
en esos *titilimundis*
que amuestran los Italianos
de noche, en la vereda ancha [746],
en cajones alumbrados,
y con vidrios por afuera,
cada vidrio como un plato.

---

[745] *Trébol*: planta silvestre muy olorosa y abundante en la campaña de Buenos Aires. (*N. del A.*)

[746] *La vereda ancha*: en aquel tiempo la formaba toda la cuadra o acera en donde hoy está la recova nueva en la plaza de la Victoria. Entonces los edificios de esa cuadra eran todos de techos de teja, y la vereda ancha era de ladrillo y de cinco varas de ancho, en cuya orilla exterior se colocaban multitud de tendejones o *bandolas* en las cuales se vendían infinidad de cachivaches; y entre ellos hasta la *bula*. Allí pues se mostraban también esos *titilimundis*, o pequeños panoramas. (*N. del A.*)

Todas las comodidades
a que estaba acostumbrado,
tenía allí don Faustino;
porque era hombre acaudalado
y tan voraz [747] de rumboso,
que, habían averiguado,
que él solo con su familia,
para vivir regalado,
gastaba tanto en un día
como el virrey en un año.

Alviértase que la estancia
tenia, por decontado,
buena chacra, linda quinta,
un jardín que era un encanto,
árboles de todas layas,
especialmente paraísos,
y esos fragantes aromos [748]
que dan botones dorados:
ricas frutas y verduras,
aves de todo tamaño,
corderos gordos, lechones,
conejos, y hasta pescado
se agenciaba algunas veces;
y, como con mucho agrado
recebía a los amigos
que iban allí a visitarlo,
era su estancia una fonda
de mogollas [749] en verano.

En fin: dejemos por ahora
la paja, y vamos al grano.

El veintiocho de diciembre
de mil ochocientos cuatro,
hacía ya dos semanas
há que el patrón Bejarano
con su familia habitaban
la estancia de los Milagros.

Ese día doña Estrella
el patrón se levantaron
muy tempranito, pero antes
había ya madrugado
alegrecita Azucena.

Al verla así, se alegraron
la señora y don Faustino,
y quisieron a caballo
sacarla a pasiar viniendo
a la misa del curato,
que se decía a las ocho;
y, como estaban a un paso
de la iglesia, muy a tiempo
de un galopito llegaron;
oyeron misa, y después
con el curita almorzaron,
quien les dio unos *chunchulines* [750]
que los dedos se chuparon,
y unos pichones de loro [751]
perfeutamente guisados.

De la mesa todavía
no se habían levantado,
al tiempo que el sacristán,
con un papel imprentado,
que acababa de llegar
del pueblo [752], entró muy ufano
diciéndoles: —¡Caballeros!
Buenas noticias les traigo...

---

747 *Voraz*: se le llama en la campaña al que gasta o derrocha mucho dinero por lujo o fantasía. (N. del A.)

748 *Aromos*: se les llama a los arboles de *Espinillo*, los cuales producen unas flores como botones de oro que las damas argentinas las mezclan con azahares, y entonces esa mistura produce la fragancia más suave y más deliciosa que puede desearse. (N. del A.)

749 *Mogollas* o *mogollones* les llaman a las personas que buscan siempre el comer de balde en casa ajena, sin gastar nada. (N. del A.)

750 *Chunchulines*: son los intestinos o las tripas más finas de una vaca o novillo, pues son muy sabrosas. (N. del A.) Chinculines

751 *Pichones de loro*: riquísimos son los pichones de los loros barranqueros de la campaña de Buenos Aires, donde los comen guisados de un modo especial y apetitoso. (N. del A.)

752 *Del pueblo*: de la ciudad de Buenos Aires. (N. del A.)

y, para que las leyera,
se las dio a don Bejarano.

El tal papel se llamaba
entonces: *El Telebrajo* [753],
el cual decía esa vez,
que, de las paces el *pato*
o convenio con los Indios,
lo había el virrey firmado
el veinticinco en el Fuerte [754],
adonde se lo aprobaron
muy conformes seis caciques
de aquellos más respetados
por los Indios: y que, ya
en esas paces confiados,
decía el mesmo papel
deberían los cristianos
como amigos a los Indios
recebirlos y tratarlos,
como ir a sus tolderías
sin recelo ni cuidado
de que allá los agarrasen;
pues, también rezaba el *pato*
del referido convenio,
que, a partir del día cuatro
de enero del año entrante,
los cautivos que agarraron
los Indios, y estén entre ellos
siendo cautivos cristianos...
sin quedarse con ninguno,
debían ser entregados
por los Pampas, y en los puntos
adonde los cautivaron
en cualquier tiempo y edá,
y fueran hembras o machos:

—¡Bendita sea la paz,
y el Señor sea alabado!
dijo el curita gozoso
y a todos felicitando.

—¡Y que la Viren permita,
dijo Azucena llorando,
que yo vea a mi cuñada
la Lunareja, que tanto
la quería y se acordaba
de ella mi pobre Genaro!

—Y, también permita el cielo,
dijo el patrón Bejarano,
que yo vea lo que espero
en su justicia confiando...

A su ahijada doña Estrella
entonces le dio un abrazo,
y besándola en la frente
le dijo: —Anoche he soñado
que vas a ser muy feliz
el día menos pensado.

A las doce, en ese día,
habían ya regresado
muy contentos a la estancia,
por las noticias del *pato*
y las paces con los Indios;
ansí es que determinaron
don Faustino y su señora
el montar siempre a caballo,
y desde el día siguiente,
día por día temprano,
seguir yendo al Perganino
a oír la misa del curato,
hasta la pascua de Reyes
que se venía acercando
y, ahora verán esas misas,
al fin en lo qué pararon [755]...

---

753 *El Telebrajo*: el Telégrafo, era el título del periódico único que en ese tiempo se publicaba en Buenos Aires. (N. del A.)
754 *El Fuerte*: el palacio del virrey entonces era el fuerte en donde hoy reside el presidente de la República. (N. del A.)
755 *¿En qué pararán esas misas?* Así dice un antiguo refrán español. (N. del A.)

– LX –

LA INVOCACIÓN GAUCHA. – EL LINDO NACIMIENTO. –
LA ESTRELLA DE LOS MAGOS. – EL LUJO DEL PESEBRE. –
LA MALDICIÓN A LA MULA.

«¡Virgen Santa de Luján!
¡madre de Dios soberano!
Que sois en nuestra campaña
la abogada de los gauchos.

»¡Y vos también, madre mía
y señora del Rosario!
Abogada de imposibles
y de los desamparados;
dénmele a mi pecho voces
y expresiones a mis labios,
ahora, al fin, que explicar debo
los prodigiosos milagros
que tan repetidas veces
ha hecho Dios en estos campos.

»¡Señor de la Redención!
que fuistes crucificado
hasta morir en la cruz;
y en gloria resucitado
a la diestra de Dios padre
y del Espíritu Santo,
para *insecula* sin fin
seréis del género humano
juez, y eterno protetor
misericordioso y sabio.

»Por vuestra pasión y muerte,
yo, mal coplero y negado,
a causa de la inorancia
con que he vivido en el campo;
que iluminéis mi memoria,
Dios mío, os pido postrado
y también que a mis palabras,
de expresivas les deis algo,
porque no podré explicarme
sino como un rudo gaucho,
ahora que de tu clemencia
voy a contar los milagros».

Después de su invocación,
sentándose el gaucho Santos
recorrió su pensamiento
en el semblante amostrando,
que iba a contar con placer
sucesos afortunados;
y seguidamente dijo
en tono alegre y pausado...

El primer día de pascua
de Reyes al Pergamino,
a las diez de la mañana,
aún no había aparecido,
y ya cuasi no esperaban
que viniese algún cautivo
de los que soltar debieron,
el día cuatro, los Indios.

Desesos de ver algunos,
el día seis tempranito,

después de nacer el sol,
doña Estrella, don Faustino,
y Azucena madrugaron
y salieron en camino
desde la Estancia al curato
antes que fueran las cinco;
y una preciosa mañana
en ese día les hizo.

¡Qué fragancia la de aquellos
árboles del paraíso!
¡la del jardín y del campo!

¡Qué cantar los pajaritos
y qué juguetear saltando
las cabras y los cabritos!

¡Qué celajes [756] al Naciente,
de topacios y rubizos [757],
hizo el sol cuando empezaba
a nacer! ¡y qué fresquito
tan delicioso soltaba
del sur un viento blandito!

¡Qué brillar el pastizal
con las gotas del rocío,
donde el sol se reflejaba
lo mesmo que un espejitos!
pero, en aquella mañana,
lo maravilloso y lindo,
o para mejor decir,
lo celestial y divino,
era ver en todo el cielo
azul celeste purísimo
millares de nubecitas
todas de igual tamañito,
tan blancas que parecían
majadas de *corderitos*
que de los campos al cielo
a echarse habían subido;
celajes que por acá
muchas veces hemos visto.

Pues bien, como iba diciendo;
poco después de las cinco,
con las señoras llegó
al curato don Faustino,
y al llegar, en la capilla
ya el cura había concluido
de arreglar para la fiesta
un nacimiento muy lindo,
que para la adoración
de los Reyes, fue preciso
agregarle muchas cosas.

Ansí fue, tres reyecitos,
del altor de una *limeta*
cada uno, estaban juntitos,
recién llegaos de sus tierras,
un blanco, un negro y un indio;
a cual de ellos más garboso
y ricamente vestido,
hincados junto al pesebre
de Jesús recién nacido
en el portal de Belén,
que era un *galpón peladito* [758].

Ahí estaban los tres Reyes
de rodillas, cono he dicho,
adorándolo a Jesús;
y queriendo allí mesmito
entregarle de regalo
prendas de precio infinito,
que le hacían mucha falta
al pobre niño bendito,
que estaba allí tiritando
en pelota desnudito,
porque nació sin tener
ni camisa el pobrecito,
pues por toda vestimenta
tenía un *chiripacito*.

Pero, entre tanto, el pesebre
era de ¡hilo de oro fino!

---

756 *Celajes*: aspecto que presenta el cielo cuando es surcado por nubes tenues y matizadas

757 *Rubizos*: vulg. rubíes

758 *Peladito*: pobre, sin muebles. *(N. del A.)*

Porque ansí lo mandó hacer
el cura del Pergamino,
en lugar de que lo hicieran
de pura paja de trigo.

En fin, como era el curita
el hijo de don Faustino,
todo lo podía hacer
y todo lo hizo muy lindo.

Qué aperos y qué *chapiaos* [759]
traiban los tres caballitos
de los Magos! un *cebruno* [760]
un alazán [761] y un tordillo [762].

Luego, adentro del portal,
a mas de los Reyecitos,
también San José y la Virgen
estaban cuidando al niño,
el uno junto a una mula,
la otra junto a un buey barcino [763]
que con su resuello estaba
calentando al angelito;
mientras la mula al pesebre,
como era paja de trigo,
se lo empezaba a comer;
y por eso la maldijo
la Virgen, diciendolé;
¡No parirás! Y ansí ha sido,
que desde entonces hasta hoy
ninguna mula ha parido.

Pero lo más asombroso
que en ese portal se vido,
se entiende, en el nacimiento
que se hizo en el Pergamino

para esa pascua de Reyes,
en mil ochocientos cinco,
fue la estrella de los Magos.
Dejuramente, un prodigio
de resplandor debió ser
esa estrella, porque la hizo
otra estrella la patrona
con los mejores zarcillos
de diamantes que tenía,
del tamaño de un cuartillo [764]
el más chiquito de todos;
siendo ochenta cabalitos [765]
con los que armó ese lucero
la esposa de don Faustino.

Ansí, a la luz de esa estrella
era un encanto divino,
almirable, celestial,
ver la nube de angelitos
que le cantaban gloriosos
v al vuelo al recién nacido.

Luego, afuera del portal,
era todo un laberinto
de puras preciosidades,
como casitas, ranchitos,
arboledas, gramillales [766],
sembrados y jardincitos;
bailarines y pastoras
que bailaban el *cielito* [767]
con guitarra y panderata [768];
y las viejas ¡ojo al Cristo! [769]
En la pastizal sentadas,
sin querer tomar polvillo,
por *vichar* cada una a su hija
cuando entregaba el cuerpito

---

759 *Chapiaos*: pretales con ricas chapas de plata y oro, con que los americanos adornan el pecho y pescuezo de sus caballos. *(N. del A.)*
760 *Cebruno*: caballo color algo oscuro. *(N. del A.) Cervuno*, pelaje bayo con matices grisáceos semejante al del ciervo
761 *Alazán*: caballo de pelaje castaño rojizo
762 *Tordillo*: pelaje equino negro o gris oscuro matizado de blanco
763 *Barcino*: o atigrado, animal de color rojizo con manchas transversales oscuras.
764 *Cuartillo*: moneda de 1/4 de Real
765 *Cabalitos*: exactos, igualitos
766 *Gramillales*: pastizales de gramilla como se llama cierta calidad del pasto americano. *(N. del A.)*
767 *El cielito*: baile de la campaña argentina. *(N. del A.)*
768 *Panderata*: vulg. pandereta
769 *Ojo al Cristo*: expresión de alerta

para que se le prendiese
a valsiar el pastorcito.

De ahí, el campo estaba lleno
de albardones, y arroyitos
y lagunas, donde andaban
gansos, cisnes y patitos;
y en el gramillal se vían
vacas lindas y toritos,
y yeguitas retozando
con baguales *clinuditos* [770].

Ansí fue la preciosura
del nacimiento divino,
con que celebró en su iglesia
el cura del Perganino
a la pascua de los Reyes,
en mil ochocientos cinco.
....
Finalmente, Santos Vega
sintió que era tardecito,
porque empezó a bostezar,
y soñoliento les dijo
a Rufo y Juana Petrona;
me estoy quedando dormido
y lo mesmo están ustedes
desiando *meniar ojito* [771];

Por lo que les aconsejo
que se vayan a su nido,
y yo, con perdón de ustedes,
me largo a mi rinconcito.

---

770 *Clinudo*: de crines largas
771 *Meniar ojito*: dormir. *(N. del A.)*

– LXI –

El oidor de llegada. – La misa cantada. – La sorpresa de los repiques. – El aparecido. – La Lunareja. – El volido de Azucena. – El grupo de los cinco.

    Como tres horas después
que llegaron don Faustino
y su familia al curato,
cata-aquí [772] que el señor primo
de doña Estrella, el oidor,
allí se hizo aparecido,
y en la sala se metió
luego de golpe y zumbido [773],
diciéndoles: —¡Buenas Pascuas!
Aquí estoy, porque he venido;
y con esto digo todo.
¡Vaya un abrazo, sobrino!
¡otro a mi prima! ¡otro a ti,
regañón viejo Faustino;
y a mi amiguita Azucena
un amable apretoncito
de manos y parabienes,
pues que tan guapa la miro.

    Por supuesto, alegremente
el oidor fue recibido
y allí no más, de parao,
le dijo al cura; —Sobrino,
mándame dar chocolate
pronto, espeso y bien batido,
que aunque vengo desganao
tomar algo necesito.

    —Sí, sí, dijo doña Estrella.
—Muy bien, repitió el sobrino;
chocolate con bizcochos,
tráinganle pronto a mi tío,
aunque viene desganao.

    —¡No, no! dijo don Faustino;
porque eso será exponerlo
a que le dé un tabardillo [774].
Déjenlo que se repose,
y ansí, que beba enterito
un balde de agua del pozo
que le abrirá el apetito;
pero...

    —Aquí está el chocolate,
velay, tómelo, mi tío,
díjole el cura: porque
aprontarme necesito
para la misa cantada...
¿que oirá usté?

    —Sí, sobrinito,
dijo el oidor: y de un soplo
se despabiló [775] el pocillo
con ocho o diez bizcochuelos;
y entonces dijo. Estoy listo;
iremos pues a la iglesia
cuando gustes, Angelito.

    Al momento repicaron
las campanas, y al ratito,

---

772 *Cata-aquí*: ved aquí, he aquí. (N. del A.)
773 *De golpe y zumbido*: en forma intempestiva y velozmente
774 *Tabardillo*: realmente tifus, pero familiarmente insolación.
775 *Despabilar*: acabar algo con presteza

con dos padres forasteros
amigos del padrecito,
se hizo una misa cantada,
grandiosa en el Pergamino,
con música y *camaretas* [776]
y cuhetes como es de estilo.

   Acabada la función,
el cura con sus amigos,
los otros dos sacerdotes,
y tragaldabas su tío,
Azucena, doña Estrella
y el rumboso don Faustino
se pusieron a almorzar...
¡háganse cargo! A lo ricos.

   Cuasi acabando el almuerzo,
oyeron que en el pueblito
con música y cuhetería [777]
daban vivas repetidos
cera de la comendancia,
donde estaban reunidos
en muy alegre algazara
cuasi todos los vecinos.

   Por supuesto, en el curato,
a ese sonar tan festivo
todos *pararon la oreja* [778],
sin saber a qué atribuirlo;
hasta que dijo el oidor:
—Quizás se habrán recibido
grandes noticias de España,
y estas acá habrán venido...

   A este tiempo el sacristán
que dentró sin ser sentido,
medio loco de contento,
por su cuenta y sin permiso
del curita, y sin tener

fundamento conocido,
se les prendió a las campanas
de la iglesia, y... ¡Cristo mío!
Empezó un repicadero,
que salieron aturdidos
todos, menos el oidor,
que se quedó a dos carrillos
comiendo un pastel de *choclo* [779]
y se lo engulló él solito.

   Salieron, pues, el patrón
y el cura muy afligidos,
creyendo que el sacristán
hubiera perdido el juicio,
o se hubiera emborrachao.

   El cura, en cuanto lo vido,
le preguntó al sacristán;
—¿Qué es esto, don Celestino?
Está usté loco o *mamao*?
¡Respuenda!...

   Pero el bendito
y entusiasmao sacristán
se hacía el desentendido,
y *déle guasca* [780], seguía
a las campanas prendido,
repicando y repicando
como a sacarles el quilo [781],
sin hacer caso del cura.

   Serio entonces don Faustino,
díjole allí: —¿Qué demonio
es el que se le ha metido
a usté? ¿Díganos por qué
repica?...

   —¿Por qué repico?
¡por un milagro de Dios!

---

776 *Camaretas*: cañoncitos de bronce, de un pie de largo y una pulgada de espesor, con los cuales hacen estruendos en la iglesia el día de sus fiestas religiosas. (N. del A.)
777 *Cuhetería*: quemar muchos cohetes juntos. (N. del A.)
778 *Pararon la oreja*: poner atención con el oído. (N. del A.)
779 *Choclo*: el maíz tiernísimo aún en la planta. (N. del A.)
780 *Déle güasca*: continuar, seguir haciendo algo con empeño. (N. del A.)
781 *Quilo*: sustancia en que se convierten los alimentos en el estómago. *Sacarles el quilo:* hacerles vomitar su interior.

pues por mis ojos he visto
llegar a la comendancia
¡sano y bueno! Ahora mesmito,
al capitán don Berdún
con su hermana y su sobrino.
¡Velahí están! ¿No los ven
apiándose?

 —¡Jesucristo!
exclamó don Bejarano;
y corrió llamando a gritos
¡Azucena! ¡Estrella! Corran,
vengan, ¡Genaro ha venido
bueno y sano! ¡Y acá está
con su hermana y su sobrino!
¡Gracias a Dios! ¡veanlós!

 No fue correr, fue un *volido* [782]
con el que salió Azucena
a encontrar a su marido,
y de placer en sus brazos
se le quedó sin sentido.

 Allí mesmo doña Estrella,
el curita y don Faustino,
sobre Azucena y Genaro
un grupo hicieron de cinco,
abrazaos unos sobre otros;
y de gozo sorprendidos
riyendo y llorando a un tiempo
se encontraban confundidos,
ya creyendo, ya dudando
de ver al aparecido.

 Cuando Azucena volvió
a recobrar el sentido,
en los brazos de su esposo,
dudaba de verlo vivo;
pero, ansí mesmo mostraba
un inmenso regocijo.

 En igual caso se hallaban
doña Estrella y su marido;
lo que no le sucedía
al cura don Angelito,
porque, con fe y esperanza,
de Dios esperó un prodigio
que salvara la inocencia
de Azucena; y que el castigo
también Dios se lo daría
algún día al asesino.

 Pasao el primer momento
de goces tan repentinos,
de allí a Genaro a la sala
con su hermana y su sobrino,
entre mil demostraciones
de placer y de cariño,
los llevaron, al istante
que en el patio se deshizo,
donde mesmo se formó,
aquel grupo de los cinco;
pero Azucena siguió
abrazada a su marido.

 Entraron, pues, a la sala,
todavía sorprendidos
por el gozo que tuvieron
al ver al recién venido,
y al conocer a su hermana,
pues nunca la habían visto;
pero que de su belleza,
eso sí, habían sabido;
y tocante a esa *lindura* [783]
voy a decir lo preciso.

 Treinta y nueve años tendría
la Lunareja cumplidos,
cuando con su Hijo Manuel
de los disiertos se vino
en compaña de Berdún,
aquel su hermano querido,
que no murió en la Vitel
por serle tan parecido.

---

782 *Volido*: vulg. vuelo
783 *Lindura*: belleza. (N. del A.)

Esta hermana de Genaro,
a pesar de haber sufrido
cautiva de Cocomel
diez y nueve años cumplidos,
al fin de su cautiverio
muy poco había perdido
de su garbo y donosura
ansí llegó al Pergamino
en el día seis de enero
de mil ochocientos cinco,
siendo Rosa todavía
de preciosura un prodigio.

¡Qué cabeza y qué garganta!
¡qué cuerpo tan redondito!
¡qué brazos como torneaos!
¡qué *pieses* [784] tan arquiaditos!

Hebras de oro eran sus trenzas
de rubios cabellos finos,
que en sus espaldas brillaban
naturalmente esparcidos.

Eran de carmín sus labios,
y en su sonrisa, al abrirlos,
entre su preciosa boca
amostraba dos cintillos
de dientes como de nácar.

El rosado morenito
de su rostro era un esmalte,
donde estaban embutidos
como luceros sus ojos,
color celeste subido;
que a quien se los dirigía
era como darle un tiro
de aquellos que el corazón
le ponen a uno blandito
para entregarse al amor...

En fin, de los atrativos
tenía Rosa el conjunto:
pero, el adorno más lindo
de su cara era el lunar,
tan crespo y tan renegrido
y de tan preciosa forma,
que tenía en un carrillo
como una flor de azabache,
y, a ese lunar fue debido
el que, al fin y para siempre,
felices hubieran sido,
ella, su hermano Berdún
y Manuel el caciquillo.

Luego que estuvieron todos
en la sala reunidos,
tomaron asiento en rueda;
y mirando de hito en hito
a Berdún, como dudando
doña Estrella y don Faustino,
desconfiaban todavía
de que allí estuviera vivo,
aquel hombre a quien sin duda
muerto lo habían creído:
y sobre qué le dirían
se encontraban indecisos.

Genaro les conoció
ese dudar, y les dijo
con una voz conmovida:

—No tengan dudas, padrinos;
yo soy Genaro Berdún,
gracias a Dios que estoy vivo;
y después de Dios, le debo
estar aquí... a mi sobrino.

Él me salvó en la Vitel,
el día que un asesino
creyó de una puñalada
haber mi vida concluido;
y hasta ahora, quién fue ese aleve [785]
averiguar no he podido;

---

784 *Qué pieses*: qué pies. *(N. del A.)*
785 *Aleve*: que actúa con alevosía

pero ya lo he perdonao,
sea quien hubiere sido;
porque nunca la venganza
encontró en mi pecho abrigo.

Lo único que en el disierto
me hizo saber mi sobrino,
fue, de que los Araucanos
quemaron el Cardalito,
por no encontrarse él allí,
pues que lo habría impedido.

Bien pues, esa madrugada
cuando yo fui mal herido,
y quedé como un dijunto
desangrado, y sin sentido,
mudo, sin habla y sin vista,
solo en mi catre tendido,
allí me habría quemao
adentro de mi ranchito,
porque ya empezaba a arder,
cuando a Manuel mi sobrino
que ni sabía el que yo
me hallara en ese destino,
la Providencia lo trajo
allí, a mi rancho mesmito,
de adonde un Indio salió
con mi chaqueta, y le dijo;
¡OFICIAL BLANDENGUE MUERTO,
ACÁ ADENTRO, MOZO LINDO!

Al oír al Pampa, Manuel
entró, y en cuanto me vido
me conoció, y, de sorpresa
o de pesar dando gritos,
mandó que entraran sus Pampas
y les dijo: «¡Este es mi tío!
Genaro Berdún, de quien
tantas veces les he dicho,
que para mí en este mundo
es el hombre más querido;
vamos a llevarlo pronto,

¡con cuidao, porque está vivo!..».

Manuel, que está aquí presente,
hasta ahora jamás me ha dicho
cómo fue que me llevó
de allí a sus toldos consigo.

Yo sólo sé que allá estuve
veinte meses asistido
por el memo Cocomel,
por mi hermana y mi sobrino,
y dos buenos curanderos
de los que tienen los Indios.

Después de esos veinte meses
enderezarme he podido,
hasta hoy, que gracias a Dios,
del todo restablecido,
tengo la felicidá
de hallarme aquí reunido
a mi adorada Azucena,
a mis amados padrino;
y para alabar a Dios
al cura del Pergamino.

Ahora por fin les diré
que para siempre venimos
a vivir cerca de ustedes,
sin recelo de los Indios,
ni haber agraviao a naides;
pues Cocomel nos ha dicho,
abrazándonos a todos
al tiempo de despedirnos,
que siempre y en todas partes
será nuestro buen amigo;
y que nos hará querer
y respetar por los Indios.

Cuando Genaro acabó
su relación, don Faustino
a Manuel le dio un abrazo
muy apretao, y le dijo:

—¡Ya lo quiero a usté de veras!
Porque es hombre agradecido.
Disponga usté pues de mí,
para siempre, como amigo.

   A este tiempo a festejar
a los que habían venido
libres de su cautiverio
y llegao al Pergamino,
el comendante, el alcalde
con otros varios vecinos
y seis músicos, allí
en el curato mesmito
tocaron *musiquería*;
y se alborotó el corrillo
hasta las seis de la tarde
que se fueron *divertidos* [786]
todos los festejadores,
a costa de don Faustino.

---

[786] *Divertidos*: medio ebrios. *(N. del A.)*

– LXII –

La aneurisma. – El matasanos. – El gaucho forastero.
– El muerto repentino. – La velada. – El viaje al
cementerio.

Llenos de júbilo estaban
esa noche en el curato,
sin saber que llorarían,
al otro día temprano,
la muerte del infeliz
Jacinto, el apostemado,
que esa noche, el día seis,
espiró sin más amparo
que el de Rita su mujer
y su hijita de cinco años.

De cómo fue esa desgracia
voy a referir el caso.

Jacinto, en lugar de un pión,
tenía sólo a un muchacho
que le ayudaba a sembrar
y le hacía los mandados,
con la mejor voluntá
y por un corto salario.

Como era pascua de Reyes
ese día infortunado,
Jacinto, para pasiar,
le dio licencia al muchacho
por día y medio, en razón
que el mocito iba a un *fandango* [787],
allá cerca de *Arrecifes* [788],
en casa de su cuñado
que se llamaba Pascual,

y vivía retirado
de la casa de Jacinto.

Ello es que montó a caballo
el mocito, y se largó
después de haber almorzado.

A las ocho de la noche
todavía estaba claro
y como hacía calor,
Jacinto andaba pasiando
muy contento en su quintita,
y sintiéndose cansado
quiso, sin duda, sentarse;
pero allí trompezó en algo
que lo hizo cair al istante,
por desdicha boca abajo,
y con el pecho acertó
sobre la punta del banco
en que solía sentarse;
y en el suelo, largo a largo,
sin poderse levantar,
quedó el pobre vomitando
sangre por boca y narices,
y mortalmente postrado.

Apenas cayó lo vido
su hijita, y corrió llorando
a donde estaba su madre
y le dio cuenta del caso.

---

787 *Fandango*: a un baile. (N. del A.)
788 *Arrecifes* pueblito de campaña. (N. del A.)

La pobre Rita al istante,
asustada, disparando
a socorrer a Jacinto
fue, y lo encontró boca abajo,
inmóvil como un dijunto,
y de sangre sobre un charco.

   Poderlo dar vuelta allí,
lo costó tanto trabajo
como lágrimas y susto;
pues la infeliz, apurando
todas sus fuerza, apenas
consiguió medio sentarlo
en el suelo, y sostenerlo
como muerto entre los brazos;
mientras le dijo a su hijita
que se fuera disparando
a trairle un poncho de abrigo
y agua del pozo en un jarro.

   La niñita por fortuna,
o por desgracia, a caballo
vio llegar a un forastero
formalote, y muy *asiado* [789]
pidiendo, porque venía
con su mancarrón cansado,
que por plata, o por favor
le prestasen un caballo,
para ir a ver a un enfermo
que tenía que curarlo.

   ¡Un médico! ¡qué fortuna!
Dijo la niña llorando,
y le rogó se acercara
a ver en el triste estado
en que su padre se hallaba
en la quinta acidentado.

   Era médico el viajero,
o más bien un matasanos
de mala cencia y concencia,
de aquellos que *faroliando* [790]
la echan acá en la campaña
de dotores afamados,
siendo capaz de matar
a Cristo resucitado.

   El tal médico, al mirar
que estaba un rocín atado
a soga junto a la quinta,
le dijo a la niña: —Vamos,
vamos, hijita, al istante,
porque yo vengo apurado

   La niña corrió adelante
naturalmente, gritando:
—¡Mamita, acá está un dotor
que por fortuna ha llegado!
Aquí viene a ver a tata;
consuélese, va a curarlo.

   Fue el dotor, y vio a Jacinto
todavía entre los brazos
de su esposa inconsolable;
y el médico sin pulsiarlo,
nada más que al ver la sangre
que Jacinto vomitando
había echado del pecho,
dijo el dotor... ¡Malo, malo!

   Luego medio lo pulsió;
y Rita anegada en llanto
entonces le pregunto:
—Señor ¿qué remedio le hago?
aconséjeme, por Dios...

   —Señora, yo soy muy claro,
dijo el dotor y no encuentro
más remedio que enterrarlo,
pues su marido está muerto,
y no hay cómo remediarlo.

   —¡Misericordia de Dios!

---

789 *Asiado*: bien vestido. *(N. del A.)*
790 *Faroliando*: aparentado alguna ciencia
   a fuerza de charlatanismo. *(N. del A.)*

exclamó Rita llorando.
¡Muerto mi pobre marido!
¡y yo aquí tan sin amparo!
¡Ah, señor! Por caridá,
ayúdeme usté a llevarlo
hasta la cama, pues yo
sola no podré cargarlo.

—Eso sí puedo hacer yo,
dijo el dotor apurado;
y también le ayudaré
si usté quiere amortajarlo,
porque no me queda duda
que su marido ha espinado
a causa de una *norisma* [791]
que ahora se le ha reventado,
y eso no tiene remedio.
Ansí, vamos a llevarlo,

A Rita en ese momento
los alientos le faltaron
para cargar el dijunto;
y fue en ese istante, cuando
otro hombre desconocido
se abajó allí del caballo,
y al ver que en la quinta estaban
afligidas y llorando
una mujer y una niña,
sin alientos, y tratando
de cargar, al parecer,
a un hombre muy lastimado...
allá fue el recién venido
con el sombrero en la mano
y puede ser que sabiendo
adonde se había apiado,
y le suplicó a la viuda,
mostrándose apensionado,
le permitiera cargar
a su enfermo hasta acostarlo.

—¡Qué enfermo! dijo el dotor:
este es un muerto, paisano,
y es hombre a quien yo quería
mucho, por ser un ahijado
de mi compadre y amigo
don Faustino Bejarano.
Y este muerto a quien conozco
hacen ya más de siete años,
es Jacinto Salvador...

—Es verdá, dijo llorando
la triste viuda; es Jacinto,
el mesmo que usté ha nombrado,
señor dotor, es mi esposo;
vamos, vamos a llevarlo.

Después de esto, los dos hombres,
solos, de allí lo cargaron
al dijunto hasta su cama,
y ya estaba frío helado.

Ahora bien: aquel dotor
que allí se había alabado
de tener con don Faustino
mucha amistá y compadrazco,
a pocos días después
se supo de un modo claro
que había sido el cochero
más ruin de don Bejarano.
Ansí fue que de la casa
de la viuda, muy callado,
se largó sin despedirse;
pero desató el caballo
del dijunto, lo ensilló,
y dejó el suyo cansado.

A esa hora completamente
la noche había cerrado,
y el hombre desconocido
no se había separado
de la cama de Jacinto.

Allí lo estaba mirando
fijamente y conmovido;

---

791 *Norisma*: vulg. aneurisma

y allí por fin balbuciando
a la viuda le rogó,
de un modo muy contristado,
le permitiera el velar
en esa noche al finado,
y servirle a la familia
en todo lo necesario.

—Sí, señor, díjole Rita
agradecida y llorando
ahora mesmo puede usté
desensillar su caballo,
y un grandísimo favor
nos hará en acompañarnos,
pues de buena voluntá
confío en que usté, paisano,
también nos ayudará
de madrugada a cargarlo
al dijunto en la carreta,
en que iremos a enterrarlo
en la villa, pues no está
por desdicha mi muchacho,
que acostumbra a uñir [792] los güeyes
del *castillo*[793] y...

—No hay cuidado,
le dijo el desconocido,
de todo eso yo me encargo;
y de *picar la carreta* [794].
Aquí estoy a su mandado
con toda mi voluntá,
mándeme usté sin reparo,
se lo suplico, señora.

—Dios se lo pague, paisano,
díjole Rita; y de allí
se fue a cortar de un atado
cuatro velas, que, encendidas,
vino y las puso al costado
de la cama del dijunto,
junto a la cual vio al *foráneo* [795]
sentao a la cabecera,

medio ansí como rezando.

Entonces, recién la viuda
un istante hizo reparo
en la cara de aquel hombre,
y vido que era un extraño
desconocido para ella;
porque era tan *picotiado*
de virgüelas como *arnero* [796],
y además tenía un tajo
desde la frente a la barba,
el cual le había vaciado
el ojo de la derecha;
después, le había cortado
la boca, dejandolé
como *horquetas* los dos labios
y traiba además el hombre
los cabellos desgreñados,
y las barbas cuasi, cuasi,
de media vara de largo.

Con todo, ningún recelo
le tuvo Rita al paisano;
porque le dio a conocer
que estaba determinado
para servirla en un todo
en aquel momento amargo.

Cuasi toda aquella noche
tristísima se pasaron,
la viuda y su muchachita,
angustiadas hilbanando
o cosiendo una mortaja
humilde, de lienzo blanco;
con la cual de madrugada
al muerto lo amortajaron.

A las tres apunta el día,
ya se sabe, en el verano;
por eso, a las tres y media,
Rita le rogó al paisano
que saliera a uñir los güeyes

---

792 *Uñir*: vulg. uncir
793 *Castillo*: carreta de campo, sin toldo ni cubierta ninguna. (N. del A.)
794 *Picar la carreta*: conducirla picando a los bueyes. (N. del A.)
795 *Al foráneo*: al gaucho forastero. (N. del A.)
796 *Arnero*: harnero, criba, cuero con agujeros tensado por un aro y que se usa para separar las semillas de la paja

del castillo, en que cargado
debían llevar al muerto
al Pergamino a enterrarlo;
y le alvirtió que los güeyes
debería de encontrarlos
allí no más, muy cerquita
de la quinta pastoriando.

Jacinto tenía solos
tres güeyes para el trabajo,
que no era mucho en su chacra,
sino arar de cuando en cuando;
pero entre los tres había
uno recién descornado,
el que a tirar en el yugo
estaba ya acostumbrado,
a pesar que se solía
espantar en ciertos casos.

El paisano fue y cogió
los que *vido* más a mano;
y de aquellos que agarró,
raro era aquel descornado
pero ansí mesmo lo uñó
sin que le diera trabajo,
porque al uñirlo, el *toruno* [797]
entró al yugo voluntario.

Luego que acabó de uñir,
trujo la carreta al patio;
y la toldó con dos colchas
que le habían preparado.

Al rato la triste viuda,
rompiendo en copioso llanto,1
díjole al recién venido
—¡Carguémoslo!... son las cuatro;
y se dispuso parada
para ayudar al paisano.

¡*Diaónde* poder la infeliz
cargar al amortajado,
viéndose desfallecida
de llorar y de quebranto!

Al ver eso, el forastero
solito cargó al finado,
y lo puso en la carreta
lo mejor acomodado,
sobre un colchón con *almuada*,
y con los brazos cruzados,
porque el muerto los tenía
en ese istante muy blandos.
Luego, aquel desconocido,
después que llevó cargado
a Jacinto hasta el castillo,
se quedó tan contristado
como la infeliz esposa
de el que estaba amortajado.

Antes de marchar, la viuda
allí le rogó al paisano
la dejase adelantar
con su hijita hasta el curato,
que se hallaba muy cerquita,
para hacer que sin retardo
cavasen la sepultura,
mientras seguía el paisano
más atrás con la carreta
y en el pértigo picando.

—Sí, señora; ansí lo haré,
vayan no más sin cuidado,
contestó el desconocido;
pues ya sé que el campo santo
está cerquita de acá
vayan no más caminando...

Ansí fue: Rita salió
con su hijita lagrimiando;
y de ahí siguió el forastero
sobre el pértigo picando
los güeyes de aquel castillo,
adonde iba amortajado

---

[797] *Toruno*: buey recién amansado. (*N. del A.*) Realmente animal castrado de un sólo testículo, o el castrado después de cinco años. Suele ser peligroso y agresivo.

un hombre a quien no pensó
nunca en su vida el paisano,
en una pobre carreta,
conducirlo al campo santo.

– LXIII –

LA JUSTICIA DEL CIELO. – EL AMORTAJADO. – EL PICADOR
TACITURNO. – EL RESUCITADO. – EL ACCIDENTE. – EL BUEY
ARISCO. – EL REVENTADO.

    Ahora, dijo Santos Vega,
necesito el informarlos
de todo lo que pasó
esa vez en el curato,
antes de llegar el muerto,
y al momento en que llegaron
la viuda con su niñita.

    Las dos dolientes entraron
a la casa del curita
a eso de las cinco y cuarto
hora en que todos allí
aún estaban acostados;
ansí, solamente el cura
se encontraba levantado.

    Naturalmente, a los gritos,
a los lamentos y llantos
de la viuda y de la niña,
toditos se levantaron,
y apenas vieron a Rita,
su viudedá [798] adivinaron,
pues sabían que su esposo
estaba cuasi postrado.

    ¡Qué confusión se hizo entonces!
¡Qué momento tan amargo
les dio la fatal noticia!
¡qué desasosiego y llanto,
y qué sorpresa tuvieron
todos allí en el curato!...
Mucho más cuando supieron
que lo traiban ya a enterrarlo
sobre un castillo a Jacinto
dijunto y amortajado;
y que ya estaba cerquita.

    El cura, entonces, llamando
al sacristán, dijolé:

    —Don Celestino, le encargó
que sin excusa ninguna
haga usté lo que yo mando.
Oígame, pues, y ya ve
cómo estoy de atribulado.
¡Ahí viene muerto Jacinto!
A quien lo consideramos
como de nuestra familia;
ahora vanos a enterrarlo,
lo train en una carreta,
pues no nos han avisado
para hacerlo trair mejor;
ahora, pues, es necesario
que usté procure doy piones
y les mande sin retardo
que caven la sepultura
para enterrar a mi hermano,
el pobrecito Jacinto
a quién usté quiso tanto.

---

798 *Viudedá*: vulg. viudez

—Sí, señor cura, es verdá;
yo lo estimaba al finado,
respondió don Celestino.

—Pues bien, cumpla mi mandato,
repitió el triste curita,
después de haberlo informado,
delante de don Faustino,
al sacristán del curato
de todo lo acontecido
completamente y despacio.

Don Celestino salió
lo mejor intencionado
para cumplir lo que el cura.
allí le había ordenado;
ansí fue que en el istante
el hombre se fue apurado
a buscar los cavadores,
y echar de camino un trago,
venirse luego a la iglesia,
mandar cavar sin retardo
la sepultura, y después
estarse en su campanario
a espera de la carreta
que traiba al muerto cargado.

Ocho cuadras le faltaban,
para llegar al curato,
al picador que venía
sobre el pértigo [799] picando,
taciturno, pensativo,
y al parecer abismado...
Dios sabe en qué; pero el hombre
venía muy contristado,
al tiempo que por la espalda
le dijo el amortajado
con una voz sepulcral:
«¡Adónde me lleva, hermano!»

A esa voz, al picador
los pelos se le pararon
de terror, y al darse vuelta,
viéndolo vivo y sentado
al dijunto en la carreta,
el picador espantado,
entre el pertigo y los güeyes
cayó al suelo acidentado.

Entonces, aquel *toruno*
ariscón y descornado,
al sentir entre las patas
algún bulto atravesado,
pegó el güey una tendida
que hizo la carreta a un lado,
sacándola de la güella
por donde iba caminando,
y entonces allí una rueda
al picador desdichado
le pasó por medio cuerpo,
y el pecho le hizo pedazos.

Sin sentido, cuasi muerto,
ahí no más quedó el paisano,
de suerte que del castillo
se bajó el amortajado;
y comprendiendo toditas
las circunstancias del caso
dijo: «¿Acá, qué puedo hacer?
Nada más, sino llevarlo,
donde él me llevaba a mí.
Vamos, pues, al campo-santo».

Pero, no teniendo allí
quien lo ayudase a cargarlo
en la carreta, esperó...
después de haberse sacado
a tirones la mortaja
y haberse sólo quedado
en camisa y calzoncillos.

A ese tiempo, a dos paisanos,
que pasaban por allí,
los llamó, y se le arrimaron

---

799 *Sobre vi pértigo*: dando la espalda a los bueyes es como se sientan los picadores de carretas en la campaña de Buenos Aires. (N. del A.)

de muy buena voluntá;
y por ellos ayudado,
cargó luego en el castillo
al picador reventado,
y, creyéndolo dijunto,
enderezó al campo-santo
sobre el pértigo también,
a los güeyes picaniando.

De noveleros [800], sin duda,
luego aquellos dos paisanos
salieron al galopito
para la villa rumbiando;
y, a la cuenta, allá en la orilla
del pueblito, platicaron
con algunos conocidos,
a los cuales les contaron
el milagroso suceso
del muerto resucitado.

Ansí debió ser; porque
los curiosos, informados
de semejante suceso,
estuvieron esperando
hasta que llegó el castillo,
y todo lo averiguaron:
de manera que a Jacinto
lo detuvieron un rato.

A esa hora, en tristes apuros
estaban en el curato;
y viendo que la carreta
en llegar tardaba tanto,
se le antojó al sacristán
salir a dar un vistazo
a ver si la divisaba,
pues que ya habían cavado
la sepultura los piones.

Salió pues, medio apurado
el sacristán, y tres cuadras
solamente había andado,

y vido ya que al castillo
lo habían cuasi cercado
los curiosos, que le estaban
a Jacinto preguntando
¿cómo tan dichosamente
había resucitado?

El sacristán al istante,
que vio a Jacinto alentado,
volvió corriendo a la iglesia,
enderezó al campanario,
y en vez de doblar se puso
a repicar muy ufano.

Allá fue el cura otra vez
junto con don Bejarano,
quien le dijo al sacristán
furiosamente enojado:
—¡Ah, pícaro! ¿usté repica
porque se ha muerto mi ahijado,
y se lo hemos alvertido...?

—¡Qué muerto ni qué carancho!
contestó don Celestino;
usté está mal informado.
Jacinto se murió anoche,
pero hoy ha resucitado
adentro de una carreta.
¿No le ve? Ahí entra muy guapo.
Con que ansí, no me eche roncas [801]
al botón [802]. Yo sé lo que hago...
Y ¡déle guasca! siguió
el sacristán repicando.

—¡Es cierto! dijo el patrón;
y otra vez corrió gritando:
¡No lloren, alegrensé!
Jacinto ha resucitado.
¡Démosle gracias a Dios
por este nuevo milagro!

A la voz de don Faustino

---

800 *Novelero*: aficionado a las novedades, ficciones y cuentos. También se usa para designar a alguien incosntante y que varía su proceder

801 *Echar roncas*: retar, reconvenir duramente

802 *Al botón*: inútilmente, sin razón

salieron todos al patio;
y después que allí a Jacinto
mil abrazos le pegaron,
este, en muy pocas palabras,
lo que le había pasado
les contó diciendolés
que allí traiba agonizando
al pobre desconocido...
que era preciso: auxiliarlo.

   Al istante a recibirlo
todos allí se aprontaron;
y entre el cura, don Faustino,
el caciquillo y Genaro,
con la mayor prontitú,
compasivos lo bajaron
al infeliz forastero,
y allí mesmo en el curato
doña Estrella y Azucena
una cama le arreglaron,
para poder asistirlo,
en el más bonito cuarto;
y al médico de la villa,
que era un hombre acreditado
como buen facultativo,
al istante lo llamaron.

– LXIV –

El agonizante. – El arrepentimiento. – La revelación. – El espanto. – La absolución. – La muerte del bandido.

Vino el médico a la priesa [803],
y ya estaba el lastimado
en la cama, adonde el habla
medio había recobrado,
y la vista: pues, a todos
los que lo estaban rodiando;
a uno por uno los vido
lánguidamente, y llorando,
pero sin hablar palabra;
únicamente a Genaro,
que estaba al lao de la cama,
le apretó apenas la mano,
como si lo conociera
o quisiese pedirle algo.

Sin perder tiempo, el dotor
le descubrió con cuidado
el pecho, y lo registró
del modo más esmerado;
y, después que lo pulsió,
aparte, a don Bejarano
le dijo: que era imposible
salvar aquel desdichado,
porque debía espirar,
sin duda dentro del plazo
de tres horas, cuando más;
pues que ya le iba faltando
hasta la respiración,
por lo cual, ni confesarlo
quizá podría el curita...

que allí se estaba pegado
a la cama del enfermo;
como estaban en el cuarto
todas, todas la personas,
por el oidor empezando,
que en esa triste mañana
se hallaban en el curato.

El médico, finalmente,
como fue muy necesario,
también registró a Jacinto,
de quien dijo: que un letargo
fue el que tuvo, por motivo
de habérsele reventado
una postema, que había
felizmente vomitado,
y que ya no era difícil
en adelante el curarlo.

Dicho esto, se despidió
el dotor, asigurando
de nuevo que el forastero
moriría al poco rato.

Con semejante alvertencia,
todos muy desconsolados,
en el cuarto del enfermo
inmóviles se quedaron;
especialmente el curita,
que en confesar al paisano

---

803 *A la priesa*: de prisa, inmediatamente. (N. del A.)

pensó luego, para que
muriese como cristiano

   Pero, todo allí estaban
completamente inorando
quién podría ser aquel
forastero infortunado;
pues naides lo conocía,
y les era tan extraño
como si del otro mundo
el hombre hubiera llegado.
Naides, pues, lo conocía;
y aun cuando le preguntaron
por su nombre algunas veces,
el forastero callado
los miraba tristemente,
sin responder y llorando.

   Pegada a la cabecera
del moribundo foráneo,
estaba la compasiva.
Azucena, procurando
hacerle tomar siquiera
algunas gotas de caldo;
y la taza la tenía
como enfermero Genaro;
pero, ni una sola gota
pasaba ya el desgraciado.

   El curita, al ver aquello,
como que estaba allí al lado
de la cama del paciente
sin querer desampararlo,
conmovido dijolé,
tomándolo de la mano
y lleno de mansedumbre:
—Yo quisiera confesarlo,
querido amigo, eso es bueno;
y también sacramentarlo,
para que pronto se alivie.
¿No le parece, paisano?

   A esa voz tan persuasiva,
a esas palabras de un santo,
el enfermo que hasta entonces
estuvo siempre callado,
suavemente abrió los ojos,
y, humildemente mirando
al cura, le respondió,
apenas articulando
débilmente estas palabras,
cuando estaba agonizando:

   —¡Ah! señor, por Dios le pido
un momento de descanso,
porque ya apenas respiro;
tal estoy de fatigado.
Además de esto, señor,
son tan muchos mis pecados
y delitos, que la vida
tiempo para confesarlos
creo que no me dará;
pues siento que ya pisando
estoy a mi sepultura,
y tristemente dudando
merecer perdón de Dios...

   —¡De eso, no, no dude, hermano!
Tenga usté fe y esperanza
en que será perdonado,
le contestó el padrecito;
porque Dios nunca ha negado
misericordia y perdón
a quien, como buen cristiano,
se lo pide arrepentido.
Ahora convengo en dejarlo
hasta que se alivie un poco,
pero aquí estaré a su lado,
como es de mi obligación.

   En seguida lo dejaron
descansar solo media hora,
teniendo cuenta del plazo
que el médico señaló

al marcharse del curato;
pero, de los que allí estaban,
naides quiso abandonarlo,
y todos para asistirlo
se estuvieron en el cuarto
sin separarse ninguno.

 Las siete y media sonaron
cuando el curita trató
otra vez de confesarlo,
pero entonces conoció
que el enfermo agonizaba,
y solo se limitó
a preguntarle si estaba
con todo su corazón
humilde y arrepentido,
de haber ofendido a Dios
y a los hombres en el mundo.

 —¡Con toda mi alma, señor!
me confieso arrepentido,
llorando le respondió
el agonizante al cura;
y al mesmo le suplicó
que a Genaro y su mujer,
para pedirles perdón,
los acercase a su lado;
y el cura los acercó.

 Después de eso, a doña Estrella
y su esposo les pidió,
que allí, a la hora de la muerte,
le tuvieran compasión,
perdonándolo también.

 Y por fin le preguntó
al curita, si podría
echarle la asolución,
para morir descansao.

 El padre le contestó:
—Sí, amigo, lo asolveré,
pues la clemencia de Dios
a todo el que muere así
le da su gracia y perdón.

 Silenciosos en el cuarto,
con atenta devoción
escuchaban los oyentes,
hasta que el caso llegó
en que el cura al moribundo
su nombre le preguntó,
para poderlo asolver.

 Con ansiedá y atención
allí todos esperaban
aquella contestación
del criminal misterioso,
que alguna revelación
terrible debía ser...

 Pero, entonces le faltó
el habla al desconocido,
y muerto se le creyó.
Penosas fueron las dudas,
el deseo y la aflición
con que a todos los del cuarto
el criminal los dejó,
cuando, sin nombrarse al fin,
mortalmente enmudeció.

 Mas, como allí era preciso
que la JUSTICIA DE DIOS
se viese clara y patente,
la Providencia le dio
alientos al moribundo,
para pedirles perdón
a todos sus ofendidos
que estaban rodiandoló.

 Ansí fue: el agonizante;
trémulo y mirandoló
al padrecito, le dijo,
esforzando algo la voz,

estas últimas palabras,
que a toda una confesión
aterrante equivalieron:

—Apenas tengo valor
en este istante mortal,
cuando es preciso, señor,
volverle a decir que he sido
tan ingrato y malhechor
desde mis primeros años;
como asesino y ladrón.
Por eso fui presidario,
pena a que me destinó
la justicia, después qué
la vida me perdonó...
Y no está lejos de aquí
quien entonces me salvó.

Del presidio me escapé,
gracias a un crimen atroz
que para eso cometí;
y entonces me persiguió
la justicia en todas partes,
hasta que al fin me creyó
ahugao en el Paraná,
adonde por nadador
me salvé de perecer,
y entonces ya se olvidó
hasta mi nombre en el mundo.
Después de eso, continuó
mi vida de delincuente,
y por último, fui yo
el criminal alevoso
que a Genaro le clavó
un puñal, en la Vitel,
y ese día me marcó
¡un fantasma en las espaldas!

—¡Misericordia de Dios!
exclamaron los oyentes
estremecidos de horror.

—Y ¿cómo se llama usté?
Azucena preguntó.

—¡Ah! Dijo el agonizante;
¡mi nombre es aterrador,
maldecido, aborrecible!
Me llamo... Luis Salvador.
Soy hermano de Jacinto
el Mellizo de la Flor.

Ni bien el agonizante
a nombrarse principió,
de rodillas en el suelo
aterraos y en confusión,
todos cayeron postrados.

Solo allí en pie se quedó
el angelical curita,
quien sobre el pecho cruzó
los brazos, y humildemente
los ojos al cielo alzó,
lleno de fe y caridá;
y pidiéndole al Señor,
¡Misericordia! En su nombre,
al moribundo asolvió...

Y en ese istante supremo
Luis el mellizo espiró.

Entonces, don Celestino
de allí llorando salió;
fue al campanario y piadoso
por el Mellizo dobló.
....
Finalmente, la mortaja
de Jacinto le sirvió
a su desdichado hermano,
para quien se destinó;
y, cuando lo amortajaban,
todo el mundo allí le vio
La marca con que Azucena
en la Vitel lo marcó.

Ansí pues, la Providencia
del cielo justificó
la inocencia de Azucena;
y ansí Manuel exclamó:
—¡No hay deuda que no se pague!
A lo que añadió el patrón:
—¡Ni plazo que no se cumpla!
—¡Es verdá! dijo el oidor.

A las nueve de ese día,
en un modesto cajón
lo pusieron al finado,
y a las diez se le rezó
una misa en la capilla,
a la que naides faltó
de los que estaban presentes
cuando el Mellizo espiró;
y todos en esa misa
lo encomendaron a Dios;
y allí mesmo en el curato
el cadáver se enterró.

Epílogo

Los dones generosos. – Premio a la virtud. – Los agradecidos. – La felicidad de todos.

De aquella Pascua dichosa,
el patrón don Bejarano
con su esposa doña Estrella,
dos días más se quedaron
con el curita; y después
la Estancia de los Milagros
se volvió un pueblo chiquito,
cuando a Azucena y Genaro,
la Lunareja, Manuel,
Jacinto el resucitado,
su familia, y el oidor,
les pidió don Bejarano
fuesen a pasar con él
una parte del verano.

Es de alvertir que el patrón
ya tenía un plan formado,
y con su señora esposa
perfeutamente acordado.
Fuéronse, pues, a la estancia,
donde ocho días pasaron
en festejos de alegría;
y una mañana temprano,
a su sala, don Faustino
mandó a llamar a Genaro
y a su mujer, a quien le hizo
que tomara asiento al lado
de doña Estrella; después
llamó a Manuel, y a su ahijado
Jacinto con su familia.

Luego que allí se sentaron,
muy afable y muy contento,
refregándose las manos,
don Faustino dijolés:

—Amigos míos, los llamo
para que oigan mis deseos,
y voy a decirles claro
lo que quiero y lo que haré,
a mi gusto y bien pensado
con mi mujer. Oiganmé.

Yo soy muy afortunado,
¡gracias a Dios! Y muy rico;
y a ustedes los quiero tanto
como los quiere mi esposa.

Por esto, los dos pensamos
hacer poco con hacerlos
a ustedes afortunados.

En esta conformidá,
sin el menor embarazo,
yo quiero desde este día
como a hijos míos tratarlos;
y en prueba de mis deseos
tengo ya determinado,
que la Estancia de la Flor,
ya que por fortuna estamos

en buena paz con los Indios,
vayan Jacinto y Genaro
y la repueblen, pues hoy
de regalo se la damos
a los dos: entiendan bien...
A Jacinto y a Genaro;
y para eso, ya dispongan
de la mitá del ganado,
que aquí tengo en esta estancia,
y además, del que anda alzado
con mi marca, que anda mucho
en la costa del Salado.

    Esta estancia en la que estoy,
para Ángel se la dejamos,
porque le queda a nuestro hijo
muy cerca de su curato.

    La estancia del Cardalito,
que es propiedá de Genaro,
yo quiero que se la dé
a Manuel, pues le ha salvado
la vida después de Dios,
y es justo recompensarlo.

    A ti, Jacinto, también
con mucho interés te encargo
le regales tu chacrita
al sacristán del curato,
que nos aturdió a repiques
al verte resucitado.
Ahora, tocante a la Flor,
me falta decirles algo.

    Para esa repoblación,
yo bien sé que es necesario
mucho dinero, y yo temo
¡gracias a Dios! Demasiado,
y les daré muy a gusto
la plata para esos gastos;
sólo con la condición
de no hacerles ningún cargo
ahora, nunca, ni jamás,
pues quedaré bien pagado
con que trabajen ustedes
y sean afortunados.

    No tengo más que decirles...
Ahora, démen un abrazo,
y los tres arreglensé
tratándose como hermanos,
y como que ya son hijos
del Andaluz Bejarano.

    Vámonos, pues, a almorzar;
y váyanse preparando
a ver si pueden salir
antes que acabe el verano.
....
Al mes y medio después
todo estaba ya aprontado;
ansí, muy agradecidos
Manuel, Jacinto y Genaro
salieron con sus familias,
llevando lo necesario
para cumplir los deseos
del patrón don Bejarano.

    Ese día, allí el curita
les dio a cada uno un abrazo,
y les echó al depedirse
su bendición como a hermanos.

    Luego a los campos del sur
los tres amigos marcharon,
en mil ochocientos cinco,
muy al principio del año;
y en mil ochocientos ocho,
en la costa del Salado,
los hombres más servidores,
los más ricos hacendados,
y en suma, los más felices
como los más respetados,
fueron, y son hasta el día

Manuel, Jacinto y Genaro.

  Por fin, dijo Santos Vega,
velay mi cuento acabado;
y mañana, si Dios quiere,
me vuelvo para mi *pago*,
de esta casa agradecido
por lo bien que me han tratado.
....
Ansí fue; al día siguiente
con su *bragao* ensillado
estaba ya el payador,
y al despedirse, un regalo
le hizo su amigo Tolosa,
dándole el mejor caballo
parejero que tenía;
sin haberse descuidado
tampoco Juana Petrona
pues ya le había *cribado* [804]
los mas lindos calzoncillos
que se puso el gaucho Santos,
desde que nació cantor
hasta que murió cantando.

---

804 Cribado: bordado a la aguja. *(N. del A.)*

Thank you for acquiring

Santos Vega
o los mellizos de la Flor

This book is part of the
Stockcero Spanish & Latin American Studies Library Program.

It was brought back to print following the request of at least one hundred interested readers –many belonging to the North American teaching community– who seek a better insight on the culture roots of Hispanic America.

To complete the full circle and get a better understanding about the actual needs of our readers, we would appreciate if you could be so kind as to spare some time and register your purchase at:

http://www.stockcero.com/bookregister.php

The Stockcero Mission:

To enhance the understanding of Latin American issues in North America, while promoting the role of books as culture vectors

The Stockcero Spanish & Latin American Studies Library Goal:

To bring back into print those books that the Teaching Community considers necessary for an in depth understanding of the Latin American societies and their culture, with special emphasis on history, economy, politics and literature.

Program mechanics:
- Publishing priorities are assigned through a ranking system, based on the number of nominations received by each title listed in our databases
- Registered Users may nominate as many titles as they consider fit
- Reaching 5 votes the title enters a daily updated ranking list
- Upon reaching the 100 votes the title is brought back into print

You may find more information about the Stockcero Programs by visiting www.stockcero.com.

www.ingramcontent.com/pod-product-compliance
Lightning Source LLC
Chambersburg PA
CBHW020944230426
43666CB00005B/161